学术启功

钟少华——— 著

Qi Gong

SPM 南方出版传媒
广东人民出版社

· 广州 ·

图书在版编目（CIP）数据

学术启功 / 钟少华著 . — 广州：广东人民出版社，
2019.6
ISBN 978-7-218-13388-1

Ⅰ．①学… Ⅱ．①钟… Ⅲ．①启功（1912-2005）—
学术思想－思想评论 Ⅳ．① K825.72

中国版本图书馆 CIP 数据核字（2019）第 043670 号

XUESHU QIGONG

学术启功

钟少华　著

出 版 人：肖风华

选题策划：倪腊松
责任编辑：刘　宇　马妮璐
责任技编：周　杰　易志华
封面设计：@Mlimt_Design

出版发行：广东人民出版社
地　　址：广东省广州市海珠区新港西路 204 号 2 号楼（邮政编码：510300）
电　　话：（020）85716809（总编室）
传　　真：（020）85716872
网　　址：http://www.gdpph.com
印　　刷：山东临沂新华印刷物流集团有限责任公司
开　　本：787mm×1092mm　1/16
印　　张：20.25　字　　数：277 千
版　　次：2019 年 6 月第 1 版　2019 年 6 月第 1 次印刷
定　　价：78.00 元

如发现印装质量问题，影响阅读，请与出版社（020 – 85716808）联系调换。
售书热线：（020）85716826

启功

"如果说哲学是人类知识系统的概括的方法与总结，
那么，'猪跑学'正是中国特色学问的方法与总结。"

自撰墓志銘 一九七七年作

中學生副教授博不精專不透名雖揚實不
夠高不成低不就龐趨左派曾右面徽圓皮欠厚
妻已亡並再沒喪猶新病照舊六十六非不壽八
寶山漸相湊計平生謚曰陋身與名一齊臭

目 录

第一章

起

一、从"猪跑学"的词义说起

启功先生的学问，一言以蔽之，就可以用他自己得意的宣称——猪跑学来作代表。这是研究中国学问的基石，在中国也是全新的方法和思想。

"猪跑学"是什么含义呢？

古汉语中有"猪"字、"跑"字、"学"字，各有其义，互不相联。只有到 20 世纪的启功先生，将此三字联成一个专用词："猪跑学"，以此开拓了一个学术新门。

"猪"是一种生物，与人为邻多少万年，其体，为中国人喜爱的食物；其形，为中国人所熟知，四条短腿，载着肥头大耳胖墩墩的肉体，绝对不是百米赛冠军的争夺者；其思想呢？不知道有没有中国人研究过？也许早就与猪八戒先生混同了？

"跑"是人类多年历练来的一种体能，是自然人自身移动最快的方法，要比爬、滚、蹓步快得多。

"学"字在古汉语中是长年的热词，"学"字本身是与敩、效、教、校字同源近义，就是说，"学"可以作"效"解，也可以作"教"解，也可以作"校"解，彰显着汉族人推崇求学，其目的则为"学而优则仕"，以致"书中自有黄金屋，书中自有颜如玉"，展现出极现实的人生追求。而具体将"学"

字与别的字合成词，在古汉语中相对较少，仅有"字学""文学""书学"等词。启功先生作为20世纪40年代的中文教授，自然浸润其间；但他同时也接受了"五四新文化运动"的洗礼，所以他了解近代新增加的大量学科，全是以"××学"的形式出现。而每一个新旧"××学"的基本要素，是需要具备以下六项内涵的：一是该学的定义；二是该学的体系结构；三是该学的理论概念；四是该学的文化价值；五是该学的方法；六是该学的沿革。

"猪跑"，是古人习见的生活中的现象，那么，怎么能够与"学"联系到一起呢？

以启功的饱学而不泥古的深刻思想，他更是深知旧学之优缺点以及新学之优缺点，于是将这三个字合成"猪跑学"，成就他学术思想的高峰，成就一世风范。

那么，到底这"猪跑学"该如何理解？如何学习呢？

笔者幸运地做了启功老爷子邻居多年，蒙他不弃，获耳提面命，难计其数。记得在20世纪80年代初，笔者在他的浮光掠影楼中，聆听他的高谈阔论，初次听他轻松地回答学生的问题，明确说他自己是做"猪跑学"的。我与其他听者一样，一愣之后，再听到老爷子轻松地说出北京俗话：没有吃过猪肉，还没有见过猪跑？我也同其他听者一样，自以为懂了，接着为了掩盖自己的愚蠢，也就跟着咧嘴笑一笑。但我分明看到老爷子自己却毫无笑意，反倒把眼光严肃地扫过我们这些年轻的新一代人。

听过多次以后，我心中的疑问愈来愈大，却又不敢细问。直到90年代，老爷子利用两个暑假给我单独录音上课。他开讲时，正襟危坐，桌上没有片纸。他一开口就沉浸在自己的学问中，脸部表情随着内容而舒展，仿佛中国古代文献中的人物、事件早在他的脑子里排好队，只等着在他的指令下鱼贯而出。我一边关照着录音机，一边就如看他在虚空中调度着一场大型京剧演出，这边锣鼓方歇，各个角色先后登场，生旦净末丑摆开身段，唱念做打，声声入云。而老爷子如高在云端的总提调，让一出出声文俱佳的精彩场面依次展现。我不懂戏曲，对相关内容也所知不多，但是为他的表述完全折服。一个钟头后要换录音带，老爷子才停下来，显然意犹未尽，拿起杯子，喝口雪碧或啤酒，脸上堆满笑意，犹如战马暂歇，随时准备再奔腾进入他的精神世界。笔者也是经过多年思索，一再拜读启功先生的原著，才略有所得。本书正是展现笔者学习后的一些思考。

依愚见，启功先生用"猪跑学"来表达他对于学问的见解的缘由，现在已经没有办法让先生自己给出一个精确的定义了。我们只能从中揣测，先生想出这个词儿时的激愤，加添上习常的幽默，以及坚定的自信，才得以将一句北京俗语升华到一个学科的地位。他显然先是回敬那些瞧不起他的"国学大师"们：你们不是已经自吹为中国传统学问的掌门人吗？你们不是自以为是中国传统学问的代言人吗？只要你们封不了我的口，我就偏偏不落入两千年封建思想的桎梏中，我自己开创一条新的做学问之路，名之曰"猪跑学"。光是从字面上看，就已经与几百年间的"国学大师"们拾古人之唾余所安排的"经、史、子、集"名称全然不同，而其实质，则是全新的符合现代知识的名称，虽然同是关注中国文化建设的命运，虽然同样是清理中国几千年遗存的文献，但是其名称、方法、概念、思想体系等，已然在新的科学的认知基础之上。同时，"猪跑学"概念的形成，也是对那些像仅膜拜中国封建学术那样仅膜拜西方学术的"精英"们的批判，因为，中国人为什么就不能够建立自己的新学科？！老爷子有骨气、有胆识、有认知的基础，当然就会唱出时代最响亮的声音，迈向中国学术的最前沿。那些思想固化的"国学大师"要是想反对，恐怕一时也找不到下蛆的缝；他们要是反而捧杀，恐怕也是鸡与鸭的对话，难以让年轻的学子信服；他们要是想糊里糊涂地认作先生无奈的笑谈，那可就遂了先生的意愿啦。因为，"猪跑学"是为年轻的晚辈学子准备的，不是给他们拿来认作在"国学"名义下的同流合污的名称。以后的中外学子，如果他想了解中国学术的内涵，读一读启功先生的书就一定有答案。

本书力图剖析启功的学术思想，也即是研究"猪跑学"内涵的要义。

笔者也愿意说："'猪跑学'正是解读中国传统文化的钥匙。"

二、启功——学术思想——研究

1. 启功之初心

启功：中国满族人，1912 年 7 月 26 日—2005 年 6 月 30 日。

启功先生艰难的身世，已经在他自己的《启功口述历史》一书中，介绍得清清楚楚，完全不需要笔者重抄。20 世纪这一时期，对于全人类来说，一方面是依靠科学技术，取得生存知识空前的突破，让生命和所需的丰富的物质大大发展。如果仅从此角度判断，人类很容易就能全面过上幸福的天堂般的生活；但是由于人性的贪婪与愚昧，很多人以各种漂亮的梦幻般的观念为表相而实践却展露其兽性，致使 100 年间非正常死亡的人数在数千万，也许过亿，再加上疾病、饥饿和贫困，真不知该给 20 世纪定位为进步还是困惑？至少，这绝不是九个指头和一个指头的差别吧。对于中华民族的每一个人来说，都经历过肉体与灵魂的艰难洗礼，他们奋斗，摆脱了 2000 年封建思想文化的牢笼，走向世界；他们求生存，求知识，求作为人类的一分子所应该拥有的人权和生活基础。20 世纪初始，中国学术界的整体状况和目标，就面对着两方面的极大压力：一方面是传统封建文化强力抑制民族的进步发展；一方面是西方传来的新文化因素，强力地吸引着中国新知识分子走向世界。这就使得 20 世纪中国做学问的知识分子必须承担个人所不能承担的重担，在

20世纪前半叶，形成两个极端的趋势：一是牢守清代学术思想、方法和语言，抵制任何新知识的吸收；一是全面接受西方（包括日本）新知识思想、方法和语言，贬斥清代学术思想、方法和语言。而史实是，极端的向东或向西的核心利益，都只是个别人的鼓吹幻想，都是实现不了的。反倒是，在两个极端中间的大量学术圈内人，他们的理性原则，不管是偏东多少，偏西多少，总是守着自以为是"中庸"的愿望，再依据他们眼中的世界，作出自己求知的贡献。20世纪前半叶的中国学术圈内人确实作出了中国历史上空前的贡献，表现在对应的两方面。一方面，针对6000年积淀的庞杂的中国文献，以空前的魄力和新的思想方法进行全面的梳理，以及如精细的手术刀般的一个字一个字地进行确认，力图把已经很模糊的文献清理出一些头绪，对大量古代有学术成就者进行仔细大胆的全新的分析判断，对大量古籍大力荟萃，字字推敲，判断不同版本中的差异，更给予新思想的重新认识，由此涌现出一批新知识的大家，他们的成绩远远超过清代300年来的训诂学、文献学的成果。历史告诉我们，明清两朝 600 年时光，却一直没有全面厘清中国传统文献的基本情况，反倒是平添许多人为差错。明朝的《永乐大典》，已经算是中国古代文献集大成的工具书，但很可惜清朝时被人糟蹋散失了；而清朝人代之编纂的《四库全书》，为了统治者自身利益，成为在大量删改基础上的简约本。另一方面，则是大力吸收以西方新知识为代表的人类知识，从理论到思想、内容、方法等各个方面，内容涵盖当时西方的人文科学、自然科学、社会科学、语言科学和艺术的多个学科，许多留学生更是直接投入其中，在翻译、教学和实践中取得空前的成绩。其中许多学术出版物至今不但不过时，还被称之为"经典"作品。我们只需要浏览 1949 年以前出版的 400 部百科辞书，千余部数、理、化、天、地、生专著，数百部西医、中医专著，数百部哲学专著，数百部社会学专著，数百部语言学专著，数百部法律学专著，数百部宗教专著，数百部政治学专著，数百部中国古籍整理专著，以及丰富的大中小学教科书、新式文学艺术戏剧电影作品，等等，就会明白近代中国第一代学人为中国学术更新发展所作出的巨大贡献。这些成果，在 1949 年以前的中国学术界，统之名曰在"五四新文化运动"旗帜下。启功先生的前半生，就是浸润其间，得其精华而成长。

启功先生在 66 岁时所写"自撰墓志铭"开头两句："中学生，副教授，"就精确明示自己前半生的经历。这两句话在现代人眼中，根本没有关联，而这确实是启功先生前半生的写照，其中不知充满了多少辛酸血泪，本文仅围绕他在以上大环境中，仅以他所曾接受的私塾、北京汇文小学毕业、北京汇文中学高中肄业的史料来看，填写职称只能是"中学生"无疑。但是如果我们翻开 1931 年汇文学校"辛未（1931）年刊"，上面刊载"密斯脱启功"为毕业同学写的《一九三一级级史》，就能展现这位年轻人眼中的中国学术环境和对于世界的认知、对于未来的憧憬。他写道："……故于教，则三育并施。于学，则四维互励。教学相长，颇有可述者焉。若夫颐志典坟，驰情词赋，经史子集，追缅古人，沟通万国，移译殊音。每有佳章妙制，莫不丰采彬彬。嘉名所系，首属乎文。至若新进文明，物质是尚；駸駸列强，恃此而振。藉彼流传，补我放失。执柯伐柯，取则不远。故今日穷理之学，尤为当世所望……"

短短几句话，就将当年北平一所普通教会中学的教育精神与内容清晰地表达出来，在"五四新文化运动"的发祥地，智育、德育、美育并施。对于中国传统学问，他们"颐志典坟，驰情词赋，经史子集，追缅古人"。请注意，他们是"颐志"，是"驰情"，绝非强迫灌输，更没有弃之如敝屣。而对于西方传来的新知识，他们"沟通万国，移译殊音。每有佳章妙制，莫不丰采彬彬……至若新进文明……藉彼流传，补我放失。执柯伐柯，取则不远"。如此清晰地对待新知识，实在是最佳的思想与行为。尤其是他还写道："故今日穷理之学，尤为当世所望。"他能够注重"穷理之学"（当年对于"哲学 Philosophia"的一种译法），并寄以很关键的期望。在今天来说，这应该是一种超前的认知。

"密斯脱启功"对于自己所在的学习环境，也有所评论。他写道："每见课余之暇，三五相聚于藏书之室，切磋琢磨，同德共勉，为五年率。攘攘熙熙，相观而善。暇则或为指陈当务之文，或作坚白纵横之辩，或出滑稽梯突之言，或好嬉笑怒骂之论，往往有微旨深意，寓于其间。"[1]

先生的真率言语，刻画出青年人多么幸福的学习环境啊，不需要学说假话，不需要担心前途困境，在友情的浸润下，纵情抒发中国年轻人的求知梦想，打下他们一生最扎实的基础。

"密斯脱启功"行文至此，话锋一转，借与旁人的对话，剑锋直指当时中国的学术风气与教育制度。他写道："曰：予闻今之治学者，唯利是趋，唯弊

---

[1] 《启功全集（第九卷）》，北京师范大学出版社，2009，影印件，第 60 页。

学术启功

010

是营。岁月忽忽，而泄泄以误少年。父兄嚣嚣，而藐藐以负重托。作怪民为先导，听众论如蝇声。遂过失而助其长，见善举而损其成。营饰其表，意在多金之获。支离其说，专蔽善性之明。教者吝延饱学，滥竽皆为奇货。学者不钦正道，执绮犹是高风。甚者日高坚卧，谬托南阳之士。月明走马，公为濮上之行。酒食争逐以为常，歌舞倡和以为课。竞习顽强，雅名磊落。翻覆算权谋，阴险能蛊惑。群儿善讼，举国若狂。傲逸盘游，诟遗遏迍。教育之弊，乃若是乎？予笑而应之，曰：君将为今学之董狐耶？前所云云，亦或不谬，然吾校固无是也。惟勉钦明德，期我全人共奋图之。"

这段话简直是神来之笔，把中国特色的学术毛病和盘托出，以文言文的方式表达其核心的偏差，至今依然有效。今天的年轻人恐怕难以想象，20世纪30年代一位年轻人竟能有如此精准、深刻、科学的思想以及扎实的文言文的写作功底。无怪乎当年辅仁大学校长陈垣会将他直接提拔到辅仁任国文教员，仅看这一篇八股文就够格了。笔者面对"密斯脱启功"年轻时的宏大而清晰的学术思想，由衷地佩服。如果随便选几位年轻时留下"书生文章"的政治家或学者，做一些简单比较，笔者更喜欢启功先生的深刻与广博，既非大言不惭，更非天马行空的幻想。我们也可以看到，启功先生终生的学术思想一以贯之，对于传统文化和西方文化，都一直采取求知的原则与认真学习的方法，并在他60余年所坚守的教师位置中发挥得淋漓尽致。启功先生晚年在口述回忆录时，自己总结道："……这种开放式的、全方位的现代教育还是给我留下很深的印象。我觉得它确实比那种封闭式的、教育内容相对保守单一的私塾教育进步得多。最主要的是这种教育为孩子身心的自然发展提供了远比旧式教育广阔得多的空间。……这种童真和童趣是非常值得珍惜的，有了它，人格才能完整。……总之，我不是提倡淘气，但兴趣是不可抹杀的，在这样的学校，每天都有新鲜有趣的事发生，大家生活、学习起来饶有兴致。"[1]

2. 学术思想

"学术"一词，在古汉语中有所显现，但没有一位古人给出"学术"一词的定义。如清朝邓显鹤写道："近时儒硕又厌薄程朱务争胜于一名一物，拾末而遗本，语细而昧大，学术所关，非细故也。"[2]直到1936年，第一版《辞海》上，出现一个定义是："统指一切学问而言。"这种诠释相当宽泛模糊，但在近代使用普遍，处于知识分子醉心研究自然科学、社会科学、语言科学以及艺术等方面的最高位置。近代翻译家还将之对应英文"Science"，其实，就是"学术"必须要符合科学的原则、科学的方法、科学的论证和科学的实践。现代中国人普遍使用"学术"一词，但还是缺乏准确的定义，因而，"学术"与"非学术"的界限也多模糊，并且很难具体加以区分。恰好，启功先生自己在他的口述历史中，以他自己的亲身经历说明中国现代"学术"是什么意

---

[1]《启功全集（第九卷）》，北京师范大学出版社，2009，影印件，第62页。
[2]《汉语大词典》，罗竹风主编，上海辞书出版社，1997，第2251页。

思。他说道：

"说起学术著作的写作，不能不提到一段富有传奇色彩的经历。1949 年后，学术批评往往和政治运动掺和在一起，或者说政治运动往往借学术问题而发端，学术问题最后上纲为政治问题。……其中之一就是 1965 年发动的对王羲之《兰亭序》真伪的辩论上。在一般人看来一个小小的《兰亭序》和政治斗争有什么关系？确实没有关系，架不住在掌握意识形态大权的人的手里就可以上纲为唯物史观和唯心史观的大是大非的路线问题……当时掌管意识形态大权的是康生、陈伯达等人，他们还经常拉拢和利用郭老……陈伯达把这样一本《兰亭序》及跋送给郭老，目的很明显，就是让郭老带头从这方面做文章，看是否能钓起大鱼来。郭老接到这样的'圣旨'，自然也明白其中的用意，便做起文章……在这之前我曾写过一篇《兰亭帖考》的文章，认为《兰亭序》是真的（指《兰亭序》原作是王羲之的手笔，现流传的都是根据原作摹写的）……所以要讨论这个问题就须我重新表态……郭老就让钱杏邨

找我谈话……我听了暗暗叫苦不迭，心想我原来是不同意随便说《兰亭》是假的，一直坚持现存的定武本和唐摹本都是王羲之原作的复制品，这可怎么转弯啊？但形势已经非常明显，这已不是书法史和学术问题了，而是把学术问题政治化了，而且是'钦点'要我写文章……好，我索性就在这上面做文章，让明眼人一看就知道我是在言不由衷。于是我写道：'及至读了郭沫若同志的文章，说《丧乱帖》和《宝子贴》《杨阳贴》等有一脉相通之处，使我的理解活泼多了。'抓住这一点，我的思路果然'活泼'多了……第二天就见报了，可见它是一篇特稿……完后陈校长又说：'你以后发表文章一定先给我看，要不然拿出去发表，指不定捅什么娄子呢？'我连忙答应，但心里想：这种言不由衷的拍马屁文章拿给您看，您还不气得撅胡子，能让我发吗？现在想起来，我非常得意我的'聪明'，找到了一个既能来个一百八十度大转弯的借口，又表明了我这个转弯完全是言不由衷的违心话……后来有关的文章被编辑成《兰亭论辩》一书，其中的序言果然明确指出赞成不赞成《兰亭》是真是假是一场唯心史观和唯物史观的政治斗争。……幸亏'兰亭论辩'半道收场，如果由它闹下去，我就被卷进革命风暴的漩涡里，干系就更大，想拔都拔不出来。这种拿学术讨论来钓'政治鱼'的手段实在是知识分子最害怕、最头疼的做法，后来我在编辑我的文集时坚决删去了这篇文章。"[1]

　　显然，在启功先生心目中，"学术"概念（内涵、原则、运用、探求等）都是很清楚的，而"政治"或"经济"等概念也是十分清楚的。它们之间存在着难以逾越的深沟。那么，如果把"学术"从象牙塔里硬拉出来，把"学术"玩弄于政治的股掌间，是会遗臭万年的；把"学术"当作金钱交易，也败坏了"学术"本身。

　　"学术思想"是人类进步必需的前沿活动，是人类求知的关键平台，是人

学术启功

---

① 《启功全集（第九卷）》，北京师范大学出版社，2009，影印件，第228—233页。

类追求真理的手段。学术所涉猎的全部领域（自然科学、社会科学、人文科学、语言科学、灵学等），经过人类 300 万年的积淀，其深度、广度，都是浩渺难测。每一个人都可以带着各种自私或无私的愿望、各种正确或荒唐的愿望、各种政治经济的诉求，进入学术思想领域来活动，唯一的要求是绝对的思想自由。只要你的言论言之成理，并且引用史料文献基本准确，那就是你的学术活动了。别人可以接受，也可以不接受，更可以随意指责，当然，你也可以回驳或诡辩，在学术圈中形成百花齐放、百家争鸣的实际状况。

启功先生一生乐在学术圈中，苦在学术圈中，笔者在本书中仅是学习并力图记述他在学术圈中的一些见解。

3. 研究

"研究"一词在古汉语中也经常被使用，同样在古代也没有人给出"研究"的定义。直到 1915 年出版的《辞源》上，才出现一个笼统的解释："研究其理也。"而到 1937 年出版的《辞海》下册，才有定义曰："用严密之方法，探求事理，冀获得一正确之结果者，谓之研究。"[①]

与"研究"相违背的，一般是指无需逻辑推理，为不可公开的私利而胡乱武断臆造。这在中国人的生活中是普遍存在的，成语"指鹿为马"就是一种貌似研究而实为臆造的代表，经过了权力的强化，无需研究就可以改造真理；也可经过扭曲逻辑和经济利诱，蒙混于世间。而克服武断臆造的最佳武器，就是"研究"：是以自由的学术思想引导，贯彻科学的方法，探求各个学术问题的事理，得出言之成理的结果。

"研究"的方法很多，自从古希腊亚里士多德建立学术体系以来，方法在各个学科中都饱经理论及实践的验证，形成不计其数的具体的方法。中国

---

① 《辞海》下册，舒新城等主编，中华书局，1937，第 180 页。

目前习惯地区分为哲学方法、自然科学方法、社会科学方法、人文科学方法、语言学方法等，而把某一类专业学者，就限定在其学科内使用相应方法。这其实很不科学，方法从来是实践与理论中总结出来的，其本身是没有国界区分、也难说学科区分的。特别是哲学方法本身，就是对人类思想的研究方法，是适用在人类所形成的各门专业学科中的。

"研究"这个定义，用在启功先生一生的学术研究上，则是十分恰当的。本书核心内容，就是"启功学术思想研究"，这自然是笔者学习与研究"启功学术思想"的粗略见解，其中若有差错，也只能是笔者学习认知有误，错解了启功先生的学术思想，更祈方家教正。笔者主要从以下六个方面介绍启功先生的学术思想研究：叙述、判断、疑问、方法、描写、情感。

第二章 叙述

口述和用笔写文章对某一事物进行叙述，似乎人人都会，但是，言不达意的情况是经常发生的，叙述成为读书人的基本功，能够清晰并且准确地叙述一件事的过程、一个人的特质、一个理念的形成等，都并非易事。叙述包括说真话和说假话，叙述可能是呆板，前后逻辑混乱，废话、空话、浑话等，叙述也可能是真情倾泻、动人心弦、一句顶一万句等，这都需要听者和读者仔细区分，从中获得真知灼见或防止上当受骗。上文提及的叙述，是可能会对内容本质产生正面加强或反面曲解的。

启功先生的口述和文章中的叙述方法是很高明的，在对复杂繁多的事情进行叙述时，他所想表述的重点，总是很突出，能够让你很快把握关键所在，并且是在一种严密逻辑的推导下出现，也许读者当时并没有料想到，但很自然就叹服其实质的说服力。启功先生叙述时所用的字词语句，贯穿他一生的风格，陌生人初听似乎觉得平易无奇，但在确定到了关键转折点时，他的教师本领就突兀而出，让你乖乖地跟着内容进入新境界，似乎脑洞大开一般，会很容易接受他叙述的内容，即便是掩卷再思，他的叙述内容依然会凝聚在你的脑海中，几乎能够重叙出来。更有特色的是，他的叙述经常是与史实、文献结合在一起，绝非空对空的理论叙述，更非用空洞的形容词裹起来。每一件事情的来龙去脉以及思想变化，全都脉络清晰，而又不臃肿啰唆。

在启功先生的书中，随处可见他的行文叙述，笔者仅选取几个案例，以见一斑。

1. 叙述恩师陈垣校长中的一段话

"陈垣校长生长于广东新会的书香门第，在封建科举时代，当然以应举为正途。先生在读书方面是相当别致的……曾把当时流行的种种墨卷拿来阅读，见哪篇有所会心，用圈点标出来，放在一边，再取一篇去读，如此积累，把装订拆开，再把选出的合订熟读，然后拟作。……陈先生又发现清朝谕旨中有许多前后矛盾，就通读《硃批谕旨》和《上谕内阁》，摘其矛盾记成《柱下备忘录》，一部分刊于"北大研究所国学门"的刊物，后来即用此法通读《廿四史》，记其种种编辑经过和存在问题，写出提纲，为学生讲授……陈先生又曾在前燕京大学研究所中教学生如何编纂古书的索引，自己领着学生去查、去编，当时还没有这类工具书……再后日本印出《三正综览》，我买到一本，发现不但编排远远不及陈先生所编的醒目，又见清朝每月的大小尽和多处有所不同，就拿去请教。先生说：'清朝的部分是我在文献馆中校对了清朝的每年的"皇历"，自以我的为确。'文人们常说：'某人博览群书'，说明这位学者读书的广度，却忘了仅有广度，若无细度、深度，那就是一维的读法，还却缺了二维的。"①

这段话介绍了学者陈垣的几种研究方法，包括阅读墨卷、寻找文献中的矛盾、编纂文献索引、师生同查同编，以及对自己研究成果的自信心，鲜明地展现了学者陈垣的功力及其诚心做学问的艰苦历程，这些远非现代学者可比。启功先生作为弟子，能够将老师介绍得如此清晰，对于艰苦的文献爬梳工作指出其中关键点，已经不易。但启功先生更将之升华，告诫学生和读者，读书看书要有三维视角，那就是"广度""细度"和"深度"。现代读者如果仅选择其中一种，那就会留下许多遗憾。笔者更欣赏启功先生所提出的"细度"说法，阅读或处理古今任何文献，如果忽略"细度"，全部"一目十行"，恐怕其后果就会"差之毫厘，谬以千里"了。

而从叙述的角度来看这段话，就可以发现启功先生已经清晰把握学者陈垣学问的细节，再分成四个情节叙述，看似平淡无奇，但每一个情节都给读者留下了想象的空间。例如"通读《廿四史》，记其种种编辑经过和存在的问题"一句，那是包含多少时光和辛劳！今天又有几人能做到？又如

① 《启功全集（第四卷）》，北京师范大学出版社，2009，第473—474页。

"编纂古书的索引，自己领着学生去查、去编"一句，让我们遥想近代学人知行合一的精神，对于古籍的科学整理方法，以及身教言传的新教育方法，今天又有几位拿着"国家级课题"的教授肯如此做？

2. "禘"字的文化意义

启功先生在介绍他的老同事沈兼士教授的学术贡献时，提到其中一篇文章，他写道："沈兼士先生是章炳麟先生的弟子，精通文字声韵之学。……讲'声训'是一门语言学中的新见解。……沈先生这一理论，可以成为在世界语言学中占一席的中国著作。又有专文《禘杀祭古语同源考》，证'禘'是古代大祭之名，又是宰杀牛羊等牲畜为祭品的祭礼。其实古代历史已被儒家学说层层掩饰，使得后人在雾中行走一般。近些年殷墟发现杀人祭祀的坑，古书中是丝毫未见记载的。又如古书说易牙烹其子以飨齐桓公，被管仲批评，他说'其子尚不能爱，何能爱君'，把他当作个别事件来看。其实近年考古在出土的鼎中竟有小儿的尸骨。……可惜沈先生在世时，没有见到这些发掘，更多地充实那篇论文。"①

笔者据此重读《沈兼士学术论文集》②，发现确如启功先生所言："其实古代历史已被儒家学说层层掩饰，使得后人在雾中行走一般。"他在肯定沈先生的研究之后，总结出中国儒家学说的粉饰作用让现代人难以求知。而启功先生除了明示古代文献中的关键点模糊外，更以现代考古事实，明示"其实近年考古在出土的鼎中竟有小儿的尸骨"，让今天的读者明白"鼎"的功能，也明白做中国学问之难。

3. "胡说"点滴

2004年4月28日，启功先生在扬州演讲，他说道："我是个满人，是东胡人，胡人所说，岂不是地道的胡说？今天我自己就胡说一点我的一知半解。"笔者从其中引述两部分内容。先是他对于自己祖宗的介绍："康熙对汉文化很熟悉，他一边托着程朱理学，一边托着天主教的教义。……但后来康熙对教皇的许多教条不满，觉得不应该听罗马教皇的意见，他这时候去祭孔子，拜孔陵，同时就跟教皇断了。……康熙为学西方的东西而跟西方传教士学外语。他通过用满文译音来了解外语。曹寅（曹雪芹的祖父）病了，发疟疾，他批了个上谕，说你应该吃金鸡纳霜。'金鸡纳'是用满文拼出来的，从满文念是'金鸡纳'，这样他就用满文写出来外语的'金鸡纳'。……康熙是兼收并蓄，一手托着从西方传教士传来的西方的常识理论，一手托着程朱的理学，最后才把西方的扔掉，拜孔陵。……到了乾隆就不然了，乾隆常常对满族文臣讲，你们不要沾染了汉习。其实，乾隆自己是最沾染汉习的。……乾隆三十七年修《四库全书》以后，白莲教已经兴起，所以乾隆后来就越来越狠，他的文字狱超出了民族矛盾的范围，他认为哪句话不好，就杀，并且

① 《启功全集（第四卷）》，北京师范大学出版社，2009，第377页。
② 《沈兼士学术论文集》，葛信益、启功整理，中华书局，1986。

还凌迟，不仅杀，还剐，所以清代文字狱在乾隆三十七年以后越来越厉害，因为他感觉到自己的地位不稳了。康熙四十年后，康熙的地位特别稳，大家对他特别尊重。可是乾隆末期是很坏很坏的，很差很差的。……康雍乾正好分为三个阶段，时间不同，结果也不同，这也很自然。时代不同了，还用旧的办法统治，没有不坏的。变化是必然的，但变好变坏不一样。"①

接着，对于清朝学术，启功先生也"胡说"了一个例子："清朝到了后来，有一个最大的误导，文人之间有些矛盾，有些人不明事理就跟着某个人走。清朝初年有个袁枚，学问、作品非常高明。他有个论断，说《六经》都是史料，《尚书》不能说是完整历史，但都是史料，只是没人理。结果后来有个叫章学诚的，说'六经皆史也'。大家就说章学诚了不起，可是这些话袁枚早已说过（袁枚在嘉庆初年就死了），只是当时没人理。近代有个钱穆先生（后来死在中国台湾地区），他说，清朝学术三百年历史，章学诚了不起，并把袁枚、汪中等列入附属，说他们受了章学诚的影响。袁枚比章学诚早得很，他怎么能受章学诚的影响？所以袁枚就这样被压下去，把他压得最厉害的就是中国台湾地区的钱穆。钱穆不在了，他的学生余英时尊重章学诚的说法。更奇怪的是戴震到过扬州，于是说戴震也受了章的影响。章学诚有个《章氏遗书》，木刻的，书里可笑的错误多极了。余嘉锡先生，在《余嘉锡学术论文集》里，详细地批《章氏遗书》，说里面的笑话多极了。"②

启功先生以学术视角为根本原则，对于自己的祖宗，对于自己的同行，都是一样处置，其叙述的内容，既不为尊者隐，也不胡乱编排，全部都是以真实史料为论据，脉络清晰，难以被驳倒。

---

① 《启功全集（第八卷）》，北京师范大学出版社，2009，第151—152页。

② 同上书，第153页。

4. 斛律金的《敕勒歌》

1983 年 6 月 4 日，启功先生在新疆演讲，介绍中国少数民族与中华文化的关系，其中讲道："北齐有一个人叫斛律金，这个人不会写字，该到他签名了，他瞪眼说，我不会写汉字。别人说你看见过蒙古包的帐篷了没有？你的名字就按帐篷顶画一个就行了，他光在底下画了一个横道，算是帐篷。但中间的柱子呢？即金字中间那一道，于是他拿起笔倒着往上画，算是把柱子画上了，可是从底下往上画，你可以知道这人汉文有多高的水平了。这不是他的耻辱啊。他作的诗虽只传下一首来，但凡是研究文学史的谁也抹不了它，就是《敕勒歌》：'敕勒川，阴山下，天似穹庐，笼盖四野。天苍苍，野茫茫，风吹草低见牛羊。''野'念作'雅'，这首诗在当时古声里是押韵的，'敕勒川，阴山下，天似穹庐，笼盖四野'。'天似'二句等于把七言句加了一个字，'天苍苍，野茫茫，风吹草低见牛羊'。整个调子是：三三七、三三七。这个节奏咱们今天数快板都用。大家都会数快板。究竟数快板是北方人学敕勒部落的人呢？还是学少数民族的语言呢？还是少数民族用汉语来写的呢？到今天还纠缠不清。……"①

今天我们读这段话，就如我们在听启功先生讲课一般，一个不识汉字的北齐人，在栩栩如生地唱述耳熟能详的《敕勒歌》，还数着拍子呢。

5. 破除迷信——和学习书法的青年朋友谈心（一）

1996 年 7 月 1 日，启功先生语重心长地和学习书法的青年朋友谈心，被整理成以上题目。文中叙述了许多故事，这里仅引述一些："中国古代第一部纯粹讲文字的书《说文解字》，说的是哪个'文'，解的是哪个'字'？但是它有一个目的，一个原则，那就是为了讲经学，不用管他是孔孟还是谁，反

① 《启功全集（第八卷）》，北京师范大学出版社，2009，第 165 页。

正是古代圣人留下的经书。《说文解字》这本书，就是为人读经书、解经书服务的。《说文解字》我们说应该就是解释人间日常用的语言的那个符号，开始它给解释成全是讲经学所用的词和所用的字了。这就一下子把文字提得非常之高。文字本来是记录我们发出的声音的符号。一提至经书，那就不得了了，被认为是日常用语不足以表达、不够资格表达的理论。……汉朝那个时候，写字都得提到文字是表达圣人的思想意识的高度来认识的。这样文字的价值就不是记载普通语言的，而是解释经学的了。……"

"字形是大家公认的，不是哪一个人创造出来的。古代传说，仓颉造字，仓颉一个人闭门造车，让天下人都认得，这都是哪儿的事情呢？并且说'仓颉四目'，拿眼睛四下看，看天下山川草木，人物鸟兽，看见什么东西然后就创作出什么文字来。事实上是没有一个人能创作出大家公认的东西来的，必定是经过多少年的考验，经过多少人的共同的认识、共同的理解才成为一个定论。说仓颉拿眼睛四处看，可见仓颉也不只是看一点儿就成为仓颉，他必定把社会各方面都看到了，他才能造出、编出初步的字形。那么后来画仓颉像也罢，塑造仓颉的泥像也罢，都长着四只眼，这实在是挖苦仓颉。古书上说仓颉四下里看变成了四只眼，你就知道人们对仓颉理解到了什么程度，又把仓颉挖苦到什么程度。所以我觉得文字不可能是一个人关门造出来的。"

"苏东坡有篇文章说到王献之小时几岁，他在那儿写字，他父亲从背后抽他的笔，没抽掉。这个事情苏东坡就解释说，没抽掉不过是说这个小儿警惕性高，专心致志，他忽然抬头看，你为什么揪我的笔呀？并不是说拿笔捏得很紧，让人抽不掉。苏东坡用这段话来解释，我觉得他不愧为一个文豪，是一个通达事理的人。这个话到现在仍然有人迷信，说要写字先学执笔，先学执笔看你拿得怎么样。你拿得好了，老师从后边一个个去抽，没揪出去的算你及格。包世臣是清朝中期的人，他就说我们拿这个笔呀，要有意地想'捏碎此管！'使劲捏碎笔杆。这笔杆跟他有什么仇哇，他非把笔杆捏碎了，捏碎了还写什么字呀！想必包世臣小时一定想逃学，老师让写字，他上来一捏，'我要握碎此管！'他把笔管捏碎了，老师说你捏碎了，就甭写了。除了这，还有一个故事，说小孩拿一本蒙书《三字经》上学来了，瞧着旁边一个驴，驴叫张着嘴，他把他这本《三字经》塞到驴嘴里了，到时候老师说：'你的书呢？'他说：'让驴给嚼了。'驴嚼《三字经》，这是我小时候听的故事，感到非常有趣。老师怎么说呢？'你那本让驴嚼了，我这还有一本，你再去念去。'听到这非常扫兴。好容易让驴把《三字经》嚼了，今儿个可以不念了，老师又拿出一本来，你还得给我念。……连包世臣都有这样的荒谬言论，那么你说他那《艺舟双楫》的书还值得参考吗？还有参考价值没有？我觉得苏东坡说这个话是很有道理的。而现在这句话的流毒，还仍然流传于教书法的老师的头脑里，他还要小孩捏住了笔管不要被人拔了去。总而言之，古代讲书法的文章，不是没有有用的议论，但是你看越写得华丽的文章，越写得多的成篇大套的，你越要留神。他是为了表示我的文章好，不是为了让你怎么写。"

"光绪年间，康有为写了一部书叫《广艺舟双楫》。……后来康有为知道书的题目有语病，就改为《书镜》，书法的一面镜子。他的文辞流畅得很，离实用却远得很。他随便指，一看这个碑写的字有点像那个，他就说这个出于那个，太可笑了。比如说，他说赵孟頫（元朝人）是学《景教碑》。《景教碑》在唐朝刻得之后，也不知怎么，大概是宗教教派不同，就给埋在地下了，根本没有人拓，到了明朝中期才出土。出土时一个字不坏，这说明是刚刻得就埋起来了。……说赵孟頫学它，赵孟頫什么时候学它？……清朝有个阮元也有这个毛病，他有个'南北书派论'，也是随便说这个是学那个，那个是那一派。我就写这阮元的'南北书派论'，好像一个人坐在路边上，看见过往的人：一个胖子，说这人姓赵，那个瘦子就姓钱，一个高个的就姓孙，一个矮个的就姓李。他也不管人家真姓这个不姓这个，他就随便一指……这不是很可笑吗？实际这个毛病见于南朝的钟嵘《诗品》。《诗品》也是张三出于从前哪一家，李四出于哪一家，他怎么知道，也毫无理由，毫无证据。整个钟嵘的《诗品》里全是这一套。第一个抄《诗品》办法的是阮元，第二个抄阮元办法的是康有为。这样我就劝诸位，你要是想学写字，就是少看这些书，看这些书，就是越看越迷糊。……我说：'我们教书的人哪，职业病，对学生就得负责。你恭维他，对他没好处。'所以我现在郑重其事地奉告诸位，要学就有四个字：'破除迷信。'别把那些个玄妙的、神奇的、造谣的、胡说八道的、捏造的、故神其说的话拿来当作教条、当作圣人的指导，否则那就真的上当了。"[1]

笔者重读这个演讲词，仿佛再现了当年启功先生演讲的形象，随着人物故事的跌宕起伏，他的声调忽高忽低，脸部表情喜怒变幻，手指比画，让听者的思绪很容易就随着先生的倾诉而急速回旋。每一个故事的叙述，就意味着一个新的史实来临，就意味着合理的新结论的出现。而最后几句总结的话，不单颠扑不破，而且深入脑中，留给你无尽的思考，同时也让你更加明白，那是先生掏心窝说出来的真话，是经得起实践考验的真话。能听到这样的演讲，真是学生的幸福！而将历史文献中复杂的内容，叙述得如此清晰丰富，这正是学术的威力。

6. 李白与杜甫比较的叙述

启功先生在20世纪70年代写的讲课提纲中，也清晰地阐述了自己的学术见解。例如李白与杜甫，作为中国历史上伟大的诗人，后来一些人不断从需要中提出各种评价，给年轻人的学习造成很大的困惑。启功先生也自然有所涉猎，他在提纲中写道："……听说郭老有书，扬李抑杜。郭书我未见，我只谈我的看法。……事实上，风格方面，李是继承的多，杜是创造的多。

① 《启功全集（第八卷）》，北京师范大学出版社，2009，第222—227页。

思想方面，在政治上李是曲折的，杜是直率的；在理论上，李是直率的，杜又是曲折的。李是继往的终结，杜是开新的起始。李之继往，非无创新……杜之创新，非无继承。……所谓'往'，即是汉魏六朝直到初唐，表达方面有一重要情况，即是诗不能超脱于事物之上，不能不受事物的始末的约束。不敢或不能不顾事物的本来面目。例如说桌子，必要说四条腿，说一平面。即六朝玄言诗，亦必将玄理抬出，惟恐人不理解。譬如不肯把桌子当床，而实正浅薄。即如李之《蜀道难》，必先说蜀道，极力描写其难，归结为忧虑割据，此正'往'的特点之一。'新'是事物为我用，以诗人主旨，情感为主，事物都是表达这种情感的手段，是火的燃料。桌子可以当床，即可以当木筏、当船。如'吴楚东南坼，乾坤日夜浮'，后人只惊其用字之奇，不知其重要处是能把'吴楚''乾坤'当作自己情感的反映。六朝人，'大江流日夜，客心悲未央'，已称名句，但与此相较，灵与实立可判断。'草无忘忧之意，花无长乐之心，鸟何事而逐酒，鱼何情而听琴？'（庾信）'感时花溅泪，恨别鸟惊心'，多少人评论、解释，辩论是人见花而溅泪，还是花如人之溅

泪。实不必辩，此时花与人是一体的，十字包括极丰富而又复杂的内容，既非咏花，亦非咏泪。此种境界，是李与杜以前所没有的。此非评优劣，而是论诗歌文学发展的阶段。"①

如何看待李白与杜甫？近代曾有许多评论，让年轻人莫衷一是。启功先生则明确提出他的见解，从风格上、思想上、理论上来区分，将"继承"与"创新"的辩证关系叙述得清清楚楚，特别是"新"的本质为何，启功先生的诠释令人叹服。

启功先生一生浸润在中国学术圈中，一生教授国文，对于中国文化的种种史实和疑点了如指掌，形成他的叙述风格特征，即抓住关键点，引述文献精确，以史实服人，以灵动的语言文字，配合肢体语言，手写比画，声调高低起伏，老北京话圆润响亮，因而在他晚年的文章中、演讲中，全都显示出大家风度，令后生叹服。

① 《启功全集（第八卷）》，北京师范大学出版社，2009，第272—273 页。

第三章　判断

一个人生活在社会中，一生都需要思维，而思维的起点就是"判断"。当我们的感官接收到外界事物的刺激时，会引起我们去认知事物的表征，并试图加以解释，确定具体事物与其属性间的关系，以及我们对于这关系的认知，以符合我们生活的必需。对这种"判断"进行分析，就会明白其中包含两种活动：一是对于事物的认知；一是对于事物的解释。这两种活动，都需要通过"分析"与"综合"两类方法，而且缺一不可。单一地分析事物现象，无法做出合理的判断；单一地综合事物的现象，同样也难以有合理的判断。虽然分析与综合的作用是完全相反的，我们的思维能使其协调，但这并非易事，有时候还需要同时进行综合的考察和分析，从中获得适合的判断结论，这确实需要夯实的知识基础和严密的逻辑方法才有可能。人们普遍关心判断的真伪问题，这也是造成人们生活中错乱模糊的普遍现象，古希腊哲学家亚里士多德说过："真伪是判断特有的性质。"因为事物本身是没有真伪问题的，而是人们的各种自我判断硬加到事物头上造成的。那么，判断能够被接受的主要条件就应该是：一个判断如果在形式和实质两方面都能够有效，才可以称为"真的判断"，如果仅有一方面有效，那就只能是"伪的判断"。那么，我们在进行判断时，就不能随意地编派结论，我们应当遵循一定的进程，依照严密的论证，从理论上或事实上都可以必然地获得一定的结论。这种判断的必然性是随着人类知识的进展而逐渐确定，可以由人的感官来判断，也可以根据人的知识逻辑而得知。这就在事实上造成个人的判断并不能百分百的准确，我们的认知判断经常会出现谬误，例如：在众多因素中选择非关键因素而造成判断的谬误（如魔术）；在私利私欲促使下的盲视而造成的谬误（如点石成金）；对事物不精确的估计所造成的谬误；对眼前事情不做因果关系的分析而盲目判断的谬误；轻信暗示和迷信的谬误；崇拜常识而拒绝知识所产生的谬误，等等。"判断"可以分为性质判断、分量判断、因果判断、价值判断（在事实判断之后）。而如果从语言学角度看，"判断"的表述可以分为连合句式、缘何句式、结承句式、转捩句式、相关句式、排他句式、除外句式、比较句式、重叠句式等。

学术判断就是专注学术所产生的问题、谬误、疑虑、狂想、荒唐等，以及排除非学术私利的扰乱，而进行认真的、有知识基础的、符合严密逻辑的"真的判断"。这与政治判断不同，政治判断只为解决屁股坐在哪一边的问题，有时为一己私利而不惜编造谣言，强制执行；同样这也与经济判断不同，经济判断只求获得自己最大的经济利益，而不考虑他人的人性愿望，甚至连法律也可以抛弃。我们需要区分学术判断和政治、经济判断，不要将政治判断、经济判断混杂进学术判断中，学术判断一旦被政治、经济强行统帅后，在很大程度上，什么样的学术命题判断，就全都不可避免地为"伪的判断"。因为学术判断的根本，是自由地说出其见解，是百家争鸣中的一家而已，允许不允许都要接受别人的不同判断，并可以进行再辩证。人类在几千年间所形成的学术规范，是被普遍接受的，是在不论任何一门学科中皆适用，任何一个人都可以随时发表他的不一定是准确的学术判断，也可以随时反对他自己的或别人的学术判断，社会自会从中获得公允性的学术判断。

启功先生一生浸润在中国学术圈中，并通过教学把他的学术判断传递给一代又一代青年人。他的学术判断涉猎范围之广，在中国历史文化的文献领域内，真是包含上下几千年；他所判断的事情和人物特点，真情实意，说服力强。我们都知道，中国文献在6000多年的积淀下，留下的史料之丰富，是世界文明古国中特别多的，但同时也是特别复杂混乱的，由于长时间缺乏整理，甚至连文献分类方法都来回变化。如果细看某一种在历史上就形成歧义歧解的文献，且不说解释得对不对，而是解释的差异之大，就令后人摸不着头脑，似乎谁都有理，而谁也说服不了别人，判断就成了猜测。启功先生教学一生，对于这些文献内容的作者、版本、关键字词句等，都太熟悉了，而且需要他清晰地介绍给学生，因而便有了他的一件一件的判断，积累如山，足够后人仔细学习、分析和利用。他的判断用词，特别突出关键点，抓住核心疑虑，视野广阔，明快易懂，逻辑清晰，能够触及读者思想的深处，绝不穿凿附会，绝不以"导师资格"硬压别人。

下面笔者只能选择他的一部分学术判断，以为后人借鉴：

1. 书法美

"……又如不是手写的字，像木刻板本或铅印字模，尚且有整齐、清晰、美观这些最起码的要求。就像纯粹用声音的口头语言，也还要求字音语调的和谐。我们人类没有一天离得开文字，它是人类文化的标识，是社会生活中一个重要的交际工具，和服装、建筑、器具等一样，有它辉煌的历史，并且人类对它有美化的迫切要求。当然，只为了追求字体的美观，以至妨碍书写的速度及文字及时表达思想的效用，是'因噎废食'，是应该反对的。同时所谓书法美的标准，虽在我们今天的观点下，也可能有某些好恶的不齐，但是那些不调和的笔画和使人认不清的字形，总归不会受人欢迎。难道专写过分难辨的字，使读稿或排字的人花费过多的猜度时间，就可

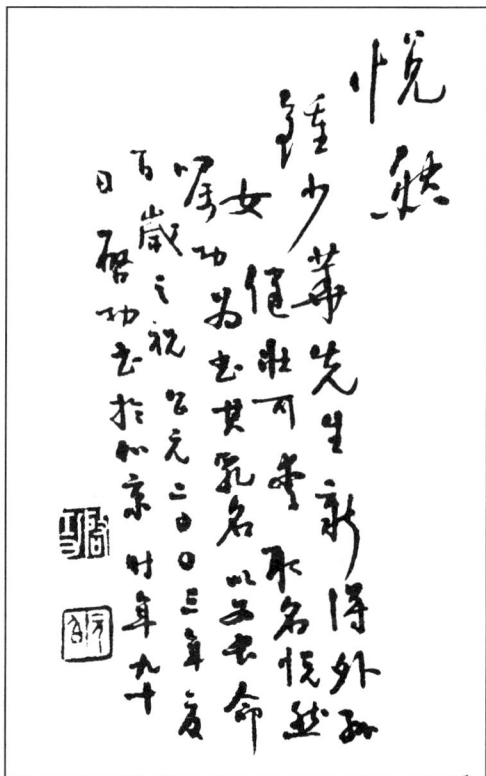

以算得上艺术的高手吗？有人说汉字正在改革简化，逐渐走上拼音化的道路，人们都习用钢笔，还谈什么书法！其实这是不相悖触的。研究成为文化遗产和历史资料的古人书写遗迹，和文字改革固不相妨，而且将来每个字即便简化到一点一划，以及只用机器记录，恐怕在点划之间未尝没有美丑的区别，何况简体或拼音符号还不见得都是一个点儿或一个零落的笔道儿呢？"[①]

先生这一段话，就是判断人类的文字作为交际工具，除要求书写速度和表达思想内容外，还必须要有美的追求。从古代的笔写到现在的机器写，这都是必需的。

2. 碑的文化内涵

"什么是碑？碑本来是坟墓竖立的一种标志。碑石有大有小，记载着墓主人的生平事迹。后来推而广之，不光是为死者立碑，也应用到生人……当时立碑的本意不过是歌颂或吹捧死者、官员乃至皇帝，但后来意料之外地被人注意。其得以保存流传的原因，却不在于它书写的文字，在于它保存了许许多多的书法。他们吹捧的内容，已无人注意。有人见到石刻残损文字而惋惜。我说，字少了，美术品少了一部分是坏事，但文词少了，念不全了，未必不是被吹捧者的幸事，因为他可以少出些丑。……以前人对于碑只是着眼于先拓后拓，多一字少一字，稍后对碑形、花纹、制作乃至于刻工等方面，也加以研究。……还有一种叫墓志，也是一大宗。坟里头埋块石头，写上这人是谁，预备日后让人给忘了，挖开一瞧，知道是谁，人家好给他埋上。这用意是很天真的，没想到后来人家正因为他坟里有墓志，就来挖他的坟。这种情况多得很。……字好，是碑存在的一个主要因素。立碑、刻碑的人是为了歌颂他自己。后世的人们保存这个碑，却是为了它写的字好。这是立碑、刻

---

① 《启功谈艺录》，商务印书馆，2012，第13—15页。

碑的人始料不及的。由此可见，书法艺术自有它独立的、不能磨灭的艺术价值。"[1]

先生判断中国传统的碑的由来与碑刻被后人重视的原因，是完全不同的两码事。前者是吹捧，后者是其艺术价值。

3. 肉迹与真书

"日本人用过一个词，把墨迹叫作'肉迹'，即有血有肉，痛痒相关，我很欣赏这个词，经常借用。现在可以看到成千上万的秦汉人的'肉迹'，这是我们研究文学、研究书法、研究古代历史的莫大的幸福。不论秦隶还是汉隶，都是刚从篆体演变过来的，写起来单调而且费事。所以到了晋朝后，真书（又叫楷书、正书）开始定型。虽然各家写法不同，风格不同，但字形的结构形式是一致的。各种字体所运用的时间都不如真书时间久，真书至今仍在运用。为什么真书能运用这么久，因为这种字形在组织上有它的优越性。字形准确，写起来方便，转折自然，可连写，甚至多写一笔少写一笔也容易被人发现。真书写得萦连一点就是行书，再写得快一点就是草书。……所以千姿百态的作品不断出现，风格多种多样，出现了各种字体……我们的眼福实在不浅。"[2]

这是对真书的时代意义的判断。

4. 学术判断与商人的价值判断

"现在研究古代的绘画，又出现了两种困难。一是出现了太窄的现象。我认为，研究绘画，研究绘画沿革，不论在中国还是在外国都出现了这样一个现象：研究一家，只包住一家，翻来覆去地考证探索。须知这个作家不能独

---

[1] 《启功谈艺录》，商务印书馆，2012，第38—41页。
[2] 同上书，第43—44页。

立存在，必须和当时的环境、当时的时代联系起来。'窄'还表现在只研究一家的一个方面，如一个画家又会画兰竹，又会画山水，又会画松树，却只是专门研究他画的竹子。这样就钻进了牛角尖而不自觉。二是论据必须是真品。……这里就出现一个问题，今天辨别真伪的标准，也被古董商人搅乱了。从明清以来就有这种情况：真画儿换假跋，真跋配假画儿，哪个名气大、哪个早、哪个值钱就写哪个。后来的研究者也常陷入古董商人的这个标准。如评论是纸本还是绢本，质地颜色洁白还是昏黑，黑了就用漂白粉拼命冲洗，画儿的笔墨都不清楚了，底子可白了，那也要。因为'纸白版新'，这是古董商人的标准。常见著录的书上说'这是上品'，但笔墨画法并不高明。为什么是上品？就因为'纸白'，其实那是用化学药品冲洗白的。又如完整还是破碎，中国藏还是外国藏等，有许多人认为是外国藏的就好，其实这是令人很痛心的事。我虽然也忝被列入了'鉴定家'的行列，但我'知物不知价'。'纸白版新就好''这个价钱多'………这些我一点儿也不懂，因为我没做过古董商人。……只要我们的观点是正确的，从实物而不是从现象出发，博学、广问、慎思、明辨，自己有一定的立脚点而不随声附和，我们的成绩会是无限的。"[①]

先生判断：文物的学术判断与古董商人的价值判断有不同的标准。

5. 度与判断

"在今天，一切宝贵文物都是人民的公共财富，人民就都应知道所谓鉴定的方法。鉴定工作都有一定的'模糊度'，而这方面的工作者、研究者、学习者、典守者，都宜心中有数，就是说，知道有这个'度'，才是真正向人民负责。鉴定方法，在近代确实有很大的进步。……研究者又在鉴定方法上

---

① 《启功谈艺录》，商务印书馆，2012，第49—50页。

更加细密，比起前代'鉴赏家'那套玄虚的理论、'望气'的办法，无疑进了几大步。但个人的爱好、师友的传习、地方的风尚、古代某种理论的影响、外国某种理论的比附，都是不可能完全避免的。因之任何一位现今的鉴定家，如果要说没有丝毫的局限性，是不可能的。如说'我独无'，这句话恐怕就是不够科学的。记得清代梁章钜《制艺丛话》曾记一个考官出题为：'盖有之矣'（见《论语》），考生作八股破题是：'凡人莫不有盖'，考官见了大怒，批曰'我独无'。往下看起讲是：'凡自言无盖者，其盖必大'，考官赶紧又将前边批语涂去。往下再看是：'自言有盖者，其盖必多。'这是清代科举考试中的实事，足见'我独无'三字是不宜随便说的！……人的经验又可与科学工具相辅相成，不妨说，认定经验是软件，或说软件是据人的经验制定的，而工具是硬件，若干不同的软件方案所得的结论，再经比较，那结论一定会更科学。从这个角度说，'肉眼一观''人脑一想'，是否'万无一失'，自是不言而喻的！"①

"鉴定工作，本应是'铁面无私'的，从种种角度'侦破'，按极公正的情理'宣判'。但它究竟不同于自然科学，'一加二是三''氢二氧一是水'，即使赵政、项羽

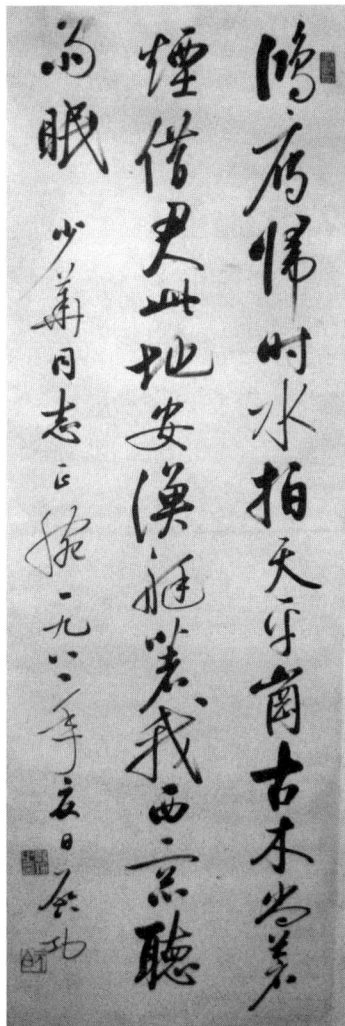

---

① 《启功谈艺录》，商务印书馆，2012，第83—85页。

出来，也无法推翻。而鉴定工作，则常有许许多多社会阻力，使得结论不正确、不公平。不正不公的，固然有时限于鉴者的认识，这里所指的是'屈心'作出的一些结论。因此我初步得出了八条：一皇威、二挟贵、三挟长、四护短、五尊贤、六远害、七忘形、八容众。前七项是造成不正不公的原因，后一种是工作者应自我保持警惕的态度。……如属真理所在的大问题，或有真凭实据的宝贝，即争一番，甚至像卞和抱玉刖足，也算值得，否则谁又愿惹闲气呢？……笔者一次在朋友家聚集看画，见到一件佳品，一时忘形地攘臂而呼：'真的！'还和旁人强辩一番。有人便写给我一首打油诗说：'独立扬新令，真假一言定。不同意见人，打成反革命。'我才凛然自省，向人道歉，认识到应该如何尊重群众！……坚持真理是社会主义的新道德，迁就世故是旧社会的残余意识。"①

这里的判断是针对鉴定家的，是先生以亲身体验而得出的八条判断，包括自身忘形的体验，来之相当不易，针砭准确。

6. 字的文化意义

"'诗'的涵义，最初不过是徒歌的谣谚或带乐的唱辞，在古代由于它和人们的生活有着密切的关系，又发展到政治、外交的领域中，起着许多作用。再后来某些具有政治野心、统治欲望的'理论家'，硬把古代某些歌辞解释成为含有'微言大义'的教条，那些记录下来的歌辞又上升为儒家的'经典'。这是诗在中国古代曾被扣上过的几层帽子。……诗与书的关系，从广义来说，一个美好的书法作品，也有资格被加上'诗一般的'四字桂冠……我曾认为书法不能脱离文辞而独立存在，即使只写一个字，那一个字也必有它的意义。例如写一个'喜'字或一个'福'字，都代表着人们的愿望。一

① 《启功谈艺录》，商务印书馆，2012，第89—92页。

个'佛'字，在佛教传入以后，译经者用它来对梵音，不过是一个声音的符号，而纸上写的'佛'字，贴在墙上，就有人向它膜拜。所拜并非写的书法墨法，而是这个字所代表的意义。所以我曾认为书法是文辞以至诗文的'载体'。近来有人设想把书法从文辞中脱离出来而独立存在，这应怎么办，我真是百思不得其法。"①

7. 好字与核

"按神话说，人类同出于亚当、夏娃，源相同了，为什么后世还有国与国的争端，为什么还有种族的差别，为什么还要语言的翻译呢？可见'当流说流'是现实的态度，源不等于流，也无法代替流。我认为写出的好字，是一个个富有弹力、血脉灵活、寓变化于规范中图案，一行一篇又是成倍数、方数增加的复杂图案。写字的工具是毛笔，与作画的工具相同，在某些点画效果上有其共同之处。……这种'因'是两者关系的内核，它深于广于工具、点画、形象、风格等外露的因素。所以我想与其说'书画同源'，不如说'书画同核'，似乎更能概括它们的关系。有人说，这个'核'究竟应该怎样理解，它包括哪些内容？甚至应该探讨一下它是如何形成的。现在就这个问题作一些探索。一、民族的习惯和工具……二、共同的好恶……三、共同的表现方法……四、共同的传统……五、合成了'信号'……所以我以为如果问诗书画的共同'内核'是什么，是否可以说即是这种多方面的共同习惯所合成的'信号'。一切好恶的标准、表现的手法、敏感而易触的联想、相对稳定甚至于有排他性的传统，在本民族（或集团）以外的人，可能原来无此感觉，但这些'信号'是经久提炼而成的，它的感染力也绝不永久限于本土，它也会感染别人，或与别的信号相结合，而成为新的文化艺术品种。……再

---

① 《启功谈艺录》，商务印书馆，2012，第98—99页。

总括来说，前面所谓的'核'，也就是一个民族文化艺术上由于共同工具、共同思想、共同方法、共同传统所合成的那种'信号'。"①

先生使用"核"这个词来代替习惯用的"源"，认为前者作为民族文化的共同本质内容，也能在文化的各个方面发出"信号"，并总结出"核"的成因。

8. 诗画中的灵魂

"诗画可以互相阐发。举一个例子：曾见一幅南宋人画的纨扇，另一面是南宋后期某个皇帝的题字，笔迹略似理宗。画一个大船停泊在河边，岸上一带城墙，天上一轮明月。船比较高大，几占画面三分之一，相当充塞。题字是两句诗，'沉廖明月夜，淡泊早秋天'，不知是谁作的。也不知这两面纨扇，是先有字后补图，还是为图题的字。这画的特点在于诗意是冷落寂寞的，而画面上却是景物稠密的，妙处在即用这样稠密的景物，竟能把'沉廖''明月夜'和'淡泊''早秋天'的难状内容，和盘托给观者。足使任何观者都不能不承认画出了以上四项内容，而且了无差错。如果先有题字，则是画手善于传出诗意，这定是深通诗意的画家；如果先有画，则是题者善于捉住画中的气氛，而用语言加工成为诗句。如诗非写者所作，则是一位善于选句的书家。总之或诗中的情感被画家领悟，或画家的情感被题者领悟，这是'相得益彰'的又一典范。……所以说它们是瑰宝，是杰作，并不因为作者名高，而是因为这些诗人和画家所画的画、所写的字、所题的诗，其中都具有作者的灵魂、人格、学养。纸上表现出的艺能，不过是他们的灵魂、人格、学养升华后的反映而已。如果探索前边说过的'核'，这恐怕应算核中的一个部分吧！"②

---

① 《启功谈艺录》，商务印书馆，2012，第101—104页。
② 同上书，第108—110页。

先生从一幅南宋诗画的诗情画意判断，说明诗作者和画作者的艺术境界，也正是作者们的灵魂表述。如此细微，如此深刻，如此升华，令后辈只有拜服。

9. 行家与力把

"今人对于技艺的事，凡有师承的、专门职业的、技艺习熟精通的，都称之为'内行'，或说'行家'。反之叫作'外行'，或说'力把'（把，或作班、笨、办），古时则称之为'戾家'（戾，或作隶、利、力）。'行''戾'的标准，约有三类角度：'行'指行业，'行家'指属此行的人，相对的'戾家'，则指非此行业的人，这是最初的命义，乃甲类角度。专业的人，技艺必自习熟，而有师承法则，所以引申之以称具有此等修养的人，所以俗语说：'行家不是力把干的，'又说，'行家看门道，力把看热闹。'店作坊的学徒被称为'小力把儿'。学徒在职业上，已算入行，但仍蒙'力把'之名的缘故，也是因为他尚未学成罢了，这是乙类角度。还有以技艺流派的来源是属于'行'或属于'戾'而分的，这是丙类角度。在前代文学技术理论中，这三类角度的采取，常有不同，于是哪家为'行'哪家为'戾'，遂致发生歧异的争论。更有由于不解'戾家'一辞的意义而妄生附会的。……"①

北京俗话的"行家""力把"，其中的词义被先生加以考证运用，被先生判断得如此清晰。笔者年轻时也曾做过"小力把儿"，因而感受良多。

10. 检索工具与兴趣

"我在高中读书时，由于基础不好，许多功课常不及格，因而厌倦学校所学，恰好一家老世交介绍我从戴绥之先生攻读经、史、文学，我大感兴

_____

① 《启功谈艺录》，商务印书馆，2012，第113—114页。

趣。……至今对当时那种似懂非懂的味道，还有深刻的印象。但从此懂得几项道理：不懂的向哪里去查；加读一遍有深一步的理解；先跑过几条街道，再逐门去认店铺，也就是先了解概貌，再逐步求细节。……老师喜《说文》、地理、音韵诸学，给我们选常用字若干，逐字讲它在'六书'中的性质和原理，真使我如获至宝。但至今还只有常识阶段的知识，并未深入研究。……先生谆谆嘱咐要常翻《四库简明目录》，又教我们用《历代帝王年表》作纲领，来了解古代历史的概貌，再逐事件去看《资治通鉴》。这粗略的回忆，可以得知戴老师是如何教一个青年掌握这方面知识的有效办法。先生还出题令学作文，常教我们在行文上要先能'连'。听老师讲解'连'的道理，用现在的话说，就是要求语言的逻辑性；其次要求我们懂得'搭架子'，听讲它的道理，也就是文章要有主题有层次。旁及作诗填词，只要拿出习作，老师无不给予修改。……"[1]

这一段话，是先生总结年轻时学习的关键心得。前面介绍过先生在中学时被选定写班史，说明他在中国新的常规教育中的成绩。而他更注重家教学习所得到的方法，笔者这里再介绍一遍：

（1）查询工具书解不懂处。

（2）文章复读的好处。

（3）以年表来作概貌式的学习工具。

（4）以《通鉴》来作对中国历史事件的学习。

（5）学习作文的"连"和"搭架子"。

（6）对于学生作业的修改。

最重要的是，老师的教学让他"大感兴趣"，这才是教学的本质。他很感激他的老师，而我们更感激他所总结出的现行的教学方法。

---

① 《启功谈艺录》，商务印书馆，2012，第200—201页。

11. 齐白石精神

"今天齐（白石）先生的艺术创作，保存在国内外各个博物馆中，而我在中年青年时也曾有些绘画作品，即使现在偶然有所存留，将来也必然与我的骨头同归腐朽。诸位青年朋友啊，这个客观的真理，无情的事例，是多么值得深思熟虑的啊！这里我也要附带说明，艺术的成就，绝不是单靠照猫画虎地描摹，我也不是在这里提倡描摹，我只是要说明齐老先生在青年时得到参考书的困难，偶然借到了，又是如何仔细地复制下来，以备随时翻阅借鉴，在艰难的条件下是如何刻苦用功的。他那种看去横涂竖抹的笔画，又是怎样走过精雕细琢的道路的。我也不是说这种精神只有齐先生在清代末年才有，即如在浩劫中，我们学校里有不少同学偷偷地借到几本参考书，没日没夜地抄成小册后，还订成硬皮包脊的精装小册，这岂能不说是那些罪人们灭绝民族文化罪恶企图意外的相反后果呢！"[①]

12. 李叔同的认真与判断

"李叔同先生是否学习甘地或别人，我无法判断。但我知道，凡是伟大的人物对于时间的重视，中外古今南北都应该是一个样。我想他这是出于内心的一个判断。所以我说过，李叔同先生就是认真，一切是认真二字。这不是说你欠我一本书，或是欠一笔钱，或是你应许什么没有做到等事，那种认真是很庸俗的。他在时间上一分钟都算上，认为是你犯了错误。所以印度的甘地与中国的李叔同真有异曲同工之妙，这已经超出优点，这是一种微妙的相应的感受，使得他对朋友、对时间、对事情都是这样。……李先生就是以戒律为师。想起来，李先生一生到死，一字一板，都是以戒律为师。我们现在自由散漫，什么事情都可以不按律、不按戒来说，算不了什么。但是李先生

_____

① 《启功谈艺录》，商务印书馆，2012，第206页。

认为就应该是这样学，就应该这样做，他对此不怀疑。我们则还没有信，我们就先怀疑。……为什么我认为李先生的那些画不可能是假的呢？……就说李先生从日本带回来的画，或者是在国内画的油画也罢，水彩画也罢，这些东西就是雨夜楼所藏的那些画。问题就是说许刘质平藏的那些书法，就不许雨夜楼主藏这些画吗？这些画还拿西泠印社印藏校对过。近年因为纪念李叔同先生，把洞挖开，用印章对照画上图章，是他出家以前打的章，没有问题。你说哪个真哪个假呢？既然是他从前的旧印，不是现在打上去的。所以我觉得那些画很可能就是他从前所画，存起来，没有人知道，当时有人收藏了。这就跟刘质平收藏的字稍微有不同，但是经过这么些年，六十年了吧？……依我现在的想法，为什么我相信他呢？就说这种画的画风，在雨夜楼所藏李先生的画确实是一种风格，这种风格在当时、在后来、在大陆上，在所有油画或水彩画中，都是自成一家的。所以我觉得雨夜楼所藏的这些画，风格是统一的，是那个时期某一个人一直画下来的。某一个时代画的，风格一样，我觉得就不应该轻易否定为不真。我没有赶上李叔同先生的时代，为什么我能够武断地判断就应该是真的呢？我有这么几个原因，也是客观推论就是这么一个情形。"①

启功先生对于李叔同先生的为人与艺术造诣是十分崇拜的，也包括对于李先生的宗教信仰及书画风格。2003 年 3 月，笔者奉启功先生之命，录下这篇口述文章，经他审阅签字盖章认可后，发表在当月 19 日的《中国文物报》头版，配有那时发现的李叔同的画作。至今，笔者尚牢记他在录音时的沉稳身姿，自信的口音，眼中、脸上充满对于先辈的崇敬与向往。表现在谈话内容中，则全是学术性判断、认真的原则及其充足理由。这种判断，是需要在事实背景下，有更坚强的弄潮儿精神。

---

① 《启功谈艺录》，商务印书馆，2012，第 219—224 页。

13. 研物立志

"'玩物丧志'这句话，见于所谓伪古文《尚书》，好似'玩物'和'丧志'是有必然因果关系的。近代番禺叶遐庵先生有一方收藏印章，印文是'玩物而不丧志'。表面似乎很浅，易被理解为只是声明自己的玩物能够不至丧志，其实这句印文很有深意，正是说明玩物的行动，并不应一律与丧志联在一起，更不见得每一个玩物者都必然丧志。我的一位挚友王世襄先生，是一位最不丧志的玩物大家。大家二字，并非专指他名头高大，实为说明他的玩物是既有广度，又有深度。先说广度：他精通中国古典文学，能古文，能骈文，能作诗，能填词。外文通几国的我不懂，但见他不待思索地率意聊天，说的是英语。他写一手欧体字，还深藏若虚地画一笔山水花卉。喜养鸟、养鹰、养猎犬，能打猎；喜养鸽，收集鸽哨；养蟋蟀等虫，收集养虫的葫芦。玩葫芦器，就自己种葫芦，雕模具，制成的葫芦器上有自己的号别，曾流传出去，被人误认为古代制品，印入图录，定为乾隆时物。再说深度：他对艺术理论有深刻的理解和透彻的研究。把中国古代绘画理论条分缕析，使得一向说得似乎玄妙莫测而且又千头万绪的古代论画著作，搜集爬梳，既使纷繁纳入条理，又使深奥变为显豁。读起来，那些抽象的比拟，都可以了如指掌了。……'玩'字只表示是居高临下的欣赏，不表示研究。其实不研究的欣赏，没有不是'假行家'。而'假行家'又'上大瘾'的，就没有不丧志的。怎样丧志，不外乎巧取豪夺，自欺欺人，从丧志沦为丧德。而王世襄先生的'玩物'，不是'玩物'而是'研物'；他不但不曾'丧志'而是'立志'。他向古今典籍、前辈耆献、民间艺师取得的和自己几十年辛苦实践的相印证，写出了这些部已出版、未出版、将出版的书。……"[1]

古人的观念经常不严密，而后人的曲解则更造成许多混乱。先生从"玩

---

[1] 《启功谈艺录》，商务印书馆，2012，第265—269页。

物丧志"推断出"玩物不一定丧志",再推断到"研物""立志",最后判断王世襄先生是"最不丧志的玩物大家",其中全以王先生的为人与行为为根据,来判断古人观念出错,顺便还批判了"假行家"的"玩物丧志""丧德"。

14. 探索规律的"当然"

"本文所要探索的是古典诗、词、曲、骈文、韵文、散文等文体中的声调特别是律调的法则。所采取的方法,是摊开这些文献形式,分析前代人的成说,从具体的现象中归纳出目前所能提出的一些规律。但如果问这些规律是怎样形成的,或者问古典诗文为什么有这样的旋律,则还有待于许多方面的帮助来进一步探索,现在只能摆出它们的'当然',还不能讲透它们的'所以然'。这些初步结果,仅能说是进一步研究的阶梯和材料而已。……无论诗、词、曲、文,律化的条件都有两个方面:一是字句形式上的要求;一是声调搭配上的要求。字句形式整齐排偶这一方面究竟比较简单,而令人觉得复杂的,要属于声调配搭怎样和谐这一方面。本文所要探索的即是这后一方面的问题。……从前人人对于诗、词、曲的声调格式,常是凭硬记的,或把一些作品画出平仄谱子来看,或找几首标准的作品来熟读。还有人统计若干种正规格式和变态格式的诗以至词、曲,辑成谱录。诗的声调谱式自王世祯《律诗定体》以后,有许多人补充和续作,前代日本人也曾有过一些著作,他们陆续研究,各有功绩。……经过对各种问题声调的探讨,看到声调抑扬的现象是古代汉语习惯的一个部分,也是古代汉语语言艺术的一个部分。……"①

人在社会交流中的语言声调,往往是决定交流是否清晰准确的一种方法。同样,在运用文字交流中,人们也会随着读者以声调去理解,那么,其中有何规律可言?特别是在中国古代文献中,积累了太多的对此难题的猜测与探

① 《启功全集(第一卷)》,北京师范大学出版社,2009,第3—4页。

索。这恐怕也是中国语言文字中的千古难题。而在清朝形成的关于中文音韵学的诸多研究尝试，却因种种因素而显得纠缠不清。启功先生凭着自己多年的思考与分析，写出《诗文声律论稿》一书，提出他深刻的学术见解。这段引文就是该书的"绪论"部分，清楚地表明他的判断。按照先生的说法，中文声调"当然"是有"律调""法则"和"规律"的，全书正是说明这种法则，只是"还不能讲透它们的'所以然'"而已。如此艰巨的千古难题，做如此深刻的分析判断，实在不易。

15. 坦陈"今是昨非"

"幼年读过梁启超先生的文章，有一句话说：'不惜以今天的我，攻击昨天的我。'当时觉得很可笑。年长渐知'今是昨非'，甚至渐知'今虽小是，而昨已大非'，只有逐步自忏之法。自忏之道，在于'首过'，吾今自首之过，在过去出版的、又几经重版的一本文章小册《诗文声律论稿》。最近中华书局又要重印我的手稿初印本，由陈抗编审再加精核，命我复看，我深感陈先生的精密审查之外，又发现其第十章有许多错误。其中论五言诗'八病'一说最误。当时虽已发现谢灵运、沈约、钟嵘初步摸到五言律诗的抑扬，而他们并未提出'平头、上尾'等等'八病'的题目。我虽没找到南朝人提出'八病'的证据，但还朦胧地承认沈约和唐初李延年都提出'八病'的说法。现在得知日本清水凯夫氏已提出对沈约与'八病'说的问题（我还未见），我国的跃进同志也提出中国的声病学说都出自印度的说法，但还没有详论'八病'是怎样形成的。跃进同志又说南朝的读音与今天不同，而有存疑的结论。这在鄙人重读旧稿时，都给了我极重要的怀疑的胆量。"①

先生作为学术大家，重要的标识之一就在坦陈"今是昨非"。当他发现

---

① 《启功全集（第一卷）》，北京师范大学出版社，2009，第81页。

自己过去的论证有缺陷时，不是文过饰非，反是向读者全部摊开自己引述文献之误，或理论之误。这才是学术探讨的真谛。

16. 工尺符号

"……歌唱词曲时须有乐谱；撰写诗文，只求顿挫流利。用字的平仄，只是为词曲的抑扬，与歌唱词曲的乐调不同。今天的简谱、五线谱，早于简谱的是'工、尺、上、四、合'或'工、尺、上、四、合、六、五'，更繁的又加'一、凡'（昆曲中的南北曲以有无'一、凡'来区别）。昆曲《牡丹亭》：'袅情丝'是'上平平'，乐谱上每个字的右边都斜行写着一串工尺字，还有加着板眼符号处，听起唱出是声音几乎与'上平平'全不相同……皮黄戏如《空城计》诸葛亮唱'我本是'，是'上上上'（'是'字浊上声，今读成去声），听起唱来，抑扬高低，也与四声无关了。所以'宫商角徵羽'只是古代乐调高低抑扬的标号，大约宫商是扬调，角徵羽是抑调。"[1]

对于年轻人，深知中国传统戏曲的先生给予了上述判断。

17. 美化的艺用的汉语

"中华民族文化的最中心部分——汉语（包括语音）和汉文字，自殷商至今有过许多变化，但其中一条是未变或曾变也不大的，就是：一个文字表示一个记录事物的'词'，只用一个音节。无论其中可有几个音素，当它代表一个词时，那些音素必是融合成为一个音节的。……汉语既是一字即一音，一音即一词，这就使得汉语的语句和它所表达的思想，可以长短、伸缩、繁简、正反……自由变换。随时随处加入、撤出某个词，即使句义全变，句子仍然成立。这是字、词、句的句形、句义的灵活性，也是它的

---

[1] 《启功全集（第一卷）》，北京师范大学出版社，2009，第87页。

优越性。……总之，汉字的字（词）不但在数字增减上有活跃性，而且在音调上也具有抑扬的灵活性。二者相乘，使得普通的表意的汉语和美化的艺用的汉语，平添了若干倍的功能。诗歌词曲离不开声调高低，这是易见的，即平常口语中声调的抑扬，也表现谈话的情绪，又较韵书中四声的固定范围更为宽泛得多。这好比玩具'七巧板'和'积木'，移动变化可成各种形象，又给它们涂上颜色，在儿童手中已是极其可爱的玩具了。谁知汉语的字（词）、句的表义作用之外，含有声调美化的功能。……我常说汉语的诗歌像是七巧板，又如积木。把汉语的一个字一个字地拼起来，就成了诗的句子。积木的背面是有颜色的，摆的时候照着颜色块的变化来。由单字拼合成诗句，它也有个'颜色'问题，就是声调的变化，汉语诗歌特别重视平仄、高矮，高矮相间，如同颜色的斑斓，这样拼成的诗句才好听，才优美。所以要谈汉语构成，先得说汉字，先得说汉字的声调。高高矮矮、抑抑扬扬的汉语诗歌是有音乐性的，诗句的音乐性正来自单字的音乐性。这是首先要明确与注意的。"[1]

先生这段关于汉语本体的判断，实在是清晰、高远。以往关注汉语的研究，只是从字形、字音、字义入手，而先生提出的"美化的艺用的汉语"，长期缺乏系统的专门研究。偏偏先生说明汉语单字的音乐性，"这是首先要明确与注意的"。当然这也就是说我们很有必要进行汉语的美学研究。而且，先生以七巧板和积木来比喻，让年轻读者耳目一新。依照先生的见解，我们可以展开汉语音乐学研究、汉语美学研究。

笔者也曾翻阅音乐史家杨荫浏教授的大作《语言音乐学初探》，发现语言学家启功与音乐学家杨荫浏的基本见解是一致的。汉语就应该如前辈们的研究那样深入展开。

---

[1] 《启功全集（第一卷）》，北京师范大学出版社，2009，第88—89页。

18. 骈体文与医生

"如今过了五十多年，才算懂得骈体文为什么通行了近两千年，屡次被打，竟自未倒。直到'五四'才算倒了。谁知'文化大革命'中，无论口中演讲，笔下批判，都要在开头说'东风万里，红旗飘扬'。啊，唐人律赋的破题，在这时又冒出尖来！更难责备唐宋那些作'单行化'古文的作品中也常出现推排不去的对称双句了。我们如果客观研究，这似是民族语言习惯形式中的一项特点，无所谓优劣。……骈句这个模子，这个范型，大约是从歌唱而来的，整齐的节拍，反复的咏叹，在时间和空间上，都易于行远。历史上历次的打倒，都只是'我不理它'而已，它的存在'依然如故'焉。我们作文章不用它的样式，毫无问题；如探讨汉语的种种特点，正视汉语的种种现象，就不能用'我不理它'的办法去对待了吧！有人说：'你好像是主张多读自然通，而不求分析语词的内在性质，更不想求语言的法则规律。'我回答是：一人有病就诊，医生试体温来判断是否发炎，摸脉搏来判断心脏跳动的快慢，照透视来看内脏有无病症。如果有，在哪里，然后才去动手术。谁也知道世上没有'治百病'的一个药方。任何医生，都要从'病象'入手。看不懂古文，是病象；从不懂到懂，是治疗过程；现在探索怎么懂得的，是总结治法、评选最有效的医方。证明治百病的单方无效，也由此得到根据。"[1]

先生用医生治病来比喻对民族语言习惯形式的研究，可谓恰到好处。

19. 汉语的电脑翻译与泥鳅

"由于思考语言的种种问题，真像浩劫中流行的一句话，'老鼠儿子打地洞'，愈挖愈深。我又想汉语的词，至少是书面的词，常常是二字的。凡三字的词，都能切开成为一二或二一，甚至是一一一的。于是考虑到词的切分

① 《启功全集（第一卷）》，北京师范大学出版社，2009，第106页。

是输入电脑的先决条件。又想汉语每句的主干，文言句比白话句装饰性的附加物较少，如果从文言句中理出若干型作为主干，然后把其他有关的装饰词或派生的短语附着上去，似乎可以得出一个大意，是否可作电脑传译的初步基础。 我从小时就没有算学细胞，科学头脑，现在在这本杂乱的论文集中的第三篇末竟自妄谈起电脑翻译的问题，岂不十分不自量吗！但老鼠挖洞挖到这里，是个树根，是块石头，也都管不了了。从翻译问题想到每个词的准确性，愈想愈觉得每个词都非常含糊，它们的音、义乃至写出来的字形，都是十分勉强的。鸡、鸭、鹅、猫，都是模拟它们的叫声而命名的；桌、椅、柱、屋，都是从它们的功能而命名的。又如人为什么被叫作人，为什么用这个声音？天是指的上空里从哪层到哪层？诸如此类，都使我感觉到任何一个词都是以偏代全，极不固定，模拟或比拟也极不确切。再扩展到一件事物，内容都不是三言两语所能括尽。用一个符号或一种信号代表它，便成了广义的'用典'。……至于广义的典，又是任何人、任何时、任何文章、任何语言中都无法避免的。我曾想，一个词，既是以偏概全，似可称之为小比喻；一个事物的典，无论狭义或广义的，似可称之为大比喻。反正没有确切

不移的、本身再现的、严丝合缝的、乙符号能够完全代替甲符号而成的完美的比喻。……今有两人相聚，甲说一句话，令乙重述甲话的原意，不许用重复的词，而要不分岐、不遗漏，恐怕谁都知道是极不容易的。汉语对汉语尚且如此，汉语对外语，就更不必说了吧！所以翻译方面，无论古译今，乙译甲，恐怕都是说明理由易，传达情感难；重述故事梗概易，再现语言风采难。我不懂语言学，尤其不懂比较语言学。由于这些肤浅的探索，愈发感觉到比喻和用典的问题可能是汉语中伸缩变化的重要因素，也是使'葛郎玛'束手无策的一条条泥鳅。抓不着，攥不住，忽长忽短，忽粗忽细的一种怪物。可巧现在汉文还是有字形的，不是纯拼音的，这个泥鳅的形状，还可看到一少部分轮廓，或说帮助做一些形状的记忆，至少对同音而不同义的词显示一些差别。否则这个怪物凌空而起，更给捉摸它的人添加无穷的麻烦。写出一篇《比喻与用典》，只是为说明这两者在汉语研究中的重要性，也不知是否能起一些提醒注意的作用。"[①]

启功先生写以上文字时，是在 1989 年。那时，中国才全面引进西方的电脑技术。先生已经 77 岁，并没有掌握电脑操作技术，但是他已经看到电脑技术对于中国文字的关键作用，并且深思在电脑上使用中文的许多问题，以及利用电脑来翻译中外文字的问题，这段话正是展现他的通过中文本身特质而获得的先进的判断。于是我们就看到了中华民族几千年所利用的文字，融化在电脑这个伟大的工具内，继续展现其光辉的文化特质。继而先生作出提醒，即用电脑翻译各种文字的时候，我们作为操控者、使用者，都是"说明理由易，传达情感难；重述故事梗概易，再现语言风采难"。最后，先生将汉语的比喻与用典变化，比喻为泥鳅，让"葛郎玛"束手无策，而寄希望于后人。如此的判断，生动准确。

① 《启功全集（第一卷）》，北京师范大学出版社，2009，第 108—109 页。

20. 汉语的"血小板"

"我曾试从句式、篇式作过解剖和归纳，发现了四言、五言、六言、七言这些基本句式的律调与非律调的区别所在，样式若干。同时证明了这种律调是通用于骈文、词、曲的。写了一本《诗文声律论稿》……'五四'时，有人翻译西洋诗，并进一步借鉴西洋诗来作'白话诗'，称为'新诗'。其特点是句子长短不拘，句数多少不拘，句尾不用韵。偶有近似有韵的，但属极少数。这些作品中，颇有被推为名篇的，但总没听到有人琅琅上口地背诵出某些句。回忆那些创始的先河大师，都是深通外语的，大约他们借鉴时，笔下虽是用汉字来写，而脑中似是用外语习惯构思的。这可能是不懂外语的读者不全能会心欣赏的缘故吧！近年有些新诗作家，吸收民间曲词的部分营养，又成了新的一派。曾听到有的读者说他们的作品顾到了民族形式。我捧来细读，感觉在形式上突出的地方，是较有节拍、较有辙调。因此想到这类节拍、辙调的作用，在汉语中有多么大，这种汉语中的'血小板'，凝聚力又有多么强！……提到'凝聚力'，它在汉语中颇为顽强，不仅表现在节拍、辙调等方面，其他体裁中，也有许多模子或范型。例如'八股文'，内容上虽已臭不可闻，但它的形式上和手法上，又具有陷阱式的模槽，许多创作走着走着就不知不觉地坠入槽中，因而出现'这八股''那八股'的批评和讽刺。但值得反省的是怎么就会形成这类槽子，而在八股之前、之外还有什么样的槽子。律诗八句为什么那么摆，对联这种某些文体中的细胞，又为什么许多世纪以来一直挂在人们的门口。这些都是值得我们想一想的。"[1]

先生详细考察旧体诗和百花新诗的节拍、辙调等，因而判断汉语中的"血小板"的凝聚力是多么强盛，仅是"八股文"的形式和手法上就有"模

---

① 《启功全集（第一卷）》，北京师范大学出版社，2009，第110—111页。

槽"一说，这实在是需要读者仔细思量。

21. 省略的老虎与旋律

"我回忆小时学英语语法有一条：一个句子如在主语、谓语、宾语三项中缺少任何一项时，这就不算一个完成的句子。我国古代作者怎么作了这么多未完成的句子呢？真不减于小孩唱的一首儿歌：

> 两只老虎，两只老虎。跑得快，跑得快。一只没有尾巴，一只没有脑袋。真奇怪，真奇怪。

我努力翻检一些有关古代汉语语法修辞的书，得知没有的部分叫作'省略'，但使我困惑不解的是为什么那么多省略之后的那些老虎，还那么欢蹦乱跳地活着？……我还没有看到过对诗歌和骈体文语法修辞的探讨，只看到过骈体文头上一大堆帽子，什么形式主义的，为封建统治阶级服务的，不科学的，甚至更简单地说是反动的。奇怪的是，既然那么不合理，而竟然在两千多年来，有人写得出，也有人看得懂，起过不少表达思想的交际工具的作用。这是为什么？尤其是那些缺头短尾巴的诗句、骈文句，不但它们的头尾可有可无，手脚有时也可左右互换，为什么？有无它们自己的法则？无论诗歌、骈文，甚至一些散文中都有对偶句。在日常生活中，无论门前、柱上、室内都贴挂对联。这种对偶的句子是哪里来的？诗歌、骈文中都存在声调问题，这些声调的基本因素是抑扬，也就是平仄。它们颠来倒去，形成一种旋律。它们是怎么来的？有没有生活上的基础？……"[1]

———————————

① 《启功全集（第一卷）》，北京师范大学出版社，2009，第113—114页。

22. 口语

"古典文学语言，是从口语中提炼加工并且合乎自然节拍的。诗句是五言、七言居多，骈文是四言、六言居多。这些节拍形式是有民族习惯的。它们的应用场合，也各有其条件。例如四字句：正大光明、清清楚楚、淋漓尽致、想方设法……在口语里也常常夹用。姑不论是口语引了它们，还是它们来自口语（我认为是它们先来自口语，后又被口语转用），总都有它特定的表达效果。但它毕竟不是一般口语，如果有人口里总说四字句，人们一定笑他'转文''酸气'，或说他'喷匾'（喷出一个个的匾额）。在唱歌时，很自然唱出五言、七言句子，或夹杂一些其他字数的句子。又如汉乐府：'燕，燕，尾涎涎，张公子，叫相见。'这样句式，岂不正是体操步伐'一，一，一二一'吗！"[①]

先生判断："古典文学语言，是从口语中提炼加工并且合乎自然节拍的。"此句推广到今天依然适合，只是古今研究的人由此入手的太少罢了。

23. 汉语词的特点

"汉语的词一些特点：

（1）一字一音：一个字有几个'音素'，但读成的效果，终归是一字一音。事物常有例外，但例外总是少数。汉字字音有一字二音的，如山西方言有时说'钩'为'格留'，'摆'为'伯赖'，'拐'为'格外'……

（2）一个词只用一字或两字……

（3）一词多义，多词同义，同词反义……

（4）词义的丰富、变化，常凭增、减、复合……

（5）虚词无定性、无确解、无专一用途……

---

① 《启功全集（第一卷）》，北京师范大学出版社，2009，第117—118页。

（6）虚字有表意、表态之分……

（7）词是一种多面功能的零件……"①

汉语的这些特点，在中国语言学家中基本都是认同的。

24. 书后加小词典与辞书义项的公约数

"我不懂'训诂学'，但经常凭借着工具书来查文言文中许多语词的解释。看到前代人解释古代语词的办法有两类：一类是根据古代词典性质的书籍如《尔雅》《广雅》《释名》等书和古代经籍注疏中对某字某词的解释，作为今天的解释依据。当然古代人理解古代语意的语义，必然比我们今天人的理解要接近得多。但他们的表达方法，却并不见得都比我们今天说得透彻。他们常用一个字去解释另一个字。我们知道，凡有待解释的字，便不是'声入心通''不言而喻'的，用一个字去解释也不见得一定都能那么恰当、透彻。……还有许多联绵词，在古代的解释中确实有省事的。如'某某，某貌'。'龙钟'，用在说到袖搽眼泪时，即注'袖湿貌'；用在说到竹枝摇动时，即注'竹垂貌'。如按此法推用开来，那'灯光亮'的'亮'字即可注'灯光貌'，难道诸葛亮的'亮'字也可注'诸葛貌'吗？以上这一类的优点是有来历、有根据，可以减少杜撰之嫌。但所见到的古代解释，相互之间，并不都那么统一，也有许多矛盾的。……于是我曾想：一本教材后边或前边只有一篇总注，也就是专对这本书的'小词典'……再看词典中各条义项，有时失于模糊，如引《释名》'书，庶也，纪庶物也'。今天看来，还是不知所云。至于前举的'书'字义项，又失于过细。因此进而想到字词的义项，是否可以简化？即如'书'这九条义项具有共同的'根'，九条中除姓氏之外，初步可以归成两条：一是'用笔写'的行动；二是'写出来'的东

① 《启功全集（第一卷）》，北京师范大学出版社，2009，第118—119页。

西，至多再加一句声明：‘包括印刷出来的。’其实印刷也是书写的发展。如果为了说得清楚，不妨先举出概括的义项，下边再举出各种细的义项为例证，岂不更明白。……寻根之法，我想如果从字典、辞书包括《经传释词》《经籍纂诂》《辞通》《辞源》等书中，把常见常用的字词选出了，再把每个字词的‘义项’用寻找公约数、公倍数的办法加以处理。先用一个‘意’去‘约’这个字词的全部‘义项’，可以串得起的，便可以得出一个‘义’。例如前边谈过的‘书’字，九个义项，它们的‘意根’，也可以说‘义源’，都是从‘写’来的。‘约’完了，得出两个虽然同源、已不同流的义项：除作为姓氏的特项外，只剩‘书写’和‘写出的东西’而已。语词、联绵词皆可如此。如能这样做到了，总比‘单打一’的注释要简单得多。读者不但得知其当然，还能得知其所以然。”[1]

古人字书诠释得模糊，常是今人学习的难点。故而先生判断和建议，在书后加上小词典，给予学习者以解难明惑的方便。笔者曾见过20世纪10—30年代出版的一些专著上，就有一些小词典附在后面，确实适合检索解惑。可惜，目前在中文书籍中难得一见。

先生又接着想到简化今日辞书中的义项，目的相同，就是给读者提供检索解惑的方便，先生总结说："读者不但得知其当然，还能得知其所以然。"这是一个极高的编纂辞书的要求。

25. 启功的"苏格拉底"式言论

"语言是表达意识、交流思想的工具，先有眼前、心中的对象，然后或用声或用形把它们表达出来。用文字记录下所表达的思想，便是书面的语言。但人喉咙发出的声音，与机器发出的声音不同，机器可以连续不断地发

① 《启功全集（第一卷）》，北京师范大学出版社，2009，第145—151页。

出同一音阶的声音，历若干时间而不断。人的喉咙发音长短、高低，则与人的呼吸有关。人不能不喘息，发声也就不能不间歇，语言也就不能不有所停顿。……'葛郎玛'的出发点，与生理学、病理学的研究近似，处处详细解剖、试验。一个词的作用、性质、分类都很细致；词与词的关系，词在句中的地位，分析也都很细。甚至稍有一点差别，即当作另一类问题去处理。可谓由里及表，或者可说是微观的。若留心汉语的客观现象，不先忙着定出法则，观察的角度略与画素描、作雕塑相近。……从前有一位老友曾讨论'则'字算文言还是算白话，语体文中应不应该用它。他还曾提出过'什么是我们的语言'这个问题。我所理解他的意思是要说'今天书面语应是什么样的标准'，还是想把泥鳅抓住的意图。我当时淘气地回答他说：'你这句话即不是我们的语言，因为你怀疑我们所说的话不是我们的语言。但你说的，实际又即是我们的语言，因为咱们没经过翻译，彼此都懂，可见并不是别国的语言。'这位老友从一个小虚词到整个口里说的话，都发生怀疑，为什么？无非是想把从一词到整套的话，都给它固定住。怎么固定，固定成什么样子？无非是想使它们一一都符合'葛郎玛'而已。其实泥鳅也有它们的生活动态的规律，有待于客观地细心观察罢了。……人们除了故意开玩笑或制谜语令人去猜之外，谁也不愿意常出误会。在说话时，都有力求明确的希望。而在特定的语言环境中，有前后语、上下文

的制约，也非处处都会发生误会的。……每一个字的词，都可有骰子式的六个面，而每面都可插电线通电流。但无论它们怎么活动，只要作成二字词，像个盒子，底盖相扣，便稳定得多了。即使底盖翻覆，底作盖盖作底，它固然能活着，而我们也仍能辨认和利用。"①

先生清晰地看到汉语的"泥鳅"现象，他对于友人问题的"苏格拉底"式的判断，恰恰明示先生的客观深邃的理解和巧妙的逻辑，是研究工作的必要的原则。"若留心汉语的客观现象，不先忙着定出法则。"

26. 集句联与磁石

"集句联是摘取一个现成诗句，再摘一个成句和它相对，成为一副对联。……他们把不同时代、地区、男女、身世、题材等毫不相干的作者的成句，拼成另外的各首音调和谐、对偶严密的律、绝乃至其他形式的诗、词（清人还有集'经书'、集《文选》成句为文的，不再详举）等，足使读者惊奇赞叹，不知集者是怎样有这等随手拈来的奇功妙术，好似用一块磁石在掺铁屑的沙石堆中，信手一吸，便成那样美妙的铁屑花朵。语言词汇分合游戏，到了这个境地，真够称为'造化在手'了。"②

集句联是中国文人游戏之一种，要想使之天衣无缝，是很困难的。先生用磁石作比，确实妙想，但笔者依然觉得磁石入沙容易，而集句联则需要诗人精确的定向，并且拥有丰富的字库和把握诗韵的功力，才可能有"造化在手"的成功。

27. 无一字无来历

"语言从词汇到句法都是人们自己创造而又互相承认的。如自己也不知

---

① 《启功全集（第一卷）》，北京师范大学出版社，2009，第161—163页。
② 同上书，第179页。

道，那是梦呓；如只两人互相懂得，那是密码；如果只有某个小团体懂得的，那是行帮语。必须至少一个地区通行，虽然并不完全能通于广大地区，但它在那个通行地区已是'约定俗成'的就可成立。这个'无一字无来历'的口号，原来是指杜诗、韩文而言。诗文中所用的一字起码的词汇或短语，没有个人凭空臆造的，都是约定俗成的。这种要求，原是很合理的。但在接受这口号的人把它绝对化了之后，便成了捆手的绳索、绊脚的石头。唐代刘禹锡在重阳节登高时作诗，重阳民间多吃重阳糕，刘氏因字书不见糕字，因而作诗时不敢用这个字，成为历史上著名的故事，也成了作诗文的人'因噎废食'的典型例子。到了后世愈演愈烈……旧体诗至此已不是作诗，只剩作韵和做派了。"①

可以看出，"无一字无来历"这句话原先是赞扬杜甫、韩愈的诗文精粹，而后却形成了"无来历一字不用"的荒唐风气。先生以此批评现代一些人，根本不理睬诗文的本意表述，而只是一味追求作韵和做派。

28. 比喻

"人用语言表达意识、交流思想；用文字传播语言、记录经验，使得经验不致遗失，并在已有基础上不断增多、扩大。这至少是人类文明、文化逐步发达的一项因素。但人类发明和使用语言、文字，却是很费力的。……用符号表示事物，发展而成为文字，过程也是艰难的。……可以证知，无论表示事物的实词或表示意态的虚词，从选声命名到选形造字，所用的都是模拟或说比喻的手法。……后世人想要探讨某些个词的起源或较原始的取义，把搜索古书中对词、语的解释叫作'训诂'，训诂即是解释古代词义。……《周礼》《说文》中都曾提到'六书'……细看所象的形、所指的事、所会的意、

① 《启功全集（第一卷）》，北京师范大学出版社，2009，第182—183页。

所形何声、所转所注，无不从比喻而来，便说它们都应算是假借，又有何不可！只是有直接假借和间接假借罢了。由于一切语言和其中各个局部都来自比喻，就发生不周密、不确切的问题。《墨子》说：'兄，鬼也。祭兄，祭鬼也。祭鬼，非祭兄也。'……大家公认这是逻辑问题，其实逻辑学本身的任何语言部分，也都是借来的。若求语言中每词、每句、每项内容都准确不生误解，那可麻烦了。……'模糊'之所以产生，多数由于一个词比不恰、钉不住，在句中切不齐、放不稳的原因所致。……我们知道《庄子》善用比喻说明抽象哲理……其中都是些小故事……游说为什么要用小故事？不外乎是药的糖衣、催眠的乐曲。借着对方听着有趣味的机会，把自己要讲的道理顺利地灌输进去。当然故事的内涵必须和所要陈述的道理密切相关，才能起譬喻的作用。既然语言源于比喻，比喻又多欠周密，所以语言愈来愈复杂，于是冗赘的长篇文章常见，隽永的短篇文章少见。讲演、谈判所占时间也不断加长，大概力量都费在擦拭'模糊'和防'悖'设施上了吧？……所以说话者和听话者之间，作文者和看文者之间，设喻人与听喻人之间，所设喻的甲物和被喻的乙物之间，先具有了共同基础，不周密时也能理解。……简言之，对每一事一物，用声比拟、用形比拟的确切情况，要都能说明所以然，那恐怕许慎复生，也会无所措手。"[1]

先生把"比喻"这个中文文化现象判断得入骨三分，把古代权威性的"六书"说辞，全都归入比喻，把"一切语言"也归入比喻。而且正因为如此，才发生中文表达的不周密、不确切问题被如此判断，就把一般人认为"比喻"仅是修辞学的一种方法的认识，大大扩展为语言的本质问题。以此视角讨论语言文化现象，清晰而准确，并且同样可以运用到现代汉语的认知和理论探索上面。

---

[1] 《启功全集（第一卷）》，北京师范大学出版社，2009，第192—196页。

29. 用典

"用典则多是把事物压缩成为'信号'，或说给事物命个'题目'，供人联想或检索。它是比喻的简化，也是比喻的进一步发展。……典故一词，本是指'书中的故事'。后人借用它来比喻，说明另一个问题或论点，被借用来的故事因出于典籍，所以叫作'典故'。压缩故事成一词，用在句中的手法，叫作'用典'。某个故事流传定型了，大家公认了，于是它便成了一个'信号'。……把一件复杂的故事或一项详细的理论，举出来说明问题时，不可能从头至尾重述一遍；况且所举的，必是彼此共晓的故事或理论，只须选取一个侧面、一个特点，或给它概括地命个名称。凡能成为对方了解的信号，唤起对方联想的，都可采用。所以无论剪裁、压缩、简化、命名，任何办法，都是要把那件事物，作为一个小集成电路，放在对方的脑子中去。……总而言之，语言根本都从比喻而来，比喻可比镜子照人，用一词称一件事物，好比一个桌上的镜子，照见一个人脸；寓言故事好比一个大条镜子，照见一串行动；典故好比一个小镜子，可以随时随地从不同角度照见不同事物的不同姿态。所以用典可称为灵活的、可伸缩的比喻。……语言不但不是铁板一块，而且非常灵活。随着民族、地区乃至集团、行业，各自可以形成不同的语言、语词、语汇、语序。如往更深处、更远处探求，问个'为什么这样说'，得到的答案往往是'不得已''无可奈何'地借用来的。因此可知什么初文、本义、古训、确解等，都只是相对的。再说到什么主、谓、宾，什么名、动、副等等，也只是暂用、借用，说明一部分问题的。试看古代注疏中，对一个字的解释，历来有分歧的就已不少。再如有人举一个词的词性、词位应属什么、应在哪处，其得到异证或反证也一定是很容易的。……"①

中文里充斥着用典的现象，经常让读者目不暇接，使用得好，言简意深，

---

① 《启功全集（第一卷）》，北京师范大学出版社，2009，第196—202页。

令人会心；使用得差，令人糊涂或误解。先生把用典判断为比喻的简化和发展，实在是有理；先生更把用典与信号、集成电路、小镜子联系到一起来作证，实在是令人信服；特别是"小镜子"的比喻，真令人叫绝。以先生的思路来解读中文里的种种，大有"柳暗花明又一村"之感。

30. 创造性的新诗体 —— 子弟书

"子弟书是一种说唱文学形式，篇幅可长可短。各短篇联起来，又成为'成本大套'的巨著。……子弟书的形式，基本上以七言诗句为基调。每句中常常衬垫一些字数不等的短句……没有曲牌的限制……艺术不能逃乎时代，文词接受'目染'，曲调接受'耳濡'。……子弟书唱起来每一字都很缓慢，即使懂得听的人，有时也找不准一个腔中的每一个字。……我听昆曲，就拿着曲本，由于唱腔纡曲转折，时常听的腔对不上看的字。到了听硬书、赞儿等，觉字句之间，毕竟比子弟书紧凑。拖长腔、使转折的地方，并不随处都是，所以那时我还比较能够接受，这恐怕也是子弟书'广陵散绝矣'的因素之一。……子弟书以七言律句为基调，以其他的长短碎句为衬垫，伸缩自如，没有受字数约束的句子，也就没有受句式约束的思想感情。……就把五言、七言句子变得如烟云舒卷，幻化无方了。又如蚯蚓有一般的长度，但禁得起切成碎段。断了再长，又成几条。这种既有顽强的生命力，又具有多变的灵活性，归结还不离一般的长度和形态。这种诗，衬垫自然，不必用很多的'啊''哦'来烘托，才够诗的气氛；节约版面，也不必用阶梯式的写法，才成诗的形式；密咏恬吟，更不必用大力高声，才合朗诵的腔调。……可见它又没有唱法唱腔上的狭隘局限，岂不是一举数得的民族的、民间的、'雅俗共赏'的新体诗作吗！"[①]

---

① 《启功全集（第一卷）》，北京师范大学出版社，2009，第203—213页。

先生将"民族的、民间的、'雅俗共赏'的新体诗"的帽子戴到了"子弟书"头上，看来是恰当的。因为古代所形成的各种诗词曲的音调格律、表述方式，全都可以揉进子弟书的表述方式中，句型伸缩自如，演唱如烟云舒卷，既非古诗格式，但又是古诗韵味；既非词曲韵律控制，但又是词曲般可唱可咏；既非讲故事般以情节取胜，但又具有小说般情节变幻，不但没有规定的字数、句数，就连故事情节也深入浅出。这种新体诗既是在古诗词内容基础上的创新，又是在古诗词格式上的创新，曾经在"有清一代"数百年间流行，现在的年轻人很应该关注并且学习研究。

31. 说八股

"'八股'是一种文章形式的名称，它本身并无善恶之可言。只是被明清统治者用它来做约束士子思想的工具，同时他们又在这种文章形式中加上些个烦琐而苛刻的要求。……用挟制人的手段去虐待别人，好比给大脚的人穿小鞋，使他不能走路，那属于挟制者的罪恶，与鞋无关。八股之成为谑谥、恶谥，虽不像'尺寸小的鞋'那样本身毫无责任，但形式太死板，苛刻条件太多，那究竟是限定型、设条件者的责任，实与文体基本形式或说各个零件无关。近代有人嘲笑作律诗好比戴着脚镣跳舞，但跳芭蕾人穿的硬尖鞋，也不比脚镣舒服多少！……光绪三十一年，这位姓八名股先生的肉体，正式寿终，但他祖先传给他的遗传基因，却并未由于他死而断绝，在他子女及内外孙辈子女身上仍然潜伏着，从艺术形式和技巧上或隐或显地不时冒将出来。……大家都知道八股文害了多少士子，而受害更大的，实是皇帝。……从本质上看，用《四书》中零章断句来强迫人东拉西扯，还要算'代圣贤立言'，分明是'公开造谣''假传圣旨'，皇帝还郑重其事地封官任职。既然自己令人造谣，自己还以为选拔人才。所选的那些人和他们做的官，自宰相直到地方县令，都是久经锻炼说假话的人，这样从朝政到吏治，能够好得了吗？……从开始用那文体、用那题目、用那做法，用那条件去套人的人，早已种下了'断送'的根源。八股文被利用来束缚士子并从根本上成为说谎造谣的大训练，流弊自然不可胜言。……"①

《说八股》是启功先生精心撰写的一部小册子。对于中国文化中的一个长期病灶，先生进行了仔细严格的剖析，以他一生浸润其间所获得的良知，将"八股文"的本质袒露开来，给年轻人一个现代判断。先生明确指出：八股文的形式无善恶之分，也已经被中国书生使用近千年，因为任何人写文章想让人看明白，就需要起承转合地有艺术形式的安排。而明清皇帝拿来做选拔官吏的敲门砖，"八股文被利用来束缚士子并从根本上成为说谎造谣的大训练"，"自宰相直到地方县令，都是久经锻炼说假话的人"，结果就是坑害了中国文化，阻断了中国文化的进步。至今依然有各种变态的"八股文"冒出，从中更是"加了些个烦琐而苛刻的要求"，这是现代人不能不注意的。

32. 自己的诗

"我自己从幼小的时候，就喜欢写字，也经常追随前贤的议论，开始每苦于枘凿难符，就是不能够合槽，做一个榫头，凿一个窟窿，榫头跟窟窿总是对不上头。那么我自己就想了几个问题，为什么想呢？就是老不明白，老得不到结果。看见前人的论述，越来越神秘，越来越深奥，我自己就发奋来想。古代人也是人，我也是人，难道说这个人一作古，故去了，他的书法就跟后世人所写的必然不同吗？当然不是。……我发现了地位高低也造成名气高低，与实际的艺术本领程度的高低恐怕不能相等，这是我又进一步地对我以前怀疑的问题得到的一些理解。这样又使我忍俊不禁地拈为韵语，写成

① 《启功全集（第一卷）》，北京师范大学出版社，2009，第221—261页。

诗歌形式。我常说：非圣无法。非圣，就是圣贤的话我们可不可以怀疑呢？这些圣贤是什么人呢？他们不是什么哲学家、理论家，他们就是书法上有名气的人，但他们所写的书也未必都是普遍真理。无法，法是法律的法，是标准的道理，我说的跟以前的人，特别是明清的人所论的书法理论，有不一致的地方，那不是无法了吗？也就是眼里没有古代名人遗留下的法度了。唐突名流，我也等于对有名的人的议论，不管名位高低，也敢表示冲突，表示怀疑。……我的诗说'亦自矜持亦任真'，我自己也很矜持也很小心，有的时候也很随便，任着自己的天真去写。'亦随俗媚亦因人'，我有时候也跟随着世俗写出姿媚的风格，有时候也随着别人，人家都这么写我也这么写。'亦知狗马常难似'，我也知道画狗马常常很难像，虽然画狗马不容易，可我宁可画狗马，我'不和青红画鬼神'，不去调和那青红颜色去画鬼神。这是我个人的见解。"[1]

先生用自己的口述来解释自己的诗作《论书绝句一百首》，内容十分丰富。这段引文清楚地展现了先生的诗书论以及他的胸怀品格。更重要的是，他在自己的学术生涯中总是在不停地求知求解，他用绝句来论诗书的思路，追求的榜样是杜甫；对于"枘凿难符"现象，他从小就不断地深入思考，并且毫不畏惧古人大家的名气，反倒是进行分析，得出"非圣无法"的判断。如此科学又自信的判断是令人折服的，他更是给年轻人一个提示："等于对有名的人的议论，不管名位高低，也敢表示冲突，表示怀疑。"当然在这后面，需要有科学研究的成果作为基础，以及科学地对待前人、旁人的研究成果，再加上自己的信念。在学术面前，"他们所写的书也未必都是普遍真理"，所以尽可以知无不言。但是自己的矜持也是有原则的，绝不是装模作样的，"不和青红画鬼神"，正是先生矜持的底线。换句话说就是，离开了学术的鬼神

---

[1] 《启功全集（第二卷）》，北京师范大学出版社，2009，第192—311页。

种种事由，他是绝对不会干的。

33. 点校古籍

"如今重印某种旧书时，对这书中援引的古书字句，一般是替它查对改正以至补足，这个做法，现在颇被重视，列入所谓'整理'应有的手续之中。而我则稍有不同的看法，我向他们提出的意见是：暂照原文排印。按现在流行的古书'整理'手续约有以下几项：一曰选择底本，二曰校勘字句异同和脱误，三曰标点分段，四曰辑补佚文。……常见有两项不无可商的事：一是'查对引书'……二是'改正明显错字'……但引者所据的底本是否即是我们今天所见的那一种本子？引者为了自己行文的要求，是否有删繁就简、上下接榫之处？……如果一一改从被引的古书，也未免过于忽视行文者的权利了。……有些具有常识性不足的标点本上，也常有'改正明显错字''不出校记'的声明，那就未免令人不太放心了。首先错字怎样才算明显？当然某字在上下文中不合逻辑的，可算明显了。但古人行文，本有不合逻辑处，不合现代所谓'文法'处，改得合了，却未必就是作者原文。……又还有'临文不讳'的例外。朱熹非常狡猾，他注《四书》，虽然敢于奋笔直改'在亲民'为'在新民'，改'五十以学易'为'卒以学易'，但在'让'字处，又玩了花招。正文中'让'，和直接解释'让字'的注中，都作本来的'让'字，大概有'临文不讳'这条根据而照写不误，但在他处注中属于他自己行文发挥处，'让'字意思的字，都写作'逊'，这就瞒过了我们一些精密整理、回改讳字的人。即使有所察觉，又将如何处理呢？……放着通俗的'让'字不用偏用较为古雅的'逊'字，

岂不是分明去用官定的'让'字的代字吗？回改不回改呢？出校记不出校记呢？……整理古籍还涉及古体今体文字的问题，现在国家功令，规定许多简体字为标准字，称为'规范字'，这当然是必须遵从的……整理古籍，似易实难，常常有顾此失彼的问题，所以我回答校点者说，暂且不必细对所引原书，引错了的由引者负责。校点者只管校对错字。……不要认为错字都是'明显的'，也不要认为自己选择的字都是'善'的。有的书'序言'印了半本书的纸，却吝惜印校记的地方，不如省出些纸来，负责地多出几条校记，以使读者放心。"①

中文古籍，是我们中华民族几千年来所创造的遗留的文化结晶，两千年来一直被不断地整理，又不断地划分，由于时代特征与方法等颇多问题，似乎有越整越乱之势。近代文人吸取了新的整理思想和方法，许多新的整理古籍的专业人士长期投入，但效果依然混乱。先生在20世纪70年代曾在中华书局参与古籍点校工作，这里所直率指明的一些点校问题，都是在历史文献不同的版本中出现的，更是历代点校者私心所致的结果。而且，现代整理者的整理原则与判断尺度，也往往成为一方面在整理，又同时在增添混乱的根源。先生以朱熹的整理为例，就清楚地说明现代整理的必要性和原则问题。先生还提出目前所应该采取的方法："引错了由引者负责，校点者只管校对错字……不要认为错字都是'明显的'，也不要认为自己选择的字都是'善'的。……负责地多出几条校记。"

其实这对于现代的读者而言也同样需要注意与把握，尤其是在网上阅读文献和选择版本时，不要迷信古人的观念，就字论字，多比较几个版本上的区别，才可能多获得知识，而少走进死胡同。

---

① 《启功全集（第三卷）》，北京师范大学出版社，2009，第273—279页。

34. 读《论语》献疑

"……买到一本排印的《近思录》，把'格言'堆在一起，愈看愈感觉迂阔，曾在书皮上写了几句话。大意是说，书上一气写了那么多的格言，即使我想学，又该从何学起呢？一位比我大许多的老友，在我桌上看见这几句话，哈哈大笑。此后愈来愈觉得程、朱这一套，与《论语》书中孔子所说的话，非常不同。……千余年后有'打倒孔家店'的事，那时的'孔家店'早已换了东家，实是'程朱店'了，因此我留意并想试作探讨……华夏民族从来没有过一个神的宗教，却有过一个人的先师——孔子。……看当时孔子说了什么，没说什么，特别是旁人所说与孔子所说有矛盾的地方，就不容我们不加区别了。……在《论语》中未曾见过孔子对'仁'作过什么'定义''界说'。……至于说但能孝弟即不会犯上、作乱，又与孔子的言行有矛盾。……按儒家在这里的曲解，究竟有什么缘故？试作推测：大约尊儒的学者们看到孔子的言论与老子有相近的地方，恐怕有损孔子的尊严，故把二者拉开。……到了朱熹是宋代人，'宋儒'本是用道家的探讨什么宇宙、心性等无可捉摸的说法来解释儒家学说的，简言之，他们是内道而外儒的……一半遵从客观事物的实际，一半迁就郑注而已。……儒家学说的中心是'仁'，儒家的经典是《论语》，这是古往今来、天下四方无人不知的问题。但是在《论语》二十篇中孔子的言论里却找不见孔子给'仁'作出的直接解释。《论语》中有许多处记载孔子答人问仁，或评论'仁者'或'不仁者'的行为表现。都是从旁面或反面来衬托'仁者'和'不仁者'的思想行为。……从以上的一些例子来看，孔子在当时有许多的重要思想，不能不表达，但又不能作直率地表达，所以后人有许多不易十分理解之处。……不得已姑从'仁'这一词的文字本义来看，'仁'字即是古写'人'字的'隶变'字体。大概在孔子的时代，'仁'和'人'还没有分为表道德和表身体的两种写法。那么'仁'当然即是'人'。……宇（空间）宙（时间）间一切事物都在不同情况中不断地发展。人类在社会中更在不同的时间和空间中随着不同的民族的生活条件创造出不同的文化。自古以来各家圣哲的学说，都是随着他们当时的文化，解决他们当时的社会问题而有所创立。及至时过境迁之后，即在他们各自的门派中，也不容不有所发展。以孔子的学说而言，仅仅两代就有显著的变化。……而程颐、朱熹更正颜厉色地以儒自居，以圣自居。并把《大学》《中庸》压在《论语》之上，称为《四书》，还私自又搞静坐这一套禅家道术。旁人说道佛、禅，他们都斥责过那是'夷狄之学'。再往后什么陆九渊、王守仁等，更不必列举了。总之都打着孔子旗号，而说了孔子所没说过的话。这是历史发展的常情，也是惯例。……甚至提出'打倒孔家店'时，所针对的'孔家店'，也是发展了的孔子学说，与孔子自己曾说的，在精神实质上已多不相干了！还有，虽想尊奉孔子，而方法片面，如七十年前那种'读经救国论'，事实上给孔子帮了倒忙了！"①

中国传统文化思想的代表作之一就是孔子的《论语》一书，2000 多年来不断有各种各样的利用、假借、歪曲和继承，让不少中外学者如盲人摸象般惊叹、欣羡、挖苦或改造，发表过不计其数的见解。近代中国的"五四新文化运动"更是借此由头掀起"打倒孔家店"的呐喊，激励了中国文化走上世界舞台，只是至今依然各说各是。先生到晚年才发表此文，显然是经过深思熟虑，他是从文献学角度给予正名，这样就能够省去许多无谓的、无味的政治评语。

先生先是将儒学内容区分为"孔家店"和"程朱店"两个不同部分。这样区分的必要性是明显的，因为历史上的孔子只对自己的言论行为负责，而宋儒借孔子名义而硬扣到孔子头上的言论，则只能由宋儒负责。我们作为 21 世纪的中国学者如果连这一点也分不清，那就是自欺欺人。历史上的孔子自己并没

---

① 《启功全集（第三卷）》，北京师范大学出版社，2009，第 304—319 页。

有著书立说，全是他的学生们记录其言行，这在文献学上就自然会出现不同版本上大量字词的差异，从而导致语义诠释上的差异，后人选用哪个不选用哪个是很困难的事。其次，孔子自己的言行从记录来看，也是有各种不同之处，这是由他的为人及他的时代所决定的，没有永远正确的老师。

先生更以儒家所倡的"仁"字为例，判断"《论语》中未曾见过孔子对'仁'作过什么'定义''界说'"。这是需要哲学上思辨才能够得出的判断，也是我们做学问时的基本概念判断。因为对于任何一件事物，每一个人都可以得出见解和说法，我们称之为"观念（Idea）"，当然别人也可以对你的观念进行判断，主动接受或被动接受（如指鹿为马）。中国历史上的不少文献，恰是大量个人观念的集合体，后人是可以选择主动接受或被动接受，或再诱骗或强加给别人接受，但总之都是观念而已。而"定义""界说"的标准是概念（Concept）。概念是每一个具体问题的众多观念，在社会实践中排除不周密性，并经融洽贯通，成为思想上的共识，成为某一个时期大家都可以接受的公开的标准见解，可以说是某些观念经过升华，而成为公允的概念。以此判断，自然 2000 多年前孔子的许多言论，全都是他的个人观念，他没有责任给出他心目中的"定义"'界说'。至于后人如何解读，更非他的问题。而且后人拿他的观念当作概念来运用，强加到别人头上，那必然是会出错的。这也恰是"程朱店"玩的把戏，所谓偷换概念而已。

先生对于"仁"字的解释，完全不同于现代一些国学大师的说辞，硬是将"仁"拖进政治学去弘扬，或拖进伦理学去打压别人。先生仅是"从文字本义来看，'仁'字即是古写'人'字的'隶变'字体。大概在孔子的当时，'仁'和'人'还没有分为表道德和表身体的两种写法"。这种率直的解释其实是回归本源，孔子并没有创造出一个新字，他说的"仁"和他心目中的"人"是一回事，关心"仁"其实就是关心"人"，人人皆懂。至于后来的一些别有用心的"儒家大师"，硬是故弄玄虚地把"仁"字弘扬成什么样，无非是想垄断解释权而已。

先生对于"程朱店"的判断，也是以他们的言行为判断标准。他总结道："程颐、朱熹更正颜厉色地以儒自居，以圣自居。……总之都打着孔子的旗号，而说了孔子所没有说过的话。"这样的史实判断，给予我们现代人可贵的指导。但先生并不仅是针对"程朱店"的几个"店主"，而是还要告诉年轻人："这是历史发展的常情，也是惯例。"历史还要走下去，就连"提出'打倒孔家店'时，所针对的'孔家店'，也是发展了的孔子学说"。

笔者更祈望，孔子学说与孔子思想的现代研究，不要掺进政治、经济的功利诉求，至少先把有关孔子的文献全面整理清楚准确。钱锺书先生就开了一个好头。他在20世纪80年代就认定电脑能够帮助人们整理古文献，他的助手栾贵明、田奕就老老实实建立"扫叶库"，依靠电脑编纂出版了《子曰》[①]一书，专门收集2000年间散于古籍经典中的孔子言论正文16万字，为《论语》字数的8倍，全书分为四卷。这就为现代研究者提供了更加广泛准确的新工具。

34. 自解"猪跑学"

"……社会科学，即文、史、哲等。哲学在世界上东西方各有许多流派，都是许多史学家思辨所得的道理，后学或继续发挥，或更为修正，都凭各自的思考。虽有典籍的记录，终归以哲人的思想为主干。文、史两类，则离不了文字的记载。文的美恶，除内容之外还有辞藻、声调等辅助条件。史书则以所记史事的详略、褒贬当否为重要，它的载体，便是文章。……所谓'文史典籍整理'，包括自古至今的文学、历史各种书籍的阅读、校订、研究，既包括历代诗歌、词、曲，也包括史类的书。……研究历代典

---

① 《子曰》，栾贵明述，福建人民出版社，2013。

籍，首先必须了解古代已整理的图书目录。……至于流传在今天的书籍，又有繁、简两个目录。……古书真伪和校勘问题。古书确实有真伪，'伪书'又是为什么被人疑为伪的，对古书进行整理、标点、校对，选择底本又需要有全面的知识。……历代的文字、文风和语音的差异。……中国历史概况。……古今方言的知识问题。……常见一些常识上的错误，如历代常用的词汇，传统文字的写法、字音中的平仄读法，这必会影响诗词的抑扬声调，字句的对偶。此外如历史的朝代、古代文体的名称和特点，行、草书的认识等，我在给硕士班讲课时，曾以诙谐的语言将这些知识称之为'猪跑学'。因为北京民间有一句谚语，对知识不足、发言错误的人批评说：'他没吃过猪肉，难道还没见过猪跑吗？'我称这些最浅近、最常见的知识，就借用这个谚语的名称叫它'猪跑学'。……由于古书是古人写的，书中的语言、文词、句法乃至文字的形体，在今人看来未必都能了解，所以作这方面研究的人还有许多专门问题、特定知识，要去学习探讨，于是又分出许多分支的学问。例如文字学、音韵学、训诂学，研究不同时代的历史制度、地理的划分、民族的分合、文化的同异……都有相互的牵连。……我们所见、常读的任何一部古书，不管我们对它如何熟悉，也不管我们手中的本子是经过哪位专家校对标点过的，都能在报刊、杂志上，或其他书籍中遇到挑剔这部印本的问题的。例如书中本文的错误、注释的不足、标点的是非、印刷的失误，都在所难免。……"[1]

先生在晚年写此文，目的恐怕主要在于解释他所提出的"猪跑学"的内容，他对自己发明的词，前面加上"诙谐的语言"的定位，其实也应该是他的得意之言。

他的解释是从社会科学开始的，因为社会科学是人类在社会间思辨与行

———————————

[1] 《启功全集（第三卷）》，北京师范大学出版社，2009，第327—339页。

为的科学总结，"终归以哲人的思想为主干"，并且"离不了文字的记载"，"它的载体，便是文章"。那么，几千年积淀下来的文章，一直存在着数不清的问题，先生所讲的"猪跑学"，正是对这些历史积淀下来的文章做全面的清理，此文中所举的例子，从各个字、词、句、诗、文章，谈到学习的切入点和方法，如目录、真伪、校勘、文风、语音、历史、人物等，几乎无所不包，甚而涉猎各种现代学科，先生"称这些最浅近、最常见的知识，就借用这个谚语的名称叫它'猪跑学'"。请读者注意其中两点：一是"知识"。"猪跑学"讲的是知识，而非一般观念式的随便发挥，更非随意捏造故事、编造谣言。二是"最浅近、最常见的知识"。人类积累的知识，有些十分深奥，非专门难以入门；而有些较为浅近、较为常见，有些浅近到如中学生的课本内容一般，也可以解释为现代人类普世认同的一般知识。而先生一生所讲的"猪跑学"课，也可以解释为"中国文化知识学"。先生自己对于用"文献学""文化常识""文史典籍整理"这样的名称，也还是觉得有不足之处，故而才有此文。笔者觉得，也只有"猪跑学"这样的称呼，才能够表达先生内心对于中国文化建设的呕心沥血的热爱。

先生在文章中还介绍到北京大学中文系三位老教授对"猪跑学"提法的公开表彰与认同，这说明先生的高瞻远瞩，其学术见解符合现代中国学术界的需要，更为年轻人指出了一条创新的学术道路。

35. 一字之贬

"古人称孔子作《春秋》，一字之褒，荣于华衮；一字之贬，严于斧钺。这种说法，是说明一种有意识的表扬或挞伐的写作态度。在这文责有人自负的情况下写出来的议论，不管他的论点是否可被接受，总归有人负责，而信不信由得读者。比如在今天也不会有人因为《明史》把李自成列入'流寇传'，就承认他是流寇。误人最厉害的，却是一些'偷梁换柱'的错字。这种情况有几类：一类……是书店粗制滥造，校勘不精的无心错误。第二类是旧社会的讼师、刑吏们舞弊，故意弄错了字，使得案情颠倒。……第三类……著名的校勘学家，翻刻宋元著名版本，或者由于粗枝大叶，或者由于自作聪明的妄加篡改，因为人和版本都太著名，所以使得后来的读者容易'信受奉行'。……而我呢，懒惰得更可恨！得到《表微》这本书，已经整整十年了，今天才第一次参考，可是就从这一次里，不但得到古人关于韩偓评价的真相，而且受到治学应该如何谨严的一次教训。我这里也引王伯厚的一句话并引申来说，便是：只要'开卷'，就会'有得'！"①

先生在学术上对自己的严格要求，在这篇短文中表达得十分清楚，甚至批评自己"懒惰得更可恨"，其实他举的例子，仅是查一个字所至。而中文偏偏就是有这样的特点，即一字之差，全文是褒还是贬，就会大变样。我们今天做学问，难道就不需要一个字一个字地去琢磨了吗？我们应该学习先生

---

① 《启功全集（第四卷）》，北京师范大学出版社，2009，第34—36页。

做学问的精神与方法，一个字也不能放过才好。

先生此话在笔者听来，还有更深一层意思，即我们后辈应该扪心自问：我们在做学问上懒惰不懒惰？自己恨不恨自己的懒惰？先生提出"懒惰得更可恨"的判断，就是说比其他一些毛病更可恨，这确实需要我们不只是写下来作为座右铭就安心的，而更需要在不懒惰的方法上执行下去。

36. 新名词

"清末号称'西学东渐'，盖指自然科技之学也。社会科学若法律、教育，乃至文学、艺术，实多借鉴日本。则可谓'东学西渐'矣。无论文理诸科，各有其应用之术语，国内学人凤所未闻者，乃名之曰'新名词'。相传某达官幕僚拟稿，偶用一新名词，某批曰'某某二字，乃日本名词，阅之深为可厌。'其幕僚复批曰：'名词二字，亦日本名词，阅之尤为可厌。'以憎厌新名词者，乃竟自用新名词而不觉，足见新名词之影响深广矣。樊樊山于光绪间曾以新名词嵌入诗句，为七律一首，题目'俳谐语'，诗云：

静观物象叩昭融，扞格还凭理想通。风力完全搓柳绿，花光膨胀出墙红。

莺黄燕紫文明化，蜂蜜蚕丝智育功。昨见梨园陈百戏，几多现象舞台中。

诗中理想、完全、膨胀、文明、智育、现象，皆所谓新名词也。惟'文明'二字，《周易·大有》《尚书·舜典》皆有之，不独非新名词，且出经籍，不知樊山翁何以失诸眉睫也。此诗见其手书《闲乐集》，有影印本。"[1]

---

[1] 《启功全集（第四卷）》，北京师范大学出版社，2009，第80页。

在 21 世纪初期，笔者醉心于中文新词语的研究，曾多次请教于先生。有一天，先生就讲起张之洞的笑话及樊樊山的诗，我听了很感兴趣，怕字音有误，就请先生抄出诗句。当时先生手腕有疾，但为了教我这个蠢学生，就提笔在纸上写出"俳谐语"授我。后来我出版了《中国近代新词语谈薮》，但先生已经作古，思之令人怅然。

新词语问题，是中国近代文化变革中必然出现的事情。隋唐时期，就已经发生过印度佛经用语翻译后大量融入中文。近代中文新词语的涌现，则是如语言海啸般涌来，说成西学东渐也罢，东学西渐也罢，其关键在于西方语文、日本语文在中文里的交流、混杂、纠缠，经过翻译一关，导致中国人自己使用中文时变得扑朔迷离，这是时代进步必然的代价。我们无需埋怨西方人、埋怨日本人，可以厘清西文、日文在中文里的功过，包括闹出来的笑话，但更需要做的其实只有自己的文化建设，自己的语文整理和建设。这个中文语言海啸现象，至今依然愈刮愈烈，在现代网络语言中更是明显。只愿少出点笑话。

37. 驴有四声

"《世说》载好闻驴鸣者有二人，一为王仲宣，一为王武子，俱于死后，有吊者在灵前效驴鸣以慰其魂。……驴之初鸣时，其声由平衍而渐趋高亢，如阴平而至阳平。渐复由高亢转沉重再升扬，遂成上声。有时一再重复阳平至上、阳平至上。及其气衰，则下降而成去。以其反复高低气溢于喉鼻，致成喷嚏，遂作喷嚏之声，是归于入。以文字拟驴鸣，势有未能。所幸时非唐世，地异黔中，但举驴鸣，人无不喻者也。……"[1]

现在留下的启功先生的讲课录像中，有他仿驴鸣四声，一边解释一边

---

① 《启功全集（第四卷）》，北京师范大学出版社，2009，第97—98页。

模仿，惟妙惟肖，给观众留下极有说服力的课堂实录。当然，这不是单口相声，而是先生潜心研究体验所得。先生切身的体验，在这篇短文的判断中，十分仔细准确，就如拉来一头驴子，对其四声的发声与变化，给出语言学上的诠释。

38. 陈垣老师

"我很不用功，看书少，笔懒，发现不了问题，（陈垣）老师在谈话中遇到某些问题，也并不尽关史学方面的，总是细致地指出，这个题目可以从什么角度去研究探索，有什么题目可作，但不硬出题目，而是引导人发生兴趣。有时评论一篇作品或评论某一种书，说它有什么好处，但还有什么不足处，常说：'我们今天来作，会比它要好。'说到这里就止住。好处在哪里，不足处在哪里，怎么作就比它好？如果我们不问，并不往下说。我就错过了许多次往下请教的机会。因为绝大多数是我没读过的书，或者没有兴趣的问题。假如听了之后随时请教，或回去赶紧补读，下次接着上次的问题尾巴再请教，岂不收获更多？当然我也不是没有继续请教过，最可悔恨的是请教过的比放过去的少得多！……（陈垣）老师研究某一个问题，特别是作历史考证，最重视占有材料。所谓占有材料，并不是指专门挖掘什么新奇的材料，更不是主张找人所未见的什么珍秘材料，而是说要了解这一问题各个方面有关的材料。尽量搜集，加以考察，在人所共见的平凡书中，发现问题，提出见解。自己常说，在准备材料阶段，要'竭泽而渔'……"[1]

"……因为教这课，就必须随时和（陈垣）老师见面，所指示的，并不总是课内的问题，上下纵横，无所不谈。从一篇文章的讲法，常常引到文派学派的问题，从一个字句的改法，也会引到文章的作法、文格的新旧问题。

_____

[1] 《启功全集（第四卷）》，北京师范大学出版社，2009，第154—157页。

遇到一个可研究的问题，老师总是从多方面启发我们的兴趣，引导我们写文章。如果有了篇草稿了，老师的喜悦表情，总是使我如同得了什么奖品。但过不了两天，'发落'这篇'作业'时，就不好受了。一个字眼的不合逻辑，一个意思雷同而表面两样的句子，常被严格挑出来，问得我哑口无言。哑口无言还不算，常常被问要怎么改。哎呀！我如果知道怎么改，岂不早就不那么写了吗？吃瘪之后，老师慢慢说出应该怎么改。这样耳提面命的基本训练，哪个大学里、哪个课程中、哪位教授的班上能够得到呢？试问我教学以来，对我教的学生，是否也这样费过心力呢？想起来，真如芒刺在背，不配算这位伟大教育家的门徒！如果我的一篇文章发表了，老师每每提醒旁人去看，如果有人夸奖几句，其实很明显是夸奖给老师听的，那时老师的得意笑容，我至今都可以蘸着眼泪画出来！"[1]

启功先生终生敬佩他的老师陈垣校长，他所谈到陈校长的文章，全都是

① 《启功全集（第四卷）》，北京师范大学出版社，2009，第188页。

从学术角度仔细写来。这两段文章即是其中一部分，先是写启功先生年轻时直接体验搞学术的关键窍门，它除了与知识摆在一起，还是关键的学习求知的方法。陈垣老师的方法，恰是近代以来中国做学问的基本方法，也是高明的方法。启功先生体验得真切，并在充满情感之下介绍得也清楚。笔者现在回想起 20 世纪 80—90 年代在先生身旁聆听教诲，这些具体学习方法我是深有感触。

这些具体方法的核心，就是引起学习者的兴趣，然后依照问题寻找材料，正反两方面的材料都要找；同时，要进行"耳提面命的基本训练"，让教与学互相促进。先生称陈垣先生为"伟大教育家"，那是实至名归的。

39. 沈兼士先生

"沈先生是文字音韵学的大家，一次有人问某一个字究竟应念什么音，先生说：'大家怎么念，就念什么。'我刚听了，不觉一愣。问者正是要得到最标准、最'正'的读音，怎么这位大权威却说出这个答案？后来逐渐懂了，语音本来是客观上各不相同的，陆法言'我辈数人定则定矣'的话，说明了多么大的问题。沈先生这句话是陆法言的一个'转语'（借用禅宗的术语）。一千几百年来，古今音韵学中，前后有这两句话，就都包括进去了。一位学者之通、之大，就在这里！'定'有功于语音统一；音从大众，实际音是来自大众，这句话是如何的尊重事实，是如何的透彻古今。沈先生最重要的学术主张，是声训、意符。我不曾深入学过文字声韵之学，但每每听到先生的议论，使我得知学问不是死的。后来我每逢和人谈到我对许多问题的理解时，常用个比喻说，盘子不是永远向上盛东西的，立起来也可当小车轮子用。'学'与'思'相辅相成，体味诸老辈的言行，从中可以增加无穷的智力。"①

① 《启功全集（第四卷）》，北京师范大学出版社，2009，第 190 页。

笔者每次读到沈先生关于字音如何念的判断，就有石破天惊之感。古代学人曾流传下许多中国字的读音讨论，积淀到清朝形成中文音韵学，重点放在某一个的古音如何读上，让后学者十分头痛。笔者长期关注中文在近代的变革问题，发现20世纪初期中文字读音问题的统一，正如沈先生所言。这个结论，会让很多训诂学家、音韵学家丧失传统研究的乐趣，但这确实是20世纪中国所发生的大事。事情发生在清朝灭亡后的第三年，即自1913年2月15日至5月22日，在北京市，由教育部挂名的"国音统一会筹备处"召开会议，其实就是从全国各省邀请来80位代表，各自有专业知识，也有方音。让他们按照民主方式，一人一票，每天对某一个字音发声，共97天，然后投票决定中文字的"国音"，一共审定通过6500多字音。以后不断地修改，就出现国音字母、罗马式拼音方案等，直到20世纪50年代的《汉语拼音方案》，使用至今。

启功先生从沈先生的话中判断出："语音本来是客观上各不相同的"。这是科学的认知，因为各人的咽喉发声不会相同。只是古代中国许多音韵学家硬是要"规定"中文古字如何如何读音，至今尚被一些人视为祖训，不可变革，那就早已不是中国人发声的问题了。幸亏沈先生一语道破："大家怎么念，就念什么。"这就是科学探讨的原则，涉及现代社会科学的许多方面，甚至是一个民族的进步取向的问题了。

启功先生更进一步，把沈先生的话与陆法言的话联系到一起，判断出："一千几百年来，古今音韵学中，前后有这两句话，就都包括进去了。""'定'有功于语音统一；音从大众，实际音是来自大众，这句话是如何的尊重事实，是如何的透彻古今。"这其实是现代语音学、音韵学的基本出发点，更是今天我们学习认知汉语拼音的种种原则，即使面对网络语言问题，我们也能够从容应对。

40. 译音用字

"我眼睛不好，现在听到《中华读书报》上有篇文章，讲到孟子变成'门修斯'，文章讲有人把中国孟子的译音，变成外语，然后由外语再翻回来变成汉文，孟子就变成'门修斯'了。……我讲的是另外一个问题，外语翻译成汉语用字，就有很多不同译法，不自今天始，古代就有。比如元朝时，蒙古语译成汉语有许多书，有一本《元朝秘史》，是把蒙古语译成汉语，里面用字都有差别，某一音代表什么？都用什么字？全篇的译音用字是费了心力的。……我现在是外语的语盲、文盲。据我粗浅的理解，孔夫子，英语念起来是 Confucius，孟夫子是 Mencius。也不知是哪位开始这么译的？我猜测他们译的孟子变'门修斯'是由此而来的，如果后来一直这么译也就无所谓。……我就是觉得，分歧是存在的。怎么样地让那些只知道孟夫子、不知道'门修斯'的人，一提某一个音，就是什么字，就是什么人，就是什么意思，这样就容易了。要让汉字的字音绝对准确很难。……我的意思是，不管是谁，译音译字，要能够统一规定一下，这并不是说一定用什么政治力量，

或用国家文化教育部门，颁布说你必须怎样翻译，不是这个问题。我听说日本把外来语译成日语，一年出一本外来新语词典。这个办法好，只要你的办法好，我们就照你的办。这个道理大家都熟悉。……我们最好还是有这么一本共同用的标准的译法的外来语新词典，大家少些分歧，少些麻烦，我的意思在这里。"①

《中华读书报》上有一篇谈"门修斯"的文章，是笔者拿到启功先生家中念给他听的。他一直微笑地听我读完后，却不笑了，手一挥，说："你去拿录音机来，我也要说一段。"笔者立马去把录音机准备好，就听到他这一段话。笔者整理成文字稿后交给他，他仔细看完后，递给我说："拿去发表吧。"我立即邮寄给《中华读书报》，很快就发表了。这里记载当时笔者写的注："1999年2月15日上午，与启功先生谈起《孟子变成'门修斯'》一文，启功先生十分关注，特嘱为他录音整理，草成此文，经过启功先生审阅。其

① 《启功全集（第四卷）》，北京师范大学出版社，2009，第405—407页。

中英文孔夫子，乃引用自中文翻译《世界名人传》'孔子'条目 C 字 P 73，山西大学译书院，光绪三十四年（1908 年）10 月一版。"[①] 笔者当时又将这一张报纸再递到他手中，后来他还兴致勃勃地讲过好几次。

千余年来，外文翻译成中文一直是困扰中国人与外界交流的关键，近代尤其激烈，从第一次鸦片战争的谈判，一直到《马关条约》的谈判等，全部都是以中国一方失败并写在条约上面，给中国人留下了永久的痛。但是在文字和口头翻译上，我们却长期束手无策，至今也只能是一些补救方法。因此，先生并没有将"门修斯"的翻译当作笑话来对待，而是指出翻译之难与翻译之随意性，给自己民族的进步留下难解之苦。先生建议，"一年出一本外来新语词典"，来"少些分歧，少些麻烦"，这是很清晰的见解。

先生所提到的《元朝秘史》收录在明朝的《永乐大典》中，用中文翻译而成，明朝人不避讳被自己推翻的蒙古族统治者的史诗，后在 20 世纪 30 年代曾出版单行本。奇怪的是，在现代公开出版的一部《蒙古秘史》，内容与《元朝秘史》一模一样，不知何故。

41. 史书观

"史官为帝王所雇佣，其所书自必隐恶扬善，歌功颂德。春秋董狐之笔，不过一时一事，其前其后，固不俱书如'赵盾弑其君'者也。后世秉笔记帝王事迹之书，号曰《实录》，观其命名，已堪失笑。夫人每日饮食，未闻言吃真饭，喝真水，以其无待申明，而人所共知其非伪者。史书自名实录，盖已先恐人疑其不实矣。又实录开卷之始，首书帝王之徽号，昏庸者亦曰'神圣'，童骏者亦曰'文武'，是自第一行即已示人以不实矣。虽然，未尝无真

---

① 启功：《启功谈译音用字问题》，载《中华读书报》，1999 年 3 月 10 日。

实者在，事迹排比，观者自得，纵经讳饰，亦足会心。讳雹者称为'硬雨'，讳蝗者称'不食禾稼'，而为雹、为蝗，人无不喻。故排比得法，阳秋具于皮里者，即为良史。"①

先生对于中国官方史官本质的判断可谓一针见血，这种本质也是造成中国史书中粉饰涂抹过多的原因之一。连《实录》都非"实"，哪里还说得过去？这也是中国语言文化特色之一，足以让年轻人警惕。

笔者曾阅读以下数部书：黄摩西著《中国文学史》（清末出版），国学扶轮社；谢无量著《中国大文学史》（1918年），中华书局；章嶔著《中华通史》（1933年），商务印书馆。从这些书中，笔者明显感觉到，非官方钦定写作的史书确实与传统官方史书的内容表述上有很大的不同，看看他们的编排方式，看看他们所选择的史料以及对于史实的认知判断，现在的年轻读者不妨读一读、试一试。

42. 学习动力

"……这个练字的过程，可比用钻钻木头，螺旋式地往里钻，木质紧，钻的钢刃钝，有时想往里钻，结果还在原处盘旋。这种酸甜苦辣，可说一言难尽。请教别人，常是各说一套，无所适从。遇到热心的前辈，把某一种帖、某一方法，当作金科玉律，瞪着眼睛教我写，这种盛意，既可感，又可怕。及至瞎摸着学，临这一家，仿那一体，略微可以题在画上对付得过去一点，也不过是自己杜撰的一些应付之法……1949年后有了新兴的练字机会，抄大字报，抄大字标语。这时的要求，并不在什么笔法、字体，而是一要清楚二要快，有时纸已经贴上，补着往上去抄。……才使我懂得，不管学什么，都要有一种动力，无论这动力从哪方来，从下往上冒，从上往下压，从四面往

① 《启功全集（第五卷）》，北京师范大学出版社，2009，第70页。

中间冲，都有助于熟练提高。"①

先生从练字的体验说起，每一个人都需要学习的动力，而且学习的过程，也都会经历许多料想不到的阻力、泄力。先生把压力简括为"冒""压"和"冲"三种，其实也可以区分为经济的、政治的、情感的、闺蜜间的、战友间的，等等。除非你自愿放弃或被迫放弃，只要你还想学习任何一门知识，在你完全预料不到的时空环境中，各种各样的阻力、泄力就会如鬼怪般蜂拥而至，考验着你的精神和肉体，全看你是否会承受、逆反或抗争。抗争不等于就成功，承受不等于就幸福，你自己还是有一定的选择权的。依照笔者自己的学习体验，发现在学习过程中确实会冒出许多你预想不到的阻力、泄力，回想起来，心酸至极。如果年轻人要问我如何面对的话，我的回答是：学习认知动力。正如先生所总结的："都有助于熟练提高。"

43. 素养与干扰

"鉴定古书画的工作，就需要至少五个方面的素养：

一、具有广博的历史文化常识；

二、了解书画作品的情况（包括伪品）；

三、各代书风、画派的了解；

四、熟悉各代收藏记录和利用这类材料；

五、虚心承认今天还有未能解决的问题。

这是正面的基础，还有不受负面习惯的干扰的一方面，也很重要。那些负面的干扰，主要也有五项：

一、迷信俗传的口诀，接受误传的观点；

二、对古代评论文章中的一些抽象的形容，随便加以曲解；

① 《启功全集（第五卷）》，北京师范大学出版社，2009，第103—105页。

三、过于相信著录书；

四、陷入某一流派的标准，或自有所偏好；

五、护短，不承认以往的失误。

人无一切都完美的，在知识和学问上更不可能那么全面……"[①]

先生的文章中很少如官方规定般列条一二三，但是却在别人的笔记前作序时干脆写出，关于做鉴定的五个素养和五个干扰，让人看到他的笑脸后面的深沉思想。其实这两方面的各五条，扩大来说，正是人做学问的素养和干扰的五条，可以说完全准确。特别是针对社会科学中种种被区分得过细的学科，更是恰当得很。人的学术素养：（1）当然是要具有广博的历史文化常识，然后才有可能从中得到升华，在专业上形成知识；（2）了解本专业资料情况，特别是了解第一手资料中显示的时代、人物、成果（包括真伪成果）；（3）了解在专业中各个时代人物的文化特色，在近代同样需要，即所谓流派区别；（4）熟悉本专业所存的文献记录，并会利用这些文献；（5）承认并认清自己在学术上的不足，并且明白具体学术问题中的未解决所在。先生认为，具备以上五条"是正面的基础"，这才能够谈人的学术素养。以此五条为基础，就能够在学术上有所追求、有所奋斗、有所收获。

同样，关于负面的干扰，先生所列的五条也是各个社会科学专业的学术人经常会碰到。依据笔者自己的体验，这种情况在学术活动中随时随地随人都会碰上。第一条，迷信俗传的口诀，这并非贴在乡间墙上的"急急如律令"，而往往是堂而皇之的精装本的"口诀"，加上各种"钦定"的包装、名人的脸孔，强制你相信或诱骗你相信，而绝非经过社会实践的验证，也经不起逻辑验证。一旦你迷信了这俗传的口诀，自以为是真理，那就难以做学术

---

① 《启功全集（第五卷）》，北京师范大学出版社，2009，第207页。

研究了。当然，"口诀"这个词，有时候是指人们的某些经验用顺口的语言记录下来，并非全是骗人的。只是也有为某些特定目的而编纂的"口诀"，如黑社会的白道、黑道，才有迷信的成分。第二条，对古文中"一些抽象的形容，随便加以曲解"。其实就是指学人对于中文字词认知的混乱，由于中文是以字为本位，而字义曾因历史发展需要而不断演变。目前出版的《故训汇纂》中，每一个字下都存在着几十种用法，让使用者难以适从。那么，如果再由学人随意曲解，他自己的干扰更添加读者的困惑。第三条，做学术是需要著录书作参考，但并非完全准确，所以学术要求不要"过于相信"。第四条，各个历史时期的学术流派是很复杂的，学术在素养中提出要了解流派，这里又明确不要陷入流派的标准，也就是说，自己的学术见解标准不要因自己的偏好而被误导。第五条，护短，其实就是中国人特别计较的面子问题造成的。传统文人尤其觉得"面子"在人与人的关系中比真理、实惠、强暴、诈骗等要更关乎自己的人生。于是，经常为了"面子"而护自己的短或自己想护的人的短，而将事实、错误等放在无所谓的位置，甚至"强词夺理"。

先生采用"素养"这个词来突出表明，这五条基础素养，是出自人体自身的学术本质要求，如果不顾或缺乏，那就很难做学问了；同样，用"干扰"一词，则表明这五条负面的干扰，往往是来自外面的因素，而自身不自觉时也变成自己的死穴。然后先生归纳为一句话："人无一切都完美的，在知识和学问

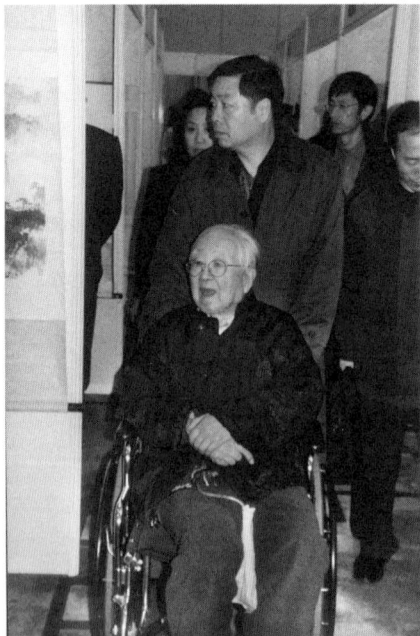

上更不可能那么全面。"这已经显示做学问要求正负两面之高、之严、之难，但对于后辈们来说，知难而进才是正确的选择。这也正是先生教育学生之关键思路。

44. 讲唐代文学

先生当年曾为唐代文学做了六次演讲，其中颇多引人之处，摘选如下：

"了解一个作家、一个流派、一个时代，除文学史外，其余大有可为。……要居高临下，不能被作品吓住，更不能为当代人的评论吓住。……题材是当时的，它借助一定的艺术手法表现自己。但题材的酝酿非一夕而成。……繁荣昌盛的局面难以反映入文艺作品。杜诗中表达快乐的欢娱之辞仅有《闻官军收河南河北》，余皆愁苦之辞。……我曾有笔记一条：'唐以前的诗是长出来的；唐人诗是嚷出来的；宋人诗是想出来的；宋以后诗是仿出来的。'唐人'嚷'诗，出于无心，实大声宏，肆无忌惮。宋人诗多抽象说理，经过熟虑深思，富于启发力。当然，以上几句不可理解得太绝对。……唐人的正规文章，是碑、传、墓志等，即官样的文章。而真正反映生活，无论是写自己，还是写旁人，总之要能表达思想感情，上述的文章就无法胜任了，传奇因此产生。……'传奇'内容丰富，表现力强，无碑、传之约束，故大家愿意写传奇。传奇故事来自民间。陈（寅恪）先生还认为传奇有诗，有文，说说唱唱，这更说明了它是来自民间的。……佛教故事，但形式却是土产的。有人把它们称作翻译文学，但却忽视了正是用中国的语言和文学形式翻译

佛经，才使它们大放光彩。姚秦的蕃僧鸠摩罗什曾翻译过若干经，后玄奘又重译过，文字便美多了。原因是唐代宫廷设有润经使，专门润饰经文的译文，故可看作再创作，非直接的翻译。……诗不能如火车，老在一条轨道上跑，它必须有跳跃。南朝民歌《西洲曲》便富于跳跃性。……不死不板，谓之超越。……诗歌的格局、形式是可以有继承性的，但人的情感却是无法继承的。……杜诗触了两个霉头：仇兆鳌注杜诗要'无一字无来历'，结果割裂了杜诗，歪曲了原意，流弊很大。如称杜甫'每饭不忘君'，便太无道理。……诗和驳难说理不一样，是有韵的语言，是形象的手段，是艺术品，有它自己的特点。有些文学史只强调诗歌的思想性，而对其艺术的继承、发展和特色缺乏研究。诗反映生活现实，究竟是照相，还是经过加工、消化，再创造出来？故评论古代诗歌不能单搞题材论、内容论、主题论，也应研究诗人的艺术手段。……"①

笔者曾在20世纪60年代学习过《中国文学史》，可惜当年不是听启功先生的课。当时要是听到先生如此讲中国文学史，笔者恐怕会选择中国文学史作为研究对象，因为太有趣了："唐以前的诗是长出来的；唐人诗是嚷出来的；宋人诗是想出来的；宋以后诗是仿出来的。"仅是这个"长、嚷、想、仿"四个字的判断，就有多少精彩的内容被提炼出来！

① 《启功全集（第八卷）》，北京师范大学出版社，2009，第1—36页。

45. 口语书面化

"再谈谈口语和书面语的问题。我们现今所说的口语，已经是书面化了的口语，否则便不会具有普遍性，无法作为交流的思想工具。'言之无文，行而不远'，此话多年来为人所误解。这里所说的'文'，也包括条理、语言的规范化等。

古　音：	之	乎	者	也
古音读：	de	ma	de 、zhe	ya
	的	嘛、吗	的、 这	呀
				邪、耶（古字）

从上表可以看出，古代的语音符号变了，语音却没有改变。现代的口语和古代的语音，关系是很密切的。"[1]

秦始皇规定了书同文，让中国人2000多年来基本上能够认识古汉字，在古代汉语中，出现率最高的恐怕就有"之、乎、者、也"这几个字，自然也经常出现在文章书面上，相当普遍。可惜，秦始皇没有规定字同音，经过20世纪初期的国语运动，许多古字的读音已经被规范了，统一到新的读音，"之、乎、者、也"已经变成今天普通话的读音了。启功先生通过训诂学研究，明确判断以这四个字为例，说明：（1）"我们现今所说的口语，已经是书面化了的口语"。如果从言语学角度看，我们是以口语为研究基本对象，但是这个口语是包括口腔语和书面语，现代还应该加上电脑语吧；（2）"古代的语音符号变了，语音却没有改变。现代的口语和古代的语音，关系是很密切的"。我们现代说的许多口语，其字形、字义，还有字音的写法，都发

---

[1] 《启功全集（第八卷）》，北京师范大学出版社，2009，第30—31页。

生了巨大变化，偏偏其语音却是与古代的语音相连贯，这也许就是言语文化的传承关系吧；（3）"'言之不文，行而不远'，这话多年来为人所误解。这里所说的'文'，也包括条理、语言的规范化等""言之不文，行而不远"，这句话笔者过去也是不知其解，现在先生这么一解开，"文"是当然与条理、规范密切相关，口语要文、书面语要文，在历史长河中都离不了条理化、规范化。而这种"文"，对中文而言，是形、音、义都必需的。至于如何能够对每一个中文字词进行 21 世纪的"文"的进步规范，那就要看 21 世纪的中国学者了。

46. 宣传视角下的佛教

"佛教又叫像教，它在宣传方面很有办法，能把佛教的神秘感、威严感和神圣感渲染得淋漓尽致。它用文、色、香、钟、建筑、音乐、绘画、仪式等，从人的听觉、视觉、嗅觉等各个方面来加强其影响，其手法之周密与高明，是无与伦比的。韦应物诗'鸣钟生道心，暮磬空云烟'，这就是宗教仪式的作用。苏轼诗'山水照人迷向背，只寻孤塔认西东'，塔也是佛教徒为增加宗教神圣气氛的一种手段，原是和尚的坟，后来越修越大，越修越富于装饰，这就增加了佛教的魅力和神秘感。 变文的《地狱变》是讲小乘因果报应的，老百姓听得懂，便达到了目的。变文的宣传效果当然比佛经高明得多。……"①

先生从宣传视角看宗教，判断千余年前从印度传来的佛教能够在中国本土化，就连不识字、不宣布自己是佛教徒的农村农民，都浸润在佛教思想、佛教行为、佛教语言中，全然不顾佛教本质中负面的东西，这全是周密与高明的宣传方法所致。这也完全体现了 20 世纪流行的一句话："谎言重复一千

---

① 《启功全集（第八卷）》，北京师范大学出版社，2009，第 43 页。

次就变成真理。"先生还列举了8个方面的成果，来说明"从人的听觉、视角、嗅觉等各个方面来加强其影响"。关键是"老百姓听得懂"，至于是否真实，是否实际，那就是另外一回事了。用现代语言来说，就是形式重于内容，宣传决定前途。

47. 八股文

"今天讲八股文，诸君不必谈虎色变。……八股也属常识性的东西，故不可不讲。……八股文又称'制艺'，制者，帝命也，也就是把统治阶级的意图，命令写成文章，予以阐发。……文章的形式与内容有一定的关系。内容影响形式，使之成为一个僵死的套子，到最后走向自己的反面。我认为说'内容决定形式'，绝非由内容来改造形式，而是指选用什么形式。何种内容选用什么形式，关键在于人怎样去选择。……内容为统治阶级服务，将孔孟的思想作为教条注入人的头脑，束缚、奴役知识分子。以'若曰'的形式代圣人立言，实则是代统治者立言，八股文因此成为知识分子的精神枷锁。……八股是敲门砖，故有人颇甘于被奴役，甚而成瘾。此外，八股本身所具有的特点也能吸引一些人。……八股是廉价的漏斗，逻辑清楚，注释简明，易于灌输。……八股之盛衰，有如水锅里的蒸汽，聚集起来既快且猛，但散得也快。以孔孟思想为教条与提倡科学精神的消长适得其反。……写八股文的本领尽在于此，其庸俗性亦在于此。如此为文，无异戴着镣铐跳舞。……'文化大革命'十年的文风，是八股文加赋体。追究其原因，是受了封建社会的影响。'念念不忘'，本是禅宗语。文章前加套语，本是八股的破题。文章后面的祝词，本是八股的颂圣。'一句顶一万句'，本是清人称颂孔子的'一句话为圣人'。当时有以'子曰'为题者，有人借苏轼《韩文公庙碑》语'匹夫而为百世师，一言而为天下法'为破题，前一句应'子'字，后一句应'曰'字，这也是'一句顶一万句'的意思。"①

古今中外任何人写文章，只要是想让读者领会自己的意思，那文章的格式就会有一定的规范。中国古代人整理出"起、承、转、合"的八股文格式，本属于正常需求，运用上千年，最后被清政府给禁止了。只是被禁止的也仅是"八股文"这个词，因为问题的关键不在于形式，而在于内容，"内容为统治阶级服务，将孔孟的思想作为教条注入人的头脑，束缚、奴役知识分子。以'若曰'的形式代圣人立言，实则是代统治者立言，八股文因此成为知识分子的精神枷锁。"

先生形容"八股是廉价的漏斗，逻辑清楚，注释简明，易于灌输"，让人不由得想起北京人填鸭的漏斗管子，确实是很廉价，却一下子就能填出脑满肠肥的大鸭子。封建统治者确实很会利用这一点。

先生还以"'文化大革命'十年的文风"为例，说明当时流行语是"八股文加赋体"。笔者是过来人，感同身受。

48. 古书标点

"读古书，标点是第一重要的。没有读懂书，其他都谈不上。如'民可使由之，不可使知之'，竟有四种标点法，另三种为：一是'民，可使由之，不可使知之'。二是'民可使，由之；不可使，知之'。三是'民可，使由之；不可，使知之'。另外稀奇古怪的，还可以点出一些。显然，它们的内容都走了样。《大学》中的一些句子，点不好，也会闹笑话。……古人用句读，也有用来点语义的，也有用来点语气的。古书断句最容易出错的，在于虚字。……"②

① 《启功全集（第八卷）》，北京师范大学出版社，2009，第37—40页；第50页。
② 同上书，第43页。

中国几千年来的古文献，基本上都缺乏标点符号。直到 20 世纪初的"五四新文化运动"中，才出现了国际通用的标点符号一致的标点系统，并且获得了国家与民众的认同，也才减轻了书生们读古书的苦难。先生判断："读古书，标点是第一重要的。没有读懂书，其他都谈不上。"确实如此，至今也如此。

49. 儒家

"原始民族的两大事情，一个是祭祀，一个是占卜。它们是最要紧的文化的起始。后来就发现占卜有完整的一套说法和做法，可以成为书、成为哲学、成为经书。祭祀也变得越来越复杂。其实，古代的祭祀就是杀动物，用它们的血来祭祖先，后来发展到杀人……'焚书坑儒'大家都知道，但为什么坑儒？……儒家为什么招来秦始皇的残酷坑杀呢？就是因为它已经变质了，它把五行的说法掺和到了里头。本来各家后学都想吸收点新的说法来丰富他的流派，所以儒家的末流从孔子以后到秦始皇时代，就已经变质了。……儒家思想又是怎么起来的？儒家思想是以人为本，人本主义，它最反对暴力，讲仁，仁义的仁。古代写人字，是捺上加两撇，立起来看就是立人旁加两横，所以'仁'也就是'人本'的'人'，'人道'的'人'。孔子说'始作俑者，其无后乎'，意思是拿人来殉葬，他大概是不会有后代的。……儒家的思想就是不虐民，让大家好好地过日子，孔子就是这种思想，儒家的思想就是这种来源。这是我的认识，我的看法。孔子为什么是儒家思想的最基本构成？他是受到两个暴力之间的斗争结果最倒霉的是老百姓这种现象的启发……事实上我觉得'儒'这个字就是'奴'，是一种文化奴隶。我是这么认为的。……也就是孔子所说的'女为君子儒，无为小人儒'，你要做奴，要做君子的奴，不要做小人的奴。……孔子所说的正牌的儒是什么？儒就是史，就是巫祝的分支。……那个'儒'就是民间地主的那个'史'。国家的

'史'是'太史'，诸侯的'史'是'令史'，一般人家里的'史'，就是被使唤的人。儒就是这样的人。……孔子说'加我数年，五十以学《易》，可以无大过矣'。朱熹把'五十'两字勾了，改为一个'卒'字，成了'卒以学《易》'。……意思是说孔子早已学《易》，到五十岁已学完《易经》，学《易》毕业了，可以无大过了。这都是朱熹篡改孔子的话。朱熹的手段非常厉害。儒家本来的思想就是这样，所以儒家的说法始终不行……儒家的说法始终拿不出去。然而到了汉朝，汉武帝认为只有儒术可以用来做教科书，教老百姓听我的话是最好的办法。于是就'罢黜百家，独尊儒术'。'独尊儒术'事实上是假的，他自己信方士，信封禅，信神仙。汉武帝并不真正信儒术，'经'是拿来叫老百姓念的，他自己不信这套。……汉武帝用这几个经书做教科书，这教科书事实上与孔子一点关系也没有。……尊了儒，然后就把许多不相干的材料贴在孔子身上。孔子是圣人，于是这些书都是孔子编的，孔子说的。实际上孔子引过《诗经》《书经》，孔子学过《易经》，还没学完；孔子讲过礼，但也不是《礼记》中的礼；孔子也弹琴，'取瑟而歌'，但弹的是什么调，谁也不知道。这些全都是后来的人拿孔子耍一阵。……另一本就是钱穆先生的《国学概论》。钱穆他就钻进去讲，他讲的有些事是学术的进步，由迷信变为推理，但对于宋儒，他裹到套里去了，脱不出来了，这一点我另有我的看法。……"①

先生对于儒家的学术判断自成一家，既非如从政治角度批倒批臭，也非如从经济角度拿来当饭吃，而是从学术思想本质入手，清晰判断孔子思想的本质"就是不虐民，让大家好好地过日子"。而到了汉儒，"尊了儒，然后就把许多不相干的材料贴到孔子身上"。到了现代大儒们，不管出于什么私利，"这些全都是后来的人拿孔子耍一阵"。先生的结论是："事实上我觉得

---

① 《启功全集（第八卷）》，北京师范大学出版社，2009，第68—80页。

'儒'这个字就是'奴'，是一种文化奴隶。我是这么认为的。"此句真是鞭辟入里！

朱熹作为"朱家店"的原创人，其窍门就是自己既称孔子为圣人，也把自己摆到"圣人"地位，然后按照自己的意思去删改或歪曲孔子言论，再让靠他吃饭的人弘扬称颂他而已。现代自称为儒家大师者，也基本如此。

50. 经学

"汉朝拿《书经》，拿所谓孔子作的《春秋》说事。《春秋经》是一条一条的事件记录，宋朝王安石因此说《春秋经》是'断烂朝报'。……有人说王安石胡说八道。其实王安石说得非常形象，不但是朝报，而且是断烂的朝报，《春秋经》一条一条互相搭不上，本来没有什么讲法，汉儒却硬说它这里面有微言大义，有深文奥义，他们用什么办法呢？这些博士们都各有各的办法，就是给它加上许多说法，没有理由也要找出理由，说这里有深文奥义。这几家里当时最流行的就是公羊。公羊有些解释很笨'什么什么者何'，那句为什么这么说，这句说的是什么，然后自己回答什么什么是为什么，什么什么有什么意思，公羊里面尽是这些。公羊这派最大的学者就是董仲舒、何休……博士讲《书经》开篇的'粤若稽古帝尧'这几个字，就讲了五万字，可见这些博士们胡说八道到了什么程度，他们就是想法子自己编一套然后唬人。《颜氏家训》记载北朝博士写买驴契约，写了几张纸，还没有见到一个'驴'字。那时的纸是二十四行，一张纸得有一尺多宽，一尺多高叫一纸，写了数纸还没见到一个'驴'字，就知道这些博士整天就干这个。汉武帝时就用这些所谓儒家的五经。……后来清朝皮锡瑞作《经学历史》，还大骂刘歆。这是儒家第二次被利用。而在这时候，有许多方士巫师还在宣扬一些神秘的说法，上层公开用儒家的古书来教育老百姓，暗中悄悄使用的则是巫术。因为经书、教科书上讲的那些不够用。……魏晋之际的学术争论，仍然有它们的政治目的，即为下一代推翻上一代制造理论根据。……王弼的注本是最接近汉代《老子》的本子。此时，儒家的思想已经彻底不行了，于是就有魏晋玄学。南北朝时期，经学的博士人数非常多，但都没有自己的独立见解，一本书都没有留下来。……"①

现代中文里，"经典"一词似乎又甚嚣尘上了，大量文科博士对"经典古籍"的注释弘扬多得吓人。其实，按照先生的教导，依然还是汉代统治者玩的把戏，将设定的"经书"放在高高在上的位置上，让书生们白首穷经地注释弘扬，"就是给它加上许多说法，没有理由也要找出理由，说这里有深文奥义"，"那句为什么这么说，这句说的是什么，然后自己回答什么什么是为什么，什么什么有什么意思"，依然是"博士买驴"的翻版而已。

不过，庞大的中文古籍群确实需要清理，"五四新文化运动"时期有识之士提出的"整理古籍"的口号是正确的，问题是整理的意图和方法如何科学化。即使依然硬是要把"经书"当作"学"来研究，那也是可以的，只是必须将其"学"的规范界定明确。

借此，笔者推荐钱锺书在1984年提出的"中国古典数字工程"方案，已经由"扫叶库"名义连续操作至今，大家看看他们编纂的"中国古典数字工程丛书"内容，就会明白我们现代所需要的"经书"应该是什么样子。这种现代理念与启功先生的思想是一致的。

51. 理学

"宋明的理学，就是所谓'打倒孔家店'里的'孔家店'，'孔家店'其实就是宋明理学或者说是'朱家店'。……宋明理学好像是一个系统，事实

——————
① 《启功全集（第八卷）》，北京师范大学出版社，2009，第81—83页。

不然……陆王与程朱，这两个也互相打，打得厉害，入主出奴，我的对，你的错。到了明清两代，学术思想界就是程朱、陆王这两派在斗。……他们都会占卜、练气，整天坐那儿想，说万物皆备于我，人的身体就是宇宙，就是物。宗教都讲这套。禅，它不立文字，你不知道它怎么想。……程颢的说法通过《大学》《中庸》传下来，被朱熹编进了'四书'，变得比'五经'还要庞大和重要。《大学》第一句就说'子程子曰，《大学》，孔氏之遗书，而初学入德之门也'。《中庸》也是如此，动不动就说'子程子曰……'等。这是孔子第三次被打作旗号，作为教育的师傅。其实，这一切与孔子根本没有关系。程朱的这一套完全到了信口胡编的地步。……朱熹主张半日读书，半日静坐，他又静观鼻间的白点——眼睛垂下来看鼻子间有一个白点——这完全是道家做气功的办法，而朱熹全说成是孔子用来传授心法的。以这种渺茫的说法来解释经学，可见宋儒的来源都祖述的是一套方士的说法。程朱的这套东西，强调自己体验自己的身体，自身就是宇宙；我自身调节好了，就与天地宇宙同步转动。这些都是很玄虚、很渺茫的，而宋儒的学说事实上里面就是这些东西，外面则把孔子许多的学说掺杂进去，从而挑出孔子的旗号——这就是朱熹的说法。……这《四书集注》是科举考试必考的东西，你出了这个圈子的理论，就不及格；进了这个理论圈子，就接受了他的思想束缚。……程朱之学先叫道学，后叫理学。道学的意思是都得走这条道，但大家不相信：难道人人都得走这一条道吗？……由于讲道学没有人相信，于是就改叫了理学，理就是道理，即客观真理，这样，大家就只好遵从了。……王阳明这一派事实上也是禅宗的一派。王阳明整天地讲格物致知，《大学》说'致知在格物'，格物就是坐那儿整天想、琢磨，在格。他看见一根方竹子——古代有这么一个品种——竹子是方的，他就说竹子都是圆的，这为什么是方的，他就坐那儿想，就格，就琢磨：竹子怎么就是方的？可是，你就是格上十年八年，它要圆还是圆，要方还是方。王阳明就是这么格物致知的。……所以我们今天来看，程朱也罢，陆王也罢，理学这一套东西实在是毫无道理，于国计民生一点影响没有、一点好处没有。……说明理学并不能治国，但是为什么帝王还要用呢？就是因为它使人民不造反，循循然接受正规的帝王的要求，并按照那种要求去待人处事。……"①

　　中国思想史在近千年来重要的一段，就是以宋明理学为代表。他们打着孔子的旗号，用眼观鼻、鼻观"心"的形式，实际上"整天坐那儿想，说万物皆备于我，人的身体就是宇宙""我自身调节好了，就与天地宇宙同步转动"。这种思辨的精神已经远远超出古代的人际社会范围，"人身"和"宇宙"都进入思考的范围，是一种思想的深化所致。但是其与古希腊的哲学思

　　① 《启功全集（第八卷）》，北京师范大学出版社，2009，第84—88页。

辨的本质不同，就是缺乏实证的精神与方法，以及严密的逻辑推理。朱熹、程颢等人只是在以文字做游戏，把他们的话当作"真理"而已，而中文文字词、字音确实可以做出许多字形、字义上的游戏，如仅一个"道"字、一个"理"字，就可以变出几十种写法和说法。其中的佼佼者王阳明先生比他们高明许多，一心只想"格物致知"，这是很关键的思辨角度，可惜的是，王阳明的致知方法错了，他坐在竹子面前七天七夜，把自己弄出病来，还不知自己错在哪里，反哀叹道："圣贤是做不得的。"

"五四新文化运动"时期，关于"朱家店"的批评及研究曾出现不少成果，应该也是今天所需要承袭的。

目前，中国大学中的哲学课程不是将哲学作为一门思辨之学或认知之学来学习，而是分成三块，即西方哲学、中国哲学、马克思哲学，而每一块又都自称是一统天下之学，各自以灭掉另外两方为雄心，这颇似"朱家店"的新门面。正如先生所言："你出了这个圈子的理论，就不及格；进了这个理论圈子，就接受了他的思想束缚。"如果谁要是幻想将这三块一统，那就是政治本领。

52. 清代汉学及经学及西学

"清朝的汉学家打出汉学的旗号，就是为了反对程朱理学那一套。宋明时代的科举，考八股，考'四书'的经义，以朱熹的注解为准。科举考试除了考文字的能力，还考对朱熹的接受程度，看他是不是遵照朱熹的思想来说。……清朝人抬出汉学，就是反程朱的宋学。可是，清朝的皇帝却极力地抬高宋学。朱熹倡导'尊王攘夷'，而他的学说恰好被夷族所尊崇。明代不许讲《孟子》里的一段话：'君之视臣如手足，则臣视君如腹心；君之视臣如犬马，则臣视君如国人；君之视臣如土芥，则臣视君如寇仇'（《离娄下》），朱元璋就不许讲，让刘三吾作《孟子节文》，把这几句删去了。明朝还对《孟子》有保留，清朝却全部接受。朱熹的学说，就是给夷族做了统治工具了。……清朝正式与宋学针锋相对的是戴震。……戴震的行为受到了当时的道学先生的反对，而许多汉学家则受了戴震的直接影响，开始大力地反对朱熹。毛奇龄读《四书》，扎一个草人放在桌上，读一句，打一下草人，说：'熹，汝误矣。'再读一句，又打一下：'熹，汝又误矣。'真是有意思极了。……我们今天不是随便评论老一辈的学者，但是在今天如果还讲今古文，就的确有些白费劲。……清朝晚期的制度已经很不行了，于是许多人也想起用经学来为改变政治制度服务。最有代表的是康有为，他写了《新学伪经考》一书……并不是为了经学里的今文、古文本身，而是看到了今文学派里讲到了孔子托古改制的思想。……清朝人做学问有一个矛盾，专门挑古类书里的一句话，再找出现传本里所引的一句话，说明类书是真的，而现传书引用的是伪的，王国维就曾经搜集古类书里所引用的《竹书纪年》，来驳斥现传《竹书纪年》。清朝人这样做的目的，就是要否定古代权威的说法。……事实上，清朝后来不仅是托古改制，还是托洋改制，也就是我们经常说的西学东渐……事实上，无论是西学东渐，还是东学西渐，都没有'渐'成。……西方的理论能够直接被中国所接受，还需要一种基础。要有步骤、有计划地吸收西方的东西，要使它能够为中国所运用，就必须要使它首先和中国本来的民风相适应。这就好比把某一个器官移植到某个人身上，他身上就有一种排他性，甚至血型不同的两个人，把这个人的血液注射到另一个人的身体内，就不但起不了好作用，还会起相反的作用。所以，民间的习俗，民间的思想，中国的习惯，如果和从外面吸收的东西不适应的时候，就不会起积极的作用。清朝末年、五四运动之后，中国出现了'全盘西化'的口号，'全盘西化'的说法就很不科学，既然是化，就只能是某些原理上的部分的、局部的变化，全盘整个端来，肯定是不行的。这个问题现在还在试探中，将来也永远是试探性的。不但中国是这样，西方也存在这个问题……我上面针对古代的学术思想发展情况，所谈的这些我自己的看法，并不是要再重复什么……我的意思不是恢复国学系统，不是谈什么国学概论，不是回头看古代都有些什么情况。古代的情况有值得我们注意或者是应该参考的地方，但主要是让我们了解古代曾经有过什么东西。我们来分析它，就想说明它客观上是什么东西。……现在我们所谓的文献学，不是指几本书就完事了。我上面讲的这些东西，汉宋之争、今古文之争、宋学中的陆王之争等，这些说法从前被认为是国学，这话不太合适，也说不尽。"[①]

清代学者在 300 年间，由于时代的需要，曾尝试举起各种各样"学"的旗帜，各有其目的，各有其理论，各有其手段，各有其对头，各有其后果。作为中国思想史中的一段，确有其热闹与成功之处，但也留下了各种困惑和麻烦。先生提出了自己的见解，颇为中肯。特别是关于汉学、宋学、今古文经学、西学的定位及特色，全然是学术分析判断。

西学与中学之关系是研究中国近代思想的关键内容，到了 21 世纪，国内依然有人为此喋喋不休地争论。先生以"不同血型的人"来做比喻，得出判断："西方的理论能够直接被中国所接受，还需要一种基础。要有步骤、有计划地吸收西方的东西，要使它能够为中国所运用，就必须要使它首先和中国本来的民风相适应。""民间的习俗，民间的思想，中国的习惯，如果和从外面吸收的东西不适应的时候，就

① 《启功全集（第八卷）》，北京师范大学出版社，2009，第 89—96 页。

不会起积极的作用。""不但中国是这样，西方也存在这个问题。"说得多么好啊！这不需要"你死我活"的斗争，不需要"谎言加迷信"的鼓吹，不需要"鸦片加蜜糖"的哄骗，更不需要"闭关自守"的愚昧。老老实实地建立一种中西交流融汇的基础，才是现代人所应学习奋斗的目标。

先生还特别强调："我的意思不是恢复国学系统，不是谈什么国学概论，不是回头看古代都有些什么情况。""这些说法从前被认为是国学，这话不太合适。"先生是从近代国学浪潮中走过来的，而他从来不把自己的学问算进"国学"圈子里，他对于国学的看法是："国学"即是"回头看"的学问。笔者曾在他的建议下购买到近代中国学者所写的《国学概论》一类的专著近40部，并综合写成《试论近代中国之"国学"研究》一文，剖析近代中国"国学"之种种内涵。①

53. "献"与口述

"既然要研究古代文献，就要先明白什么是文献。我们由目录来看古代都有些什么书，这是文。但献呢？没法子。我有个朋友，他做录音口述的历史，这就是献。用这办法赶紧抢救这些老辈曾经经历的事迹，叙说了，用录音机把它录下来，编成书，这个纯粹属于'献'的部分。对'献'有两个方面的误解，认为'献'定在'文'里头。比如故宫，现在叫档案馆，在成立之初称文献馆，其实'献'是没有了，都不过是清代的许多档案，现在把它都叫文献，这是一个方面。清朝湖南人李桓编《耆献类征》，耆是老年人，献是贤人，意即老年的贤人分类的传记，一沓沓，多得很。这是清人传记的集，没个完。……现在还有人编碑铭集，墓志传，又出现了名人词典等，都是用献。说是献，事实还是文。真正口述才是献的实际材料，现在人多不了解'献'的含义。这样的东西外国有，如《胡适口述自传》，胡适在美国用

① 《中国近代新词语谈数》，钟少华，外语教学与研究出版社，2006。

口述自传，他是用英语说的，唐德刚把它变成汉语写下来。当时这样的名人口述很多很多。古代的文献，文是文字记载，献是贤人，是活着的人记忆里的古代的事情，或他当时经过的事情。所以文和献并称，它的含义就宽得厉害，我们要研究，姑且把它合并来称。"[1]

笔者自1982年开始做口述史研究，曾经访谈过400余位80岁以上的老人，也出版了口述史书。但是对于先生所讲述的古代文献中的口述史料，过去没有能力注意，现在才发觉需要学习先生的思想方法，于是笔者在去年动笔写成一部书：《中国言语文化简史》。在提笔展现丰富的史料"献"的时候，先生的笑容经常会浮现在笔者的脑海中。谨以此献在先生灵前。

先生文中提到李桓编的书，全名为《国朝耆献类征》，共720卷，在1883年完成；后来又出了一部《国朝贤媛类征初编》，12卷，在1891年完成。

54. 校勘

"校勘是很不容易的事情，不是说来就能随便做到的。……校勘有几个方面，第一，是大家都知道的，把甲本与乙本对照，从而讲出哪个好，这是对勘。……陈垣校长曾经……提出四个例来，叫《校勘四例》。第一是对校，即把两个本子对着看。第二个是内校……因为是在本书里头来回比较，所以叫内校。还有一种是外校。……之所以叫外校，是因为从书本以外的材料来对照。还有一种是理校，顾名思义就是按理来说。……有人说这四校还有没包括进去的，为什么？有两本书不一样，可是两个彼此之间却判断不了谁是谁非，没法判断，最好把两本书都平摆在那儿，让别人有机会再解决。这样也是一个办法，这种情形不是没有，古书里就有很多。这种把判断留给别人，不能叫校勘。因为有校还得有勘，勘就是评论，就是对照之后，判断出

——————————
[1] 《启功全集（第八卷）》，北京师范大学出版社，2009，第99页。

一个对错。……我想到现在的校勘，很多位从事校勘的人很费劲，校勘很有功劳，可是我们看到他在不同的字句底下有四个字或八个字，叫'择善而从，不出校记'。……这一说法，这就很危险，它的原文不合道理，那么他是从哪个角度判断它为善？下面半句更可怕，'不出校记'，也就是从他这里，一切全由他定了。王维这句诗就是'山中一半雨'，这是我定的，我认为它善。这虽然也勘了，但这个勘是没有尽到客观的责任，客观的用处。所以这个'择善而从，不出校记'是很危险的。他不知道有许多问题就会由此而发生。现在新出版的书里头有字错的、断句错的、制度习惯不理解而错的；有的同声字声韵不理解，古字不只是假借，而结果认为是误字的也有。"①

校勘是古籍整理工作中重要的一环，先生在这里先介绍了校勘的不同方法：对校、内校、外校、理校。然后，他指出还有一种办法，就是平摆之校，这也是无奈之举，但是能够最大限度地保存古文献之原样。最后，先生笔锋一转，深刻批评现代流行的口头应允的"择善而从，不出校记"的实质，其实就是允许主编自由删改古籍字词，并且还不需要说明删改的理由，这样做的后果是遗毒后代。这简直不是校勘古籍，而是编造"古籍"名义下的新书。

这种情况，在现在几十年间，在电脑技术已经相当普及的情况下，对于古籍特别是对于清末至 1949 年的出版物，在其重印出版时，更是几乎大量随意删改其字词和内容，丝毫没有尊重版权的意思，还抬出"择善而从，不出校记"的遮丑布来掩饰，实在害人害己。

笔者注意到，先生讲的校勘的基本要求同样适用于现在中国的读书人读书时的要求。既然目前所见新旧图书多存在写错、编错、引错、印错、张冠李戴、虚假宣传等问题，我辈读书人要想少上当，就必须留心版本及字词的校勘。

① 《启功全集（第八卷）》，北京师范大学出版社，2009，第 103—105 页。

笔者手头有一部栾贵明主编的《老子集》①，是他们依靠"扫叶库"库存的文献中 360 多部关于老子的古代著作，汇集而成的"中国古典数字工程丛书"中的一部。其编法就是先生所讲的平摆之校，即老子古书中每一句字词话，如果在不同版本中有所不同，就以"异文"形式，附在原句后面。这样一来，读者就实际上同时在看 360 多部老子的著作，十分方便。而"勘"的选择权，就由读者自行选定。如果目前中国的古籍整理能够采用此法，依靠电脑技术，依靠科学的对中国文化负责任的原则，那么就会成为中国文化建设的伟大工程。

55. 繁简字、规范字

"文字的问题，从古至近，从近至今，一直都很重要。繁简字的问题，也是文字中的一个值得注意的地方。现在用电脑可以进行繁简字的互相转化，但是把一篇文章转化成繁体，不定会变成什么。还有比较特殊的简体和繁体问题，在简化字还没有严格推行的时候，我就看见过这种情况。《唐语林》里讲到古代妇女用的'抹胸'，书中把'抹'写成'袜子'的'袜'字。因为在南方音里，W 当作 M，比如'微服而过宋'就是'密服而过宋'，'袜'就可以当'抹'来讲。'袜'字繁体写作'襪'，于是整理和校对的人就把'抹胸'都当成了'袜胸'，袜子跑到胸上去了。这是规范字简体字的问题。……今天又出现了简体规范字的问题。一般说到简体字，似乎都是笔画最简单的写法，其实不然，比如道德的'德'，在有些手写体里，都把'心'上那一横去掉了，反倒比规范的写法还要少一个笔画。我多少年就一直这么写，有一天看到'德'，还以为它这个写法不对。原来正是我写的不规范，规范字反而多了一横。……像这简体字的'德'字一类的问题，却实在不好

_____

① 《老子集》，栾贵明主编，新世界出版社，2013。

统一。我不是说规范字不好，规范字是国家规定的，就得按照它的要求来写，到底是以简为主，还是以繁为主，只有到时现查，是多出了一笔，还是少了一笔，才能明白。我们现在不用考虑清朝的避讳问题了，但是，如果从经验主义出发，把贮、伫等字右边的那一竖钩给恢复过来，那就不对了，不合规范字的要求。草书、楷书、规范字、异体字等这些问题，如果我们只是看电视、听录音，就没有必要去特别在意，可是要整理古籍，出版书，就不能不关心这些问题。"①

2000多年前的秦始皇没有规定中国字同音，中国人就一直被字的异音所困惑。虽然20世纪开始规范中国字，但显然问题多多，当时繁简字已经成为困扰现代中国进步的一个难题。先生以自身的经历，说明的就是后果。

56. 注释

"注释是要把古代人说的那句话，用现代语加以注解。《史记》有三家注，集解、索隐、正义……为什么三家注可以同时存在？为什么有人不把几家注合起来印在一块儿？就像《水经注》有好几家注，有人把它合刻。因为张三校认为甲字是乙字，李四又校丙字是丁字，第三人又校甲字不是乙字，甲字是丙字，这样多少家合起来校，合起来注。要说一人一注不就成了，毕其功于一役，一次全解决了。如果一次不能解决，别人还得多次地注，这样就很复杂了。所以说，注不是一个省事的事，像杜诗，有千家注杜，说千家有点夸张，意思是言其多。千家注杜最有意思，比如，后一个人说那一个人错了，再看更后一个人，又说他注错了。宋代人的注姑且不管是施顾注、黄鹤注，就是到了清朝初年，钱谦益注杜，他先委托他的老朋友朱鹤龄去注，但钱谦益看了不满意，钱谦益又注，他觉得自己是权威，自己注解得一定很好，可

① 《启功全集（第八卷）》，北京师范大学出版社，2009，第109—110页。

是他注完后，后人又驳他，说他的某某注某某注错了。可见做学问、为人处世，是要十分谦虚谨慎的。……一点骄傲心都不能有，你要知道今天我可以唬别人，唬完了后人，后人再唬我，那就无穷无尽了。我今天可以嘲笑、讽刺、驳斥别人，但我死后，别人驳我，我想回驳，都没机会了。你们说古代注书就十全十美吗？恐怕不然。……有一位叫张相的作了《诗词曲语词汇释》，这个了不起，他把这种同类的词汇比较，先看原文，看它在上下文的意义，然后再加以解释，这个词当什么讲，由于这个缘故，很多很多的古代词汇在今天得到解释，因为诗词曲许多都是口语，古书查不到，没处查。因此张相是很了不起的。……古代的词语不好注释，现代的生活，现代的习惯，都能注解得很准确吗？现代的词语也不好注释。而且越是现代口语越是难注，越难找一个确切的注解。……古代语言固然不好懂，现代语言变化更快。古代语言常可以流传几代人。……成语的来源往往就是一个故事，把这个故事压缩了，就成一个成语，然后借用。还有一种情况是借用一句话，如果那个人不懂得借用这句话的来源，就会发生很大的误会，现在还有这种情况。比如前些年，像我这样阶级、思想和行为处处受批判的人上讲台讲些古书，讲古典文学，甚至讲几句不相干的话，下面就有人说你又在这儿'放毒'。这个'放毒'两字是在特定的时代、特定的语境，针对特定身份的人所说的，这是已成过去时间里的常用语，现在这个词汇已不大用了。可是我们经过那个时候的人还常借用这个话互相开玩笑。……我们现在还有很多口语活着。如我要录音，'之所以录音是因为写字麻烦，口说方便'。'之所以'就分明是古词古语，或'其所以'，'其所以'用得不多。现在'弘扬'在口语里、文件里都很常见，'弘扬'本是佛教常用语，现在还说'弘扬祖国文化''弘扬炎黄文化'。若问'弘扬'是文言还是口语？大家一定说是口语。现在是来源于口语，往前推它是文言词。现在的今译就存在着许多的问题。……不管任何人，他有天大的学问，也有失误差错的问题。……在今天有若干专家，不管你承不承认，他自己也认为自己是专家，这样的人其实有时就很危险。……你既然要做这方面的学问，也就预备做这方面的工作，只有夸夸其谈的大堆的理论，那不行，要实际面对大量的语言，古代语言、经典语言、谚语、成语、俗语、典故语等，这很费事，真正得广博，并且还要恰合实际的理论。……"①

看见一部书，人人都可以在上面写写画画、批批改改，把自己的看书想法写上去，只是要从学术角度看，这就叫作注释。先生讲到注释要谦虚谨慎，那是历史教训所致，对古书进行注释，上千年来热闹不已；对近现代图书进行注释，更是麻烦多多，首先是注释者对于原书作者的文字思想的理解，是否八九不离十？其次是注释者自己作注释的私心意图为何？普通的一句话，可以上纲上线地'释'为反动言论，也可以反过来'释'为神圣的"一句顶一万句"。先生以自己的经历谆谆教导年轻人："你既然要做这方面的学问，也就预备做这方面的工作，只有夸夸其谈的大堆的理论，那不行，要实际面对大量的语言，古代语言、经典语言、谚语、成语、俗语、典故语等，这很费事，真正得广博，并且还要恰合实际的理论。"

近几十年来，浮躁的文风流行，一些人注释的基本功尚未过关，就热衷于"今译古籍"或者"白话古籍"，如此的文化普及，是很让人担心的。

笔者曾拜读过近代学人中一些令人佩服的注释，其中以陈寅恪先生的《柳如是别传》中的注释为最，书中几乎每一句话都会有各种引经据典的注释，学习起来让人佩服。

57. 外国观

"从清朝中期以后，出现了一种现象，把什么都说成是从外国传来的，似

① 《启功全集（第八卷）》，北京师范大学出版社，2009，第117—126页。

乎中国人什么都不会，外国来的理论到了中国，中国接受了之后，就成了中国人的一个很特殊的文化发明。我今天在这里说这话，也是冒了天下之大不韪。因为这很容易被人说成是狭隘的民族主义。我们过去曾经认为，凡是外国有的，中国就一定早就有了，看见飞机，就说中国早有飞机，因为我们早已会放风筝。开始，放风筝就能代替飞机吗？这个毛病是中国人自高自大的表现，我们不能讳言。但是，另一种现象也不好，以为中国什么都是从外国来的，似乎中国连吃饭都是看某种动物吃东西才学会的。所以四声是曹子建听梵呗而来的说法我同样不能接受。……改革开放了，思想解放了，我们哪些是学了西方的，哪些不是学西方的，这都可以说，无须讳言。……现在有人不但讲中国的文化是从印度传来的，还加上一句，说是印度的犍陀罗文化传到了中国来，讲中国的诗、中国的戏剧、中国的四声，是受了印度的文化影响而来的，而且还说是受亚历山大传去的希腊化的印度文化影响而来的。这是更不能让人接受的。"[1]

自17—18世纪以来，中华民族所形成的封建天朝大国意识，在19—20世纪表现尤甚，很多人就一直摆不好对于世界上其他国家的认知，大致分为两大类：自以为是的就把外国全看成"其心必异"，将其恶魔化；自以为非的就把外国全看成祖宗来崇拜。他们偏偏很缺乏对于客观存在的外国进行一项一项地实证，进行全民族的认知。既不要无知地自吹自擂什么都是中国古已有之，也不要狂妄地拿别人的东西当作神仙。先生所讲的正是其中一些文化现象。

58. 中华民族

"中华民族的文化已有几千年的历史，它不是一个民族或一两个民族创

① 《启功全集（第八卷）》，北京师范大学出版社，2009，第146—148页。

第三章 判断

造的，而是各兄弟民族共同创造的，对于这么大一个中华民族的文化，各民族都有贡献。……我的意思，好比一个银行，有一笔存款，有一笔公积金是哪里来的呢？是各个兄弟姐妹去存的钱，这个钱是个人自己的，分别存在一笔公积金里，它丰富了这一笔公积金的金额和数字，但它仍然可以拿回来给每一个人去应用，它是一个互相影响、互相丰富的关系，主要的是贡献。贡献是相互的、往来的，所以我认为它是一种相互的关系。……我们历史上说有尧、舜。尧，《孟子》上说是'西夷之人也'；舜，《孟子》上说是'东夷之人也'。中国古代历史中，尧和舜都是'夷'，那中华又在哪儿呢？那太小了……在封建文化里唐朝是个高峰。唐朝的高峰是哪里来的呢？他是'兼收并蓄''来者不拒'。他为什么敢于大量吸收呢？因为他没有那个框框，没有说我是只限于这个小地区，这里才是我的家。他不是这个想法，所以唐朝有那么丰盛的文化。……在汉语学上，有位绝大贡献的人是陆法言。这个人生在北朝末期，到了隋朝，他创造了一个方法，编了一本书，是专记汉语的。他是鲜卑人，他肯定会说鲜卑语……陆法言编的一本书叫《切韵》，大家都知道这个'切'，即'反切'。什么叫作'切'呢？就是用两个字拼一个字的音……就是把上一个字的声母、下一个字的韵母拼起来，拼出这个音，然后分部，分四声：平、上、去、入。这是个了不起的新方法。在以前只能用同音字来注音……他发明这个切韵的方法就是拼音的方法，这个方法打从隋起……到今天还在用着……可是，现在呢？说是用拉丁拼音，这当然应该比陆法言高明。至少晚一千三百年，我们应该比陆法言进步了，可现在拼出来呢？一大串，没有隔开，也没有调号，这个词汇的意思就并不明确，而现在的汉语拼音，把调号一律取消了，读起来就不行……为什么字母不许穿靴戴帽呢？这是为什么？总觉得因为是外国人没有的，我们不能添上。其实呢，你拼的是汉语语言，不添也不行啊！为什么说这个？就是说我们一千三百年之后的人，运用拼音的注音方法还不及一千三百年前我们兄弟民族鲜卑人遗留的办法优越。……我们现在想推行普通话而不接受陆法言的这一点经验，这一点办法，我看推广普通话就用汉语拼音是很难的。"[1]

作为满族学者，启功先生在新疆的这篇演讲中提出他对于中华民族的认知，并且用"公积金"的比喻，让所有的中国人感到钦佩。中华民族的文化，是多民族共同创造的，并非你死我活的冤家关系。先生更在此演讲中，列举中国文化历史中各民族人物的具体贡献。全文太长，笔者仅选择语言方面的陆法言介绍，就足见先生的伟大胸怀。

中华民族内部的认同，语言文字的交流顺畅就很关键，1300 年前鲜卑人陆法言所总结出的汉语切音方法，成为一种认知汉语声调的习惯之路，而 20 世纪的汉语拼音方案，却因摒弃汉语调号，而造成进一步学习汉语的难点。

59. 破除迷信——和学习书法的青年朋友谈心（二）

"我所谓要破除的迷信，就是指古代人解释书法上重要问题时产生出来的误解。……文字总要和语言相结合，总要让读的人懂得你写的是什么，写完之后人都不认识，那么水平再高也只能是一种'天书'，人们不懂。……文字本来是记录我们发出的声音的符号。一提至经书，那就不得了了，被认为是日常用语不足以表达、不够资格表达的理论。……如果说一个书法家，自称我的是最高的艺术，我觉得这样对他自己并没有什么抬高的作用，而使人觉得这个人太浅了。……有一种思潮，就是革新派，想超越习惯。我认为一切事情你不革新它也革新……问题是现在国外有这么几派思想，最近也影响到我们国内来……所以我觉得创新、革新是有它的自然规律的。革新尽管革新，革新是人有意去'革'，是一种自然的进步改革，这又是一种。有意的总不如无意的，有意的里头总有使人觉得是有意造作的地方。……事

---

[1] 《启功全集（第八卷）》，北京师范大学出版社，2009，第 155—167 页。

实上是没有一个人能创作出大家公认的东西来的，必定是经过多少年的考验，经过多少人共同的认识、共同的理解，才成为一个定论。……长期以来，在不少人的头脑中有一种根深蒂固的想法，就是古的篆书一定高于隶书，真书一定低于隶书，草书章草古，今草狂草就低、就今、就近，这就又形成一个高的古的就雅，近的晚的就俗的观念。这个观念如不破除，你永远也写不好字。……学习书法应该有次序，由浅入深，由近及远，不管什么学问都是这样的。这个特别值得说一说。学写字应该有个循序渐进的次序。这没问题。但是什么是次序？什么是浅，到什么程度是提高、是深？说法就很不一样了。……像包世臣这类的书法理论家，他就讲王羲之为什么爱鹅。说这鹅脖子是长的，脑袋上头还有一个包儿，说王羲之手里拿着笔呀，这个食指往上拱着，食指往上拱着很像鹅的脑袋那个包儿，王羲之写字为什么爱鹅呀，就是爱鹅头上那个包儿，到这份上他就不是讲写字了，那就是造谣了。王羲之爱鹅就是爱那个包儿，我爱鸭子没包儿，怎么办呢？这完全是越说越神。……说王羲之什么都与写字有关系，我看讲这些事情的书是越看越生气，恨不得把那些书都撕了。这些说法全是造谣生事，全是穿凿附会。……想学字的朋友首先要破除迷信就是所谓用笔论。把这个用笔说得神秘得不

得了，别人都不会，就是他一人会。王羲之死了，就他是唯一的会用笔的。……人哪，苦于不自信，特别对于写字，我遇到些人，多半不自信。为什么不自信？就因为他觉得神秘。为什么他觉得神秘呢？是被某些个讲得特别神秘的人，打开始就把他唬下去了，给他一个吹得绝对神秘的印象，说这可了不得，你可不能随便写，必须问人怎么怎么样，说了许多神秘的话，使你根本就不敢下笔，也不敢自信。……请你指点我怎么写，怎么指点呢？这不像神仙，说有一个神仙拿手这么一指，拿手一摸他脑袋，打这儿这人就完全顿悟了，这完全行了。有人点石为金，就拿手指一指，石头就变成金块了。他就是这样想法，我只好说你太可怜了，你让这样的谬论给迷惑住了……求学看参考书，这是天经地义的，毫无问题。……我是个笨人。有人说：你没看懂那些个高妙的哲学理论，我就能看懂。那你就请他表演，看他怎么写。反正要让我把书法美学的理论，一样一样落实在我的手写在纸上的字上，我是很困难的。……诸如此类，'观夫悬针垂露之异，奔雷坠石之奇，鸿飞兽骇之姿，鸾舞蛇惊之态，绝岸颓峰之势，临危据槁之形'，这些话比拟得都很有意思。但是，写字奔雷坠石，我写字在纸上，人听像轰隆轰隆打雷一样，又像一块石头掉下来。我真要拽一块石头在纸上，纸都破了，怎么还能写字？所以像这种事情都是比喻，你善于理解……总而言之，古代讲书法的文章，不是没有用的议论，但是你看越写得华丽的文章，越写得多的成篇大套的，你越要留神，他是为了表示我的文章好，不是为了让你怎么写。……我说：'我们教书的人哪，职业病，对学生就得负责。你恭维他，对他没好处。'所以我现在郑重其事地奉告诸位，要学就有四个字：'破除迷信。'别把那些个玄妙的、神奇的、造谣的、胡说八道的、捏造的、故神其说的话拿来当作教条、当作圣人的指导，否则那就真的上当了。……"①

① 《启功全集（第八卷）》，北京师范大学出版社，2009，第191—227页。

先生在84岁（1996年7月1日）高龄时专门作此长篇演讲，主题就是破除迷信。先生明确说明这是和年轻人谈心，谈的自然全是他的心里话。从学术上讲，他为什么要和年轻人谈心？当然是他心里焦急。他看到当时的年轻人对于学术认知的迷恋和迷惑，于是恨不得手把手地将教学生们"猪跑学"，虽然"猪跑学"入门本身并不深奥难懂，只是年轻人学习时经常面对遮掩知识的乱象，而乱象的本质就是让年轻人迷信。拨开这些乱象的办法，就只有从破除迷信开始。

虽然先生自定的副标题是"和学习书法的青年朋友谈心"，其实谈心的内容完全为"和学习学术的青年朋友谈心"。学习书法的原则与学习学术的原则是相同的。例如："文字总要和语言相结合，总要让读的人懂得你写的是什么，写完之后人都不认识，那么水平再高也只能是一种'天书'，人们不懂。"这个道理人人都懂，文字和语言都是为了人际交流顺利，但实际上，确实有人为虚荣心、为私利而故意将文字语言搞得扑朔迷离，造成误解。所以，年轻人必须把握交流的原则，不要将"天书"认作"圣书"，先要看懂。

又例如："我认为一切事情你不革新它也革新。""我觉得创新、革新是有它的自然规律的。革新尽管革新，革新是人有意去'革'，是一种自然的进步改革，这又是一种。"先生判断人类社会在宇宙间是处于瞬息变化中的，革新是有规律可循的，而取得一个定论是多么不容易。所以，年轻人既不要害怕，也不要崇拜，而要脚踏实地，"必定是经过多少年的考验，经过多少人共同的认识、共同的理解，才成为一个定论。"如此"必定"，需要长时间考验，需要社会人群的共同认识、共同理解。有如此判断，什么样的迷信宣传就都难以骗人了。

又例如："人哪，苦于不自信……就因为他觉得神秘。为什么他觉得神秘？是被某些个讲得特别神秘的人，打开始就把他唬下去了，给他一个吹得绝对神秘的印象。"先生剖析得确实准确，年轻人在许多需要思考的地方，经常表现得不自信。即使是那些说自己顽固不化一根筋的"自信"，其根源依然是由于不自信而盖上的一个面具而已。为什么会如此呢？先生也指出是"被某些个讲得特别神秘的人，打开始就把他唬下去了"（可能是从小就一直被唬），习惯成自然。那么，想要准确把握知识，破除神秘就是必要的，不要指望有神仙来给你用手一指，就会点石成金。先生还总结道："你太可怜了，你让这样的谬论给迷惑住了。"

又例如："我说：'我们教书的人哪，职业病，对学生就得负责。你恭维他，对他没好处。'"这是一位终身从事教育的老教师的肺腑之言呀！先生是特别讲究礼数的，其中很突出的礼数就是恭维四周的人。但是先生对于自己的学生则明示：你恭维他，对他没有好处。据笔者观察，确实如此。为什么呢？先生明确："我们教书的人哪，职业病，对学生就得负责。"他已经将对学生负责上升为"职业病"，即你的负责是终生的。在这沉重的判断背后，不知有他老人家多少的辛酸呀！而这种对于读书育人的教育来说，先生的言行远远超过古代及现代的许多"圣贤"。

又例如："所以我现在郑重其事地奉告诸位，要学就有四个字：'破除迷信。'别把那些个玄妙的、神奇的、造谣的、胡说八道的、捏造的、故神其说的话拿来当作教条、当作圣人的指导，否则那就真的上当了。"先生的长篇演讲就是总结成这几句话，他说郑重其事就是郑重其事地奉告，年轻人想要学习成功，就要学习破除迷信。先生把迷信区分为六类：迷信玄妙的话；迷信神奇的话；迷信造谣的话；迷信胡说八道的话；迷信捏造的话；迷信故神其说的话。先生最担心的是，年轻人把这六类话当作了教条，当作了圣人的指导，那可就真的上当了。上当的后果很严重，而且往往会影响人的一生，会影响一个民族的进步步伐。

笔者的前半生经历也是属于很不自信一类，更为自己的无知而苦恼。笔者在 20 世纪 80 年代初有幸成为先生邻居，近水楼台先得月，蒙先生书他的

《论词绝句》中两首见赠：

> 叔世人文品亦殊，行踪尘杂语含糊。美成一字三吞吐，不是填词是反刍。

> 毁誉无端不足论，悲欢漱玉意俱申。清空如话斯如话，不作藏头露尾人。

笔者将之挂在墙上，天天琢磨先生给我的指点，近来才明白先生对于我的批评和要求。

我们想继承先生的学问，就要学习这四个字：破除迷信。

60. 归结"猪跑学"

"我什么都想摸索摸索，结果哪样也没摸索透。幸好孔子说过'吾少也贱，故多能鄙事'（《论语·子罕》）。我们可以借着这句话来遮丑，就是说，什么都得摸索摸索。你没有切实深入地研究过，表面也应该知道一些。……我觉得猪跑学实在是有必要，有人能夸夸其谈，讲很多的大道理，却不知道对联是怎么回事，不知道平仄是怎么回事……所以我说猪跑还真得看一看，没吃过猪肉，还真得看看猪跑。"[1]

先生的求知欲望真是很强很强，仅看他全集中曾引用过的诸多专业词语，就涉猎人文科学、自然科学中的许多学科用语，并且放在他的"猪跑学"中十分恰当。这不是时髦不时髦的问题，而是思辨过、研究过才有的运用。先生宣称自己是"什么都想摸索摸索"，这是敢与孔老夫子比肩，"多能鄙事"；更是与老庄的无为哲学挑战，先生一生的为人为事确实如此。

---

[1] 《启功全集（第八卷）》，北京师范大学出版社，2009，第228—229页。

先生明确宣言："我觉得'猪跑学'实在是有必要。"许多年轻人仅以为先生的"猪跑学"是玩笑话，其实先生是在实实在在地创建一门新学科，并且明明白白地大声宣言。这种学术的必要性，是先生多年教学实践所得，是学好中文文化知识所必需的，是打好学习认知基础所必需的。只可惜，言者有心而听者无意，很多人难以下功夫钻研。

先生还更通俗地说道："我说猪跑还真得看一看，没吃过猪肉，还真得看看猪跑。"笔者虽然吃过猪肉，也见过猪跑，但当开始听到先生讲出"猪跑学"一词的时候，也稀里糊涂。因为当"猪跑"被赋予"学"的头衔后，要想了解，就不再是"吃"和"看"的问题了，猪肉再好吃，猪跑再难看，也不是问题所在，而是在"学"的本质问题了。笔者经过先生多年耳提面命，总算可以尝试在这里略述自己的一点心得了。

综述本章所列 60 个有关先生学术思想表述的案例，可以明示先生关于学术判断的基本见解。

（1）学术判断的有理：是需要在实践的基础上，加以理性的诠释，旗帜鲜明，但绝非凭势压人或唬人。

（2）学术判断的有利：为的是对学生学习有利，既要简明，又要容易理解，成为学生的认知方法。

（3）学术判断的有节：深奥的问题点到为止，对于不同见解的介绍及批评，要能够冷静准确地分析其历史功过。

（4）学术判断的有担当：历史上何人的见解，是在何种版本，何种用字，包括注释的每一个关键点，全要交代准确，该是谁的就要说清楚是谁的；对于自己的总结性言论，要明确负责。

第四章

疑问

疑问也是学术研究中常用的，只是要知道，疑什么，问什么，都是有讲究的。一个人对于一个人、一件事、一句话有了疑心，这就成为研究的开始。古代佛书上就有记载，说有一个阿难，"亲随世尊所教法，必处处疑问世尊"（《法苑珠林》卷19），这位世尊的大弟子，都"必处处疑问世尊"，可见学习研究"疑问"，是多么重要的事。

具体的一个"疑"的思想在脑海中出现，到"问"出来，再到"问"的衍变深入，应该是一个复杂的逻辑推理及实践的过程，问者和被问者都能够从中获得巨大且深刻的认知本领。笔者常半开玩笑地对年轻人说："学问学问，就是学会问。"你要是学会问了，你已经就是在做学问了。现在我们从本章看到启功先生所疑问的几个问题，就明白先生为何有疑，又是在什么样的思考研究以后，采用什么样的形式问出来的。我们实在是应该换位思考，也来顺藤摸瓜地"疑问"一番，肯定会大有收获。反过来说，如果缺乏独立思辨精神，如果没有提出疑问的本领，这样的人还是不要做学问为好。

1. "葛郎玛"难题

"清末马建忠先生学会了拉丁语、英语等西方语言，想给汉语也找出一份完整的法则。怎么去探索？就借鉴了拉丁语——英语的法则来对应汉语。他著了一本《马氏文通》，总算创立了一个起点，开辟了一条门径。自此以后，不断有人作汉语语法的研究，对马氏之说，有补充、有修订、有另借其他英语的分析方法……但无论'以英鉴汉'，还是'以汉补英'，总都没离开《马氏文通》学说的主干轨道。……'葛郎玛'是英语一词的音译，它本不是专指英语语法的，而是称一切语法的普通名词，也曾有人借来喻指其他事物的'法则'。我这里用它，却是作为专词。是个简称，或说代称。……近代'语系'学说认为汉语属于汉藏语系，英语属于印欧语系。二者语系不同，有人以此评论'葛郎玛'的起步点就有错误。这我不懂，但……在某些方法上，'借英鉴汉'，又有何不可！只是'借英鉴汉'与'以英套汉'应该有所不同。在用'套'法时，常常出现几种情况：1. 英语没有对偶、没有平仄、没有骈文、没有五七言等诗句，当然也不会有这些汉语文体中语言构造的接近例子。……2. 汉语句法构造比较特殊，常见句中'主、谓、宾'元素不全的现象，在填不满一条模子时，便以'省略'称之。……3. 英语词的词性，因性分类。但汉语的词，用法太活，性质太滑，以英语套汉语，每有顾此失彼的情况。……这绝非'葛郎玛'不好，而是套的方法可议。假如从汉语的现实出发，首先承认英语自有规律，然后以英为鉴，鉴其某些适用于汉的精神、方法乃至局部零件，岂不很好！……"[①]

"我从幼小时就说汉语，但不懂什么叫'语法'。……后来教中学，不能不补些汉语'语法'课，'临阵磨枪，不快也光'，才知道汉语的一套'语法'原来就是英语的那一套'葛郎玛'，我还是记不住。……我教过

---

① 启功：《汉语现象论丛》，香港商务印书馆，1991，第1—3页。

二十多年的语文和习作，深深体会到学生如果按口语直接写出的文章，水平高低姑且不谈，至少不太发生令人看不懂的句子，凡是我看着别扭的句子，反倒是那些有意模拟什么作品，或是按着什么修辞标准去做而没有做好的。怎么没做好？绝大多数是由于只知其当然而不知其所以然。在这种情况下，我拿出'语法'上的名词、动词、主语、宾语等说法来一解释，他也明白了，我也提高了，于是我相信'语法'是确有用处的。"①

"在'葛郎玛'中，有许多词格、词类的名称，引进后，又给它们'华化'了许多。但从文言中观察，词格、词类的变化虽多，尽管常有类随格转，格随位变的现象，而前人的办法，却可以说是以简驭繁的。他们把字（指今天所谓的词），划分为两大类：'虚字'和'实字'。现在把前人所谓的虚字、实字按'葛郎玛'来折合，实字即包括今天之所谓名词；虚字即包括今之所谓动、状、附、介、叹等类。这两类又不都是定而不可移的，它们之间，有时虚字实用、实字虚用。代、附在文言文，实是虚字一类，尤其灵活，都不能用绳子把它们捆起来，固定住。……虚实的互相转化，都从它们所要表现的作用而定，也能从它们所处的位置上看出。……"②

"在'葛郎玛'的规定中，'句'的标准，是主语、谓语、宾语具备，意思完整时，才算一句，但在汉语中随处都会遇到缺头短尾巴'不合格'（也可讲成不合'葛郎玛'）的句子。若否定那算一句，它又分明独立存在在那里，叫不出它算个什么。若肯定那算一句，却又缺头短尾，甚至没有中段。……为什么？"③

先生的话显示，百年来有关"葛郎玛"的研究探讨，已经可以说成为中文研究中无解的难题。究其根本，应该说是与"葛郎玛"本身丝毫不相干，

---

① 启功：《汉语现象论丛》，香港商务印书馆，1991，第112—113页。

② 同上书，第39—40页。

③ 同上书，第69页。

而是中文文法到底应该如何规范。从源头来说，2000多年来的古汉语，很难说有系统的文法知识，只不过是古人约定俗成的使用类型罢了。"文法""语法""文典"这三个词，在古汉语中早已有之，只是没有皇帝出面规范中文的使用。而在20世纪出版的中国人写的各种古汉语文法书中，全都是将作者认定的文法以古汉语词语来证明其符合文法，并非古代就已经有这样共识的文法书。为了使今天的年轻读者了解这个难题的背景，笔者在此略为提供一些史实。

中文的结构是以单个方块字为基本，它的单字字义在漫长的历史中形成各种变化，当我们用中文组词、组句的时候，实在是太灵活了，不需要语尾变化，就可以轻松地在一个字前面或后面加上一个字，就如先生所形容的"叠积木"般，立刻就出现很大区别的词义，写出来会有许多变化，念出来更会有许多变化。因此，古人玩弄辞藻得其所哉，也就无需以文法来规范、约束自己的表述。只是这样的遗产对于后来的读书人就成为沉重的负担，一生苦读背诵也难以准确把握古文中的种种文义。不过，一种更古老的相应办法一直存在，那就是"修辞"，历史上也曾总结出些规律和方法，至今还适用。

当16—19世纪西方文艺复兴以来，开始来华的西方人明显感受到学习中文之苦。于是他们很自然地将自己母语中的文法，拿来与中文语句中关联文法比较，试图能够较容易地掌握中文文法规律，他们提出各种各样的中文文法观，对于近代中文文法的形成有相当大的关系。例如：

西班牙人万济国（Francisco Varo）著《华语官话语法》，1703年在广州出版。

意大利人卫匡国（Martino Martini）著《中国文法》，1653年完成手稿。

法国人马若瑟（Joseph de Premare）著《汉语札记》，1720年完成手稿。

英国人马礼逊（Robert Morrison）著《通用汉言之法》，1815年出版。

美国人高第丕与中国人张儒珍合著《文学书官话》，1869年在登州出版。

……

他们对中文的基本看法，可以用美国人何天爵在 1895 年写的一段话为代表："自从汉语形成以来，不管在其语言的结构或者书写方式等方面，它都没有经历过主要而本质的变化。正如其他民族的语言一样，汉语也有一个自我发展、新陈代谢的过程。新的内容要求有新的文字表达符号。一些字由于其表达意义的变化或者流失而不再通用，然而这个民族勤劳节俭的习惯似乎也表现在他的遣词造句方面。他们在不断创造和使用新字词的同时，旧的字词并没有被彻底抛弃。其结果，便造成了一个没有人能够数得清的异常庞大丰富的词汇系列。……这种做法极大地增加了学习和研究汉语的困难，使它变成了一件无边无际的苦差事。……汉语没有一套完整的字母系统。每一个字本身都表达相对完全的意义。因此，它被看作是一种单音节的语言。但从实际上讲汉语中每一个字都几乎能与我们的语言中的音节相对应。研究汉语的外国学者不仅只学习用汉语讲话和进行思考，他还可以通过汉语而认识和理解讲汉语的这一民族的思想观念、价值标准等。每一个字都是一幅它所要表达概念意义的逼真图像。……所幸的是汉语的语法没有给外国学者带来什么麻烦。其语法相当简单，就像根本不存在一样。其中的词汇好像随着岁月的流逝和长期的使用，已被磨得溜光圆滑，几乎可以随心所欲地让它们充当句子中任何成分，并赋予它们所需要的词性。只要使用者喜欢，他可以随手拈来，让一个字充当名词、动词、副词或者形容词，或者其他的任何辅助词性。时态、语气、人称、性和数在汉语中都不存在。……在汉语中，单独的一个字只能代表其基本含义，其具体的特殊的意义要视上下文的内容去研究。……虽然汉语能够表达各种各样的具体和抽象的内容，以及各种各样复杂微妙的措辞和语义，而我们也可以说，汉语里许多对不同意义内容的精确表述在英语中是难以做到的。但是在另一方面，英语民族的许多字汉语中也根本找不到它们的影子——我们的许多概念在汉语中根本没有与之相对应的表述，造成这一现象的根本原因在于，那些概念对于中国人是完全陌生的，他们根本没有接触过其具体内容是什么。……"①

至于近代中国学者开始注视文法问题，马建忠著的《文通》在1898—1899年由商务印书馆出版，算是系统的第一部，接着还有：

龙伯纯著《文字发凡》（又名《中国文法教科书》），广智书局1905年出版。

来裕恂著《汉文典》，商务印书馆1906年出版。

章士钊著《初等国文典》，1907年在日本东京同文印刷舍出版。

戴克敦述《国文典》，1912年出版。

马继桢编《国语典》，1920年出版。

胡适著《国语文法概论》，1921年出版。

陈承泽著《国文法草创》，商务印书馆1922年出版。

唐钺著《修辞格》，商务印书馆1923年出版。

黎锦熙著《新著国语文法》，商务印书馆1924年出版。

陈介白著《修辞学》，开明书店1931年出版。

陈望道著《修辞学发凡》，中国文化服务社1932年出版。

刘复著《中国文法讲话》，1932年出版。

高名凯著《汉语语法论》，1948年出版。

……

中国学者的研究与外国学者的研究有根本的不同，外国学者以自己的母语作为研究中文的参照系，是很正常的，他们的成绩也很大。而中国学者是以中文来研究中文文法，按照先生的用词，就是"借英鉴汉"还是"以英套汉"的区别。这些专著的作者都很认真地做学问，这些专著内容也

① 《真正的中国佬》，（美）何天爵（Holcombe Chester 1844—1912）著，英文版出版于1895年，中文版为鞠方安译，光明日报出版社，1998，第36—43页。

很精彩，但今天总结来看，从马建忠起，多数还是"以英套汉"的思维路数。因此可以说，至今问题依然存在，并且难解。近年何九盈教授著《中国现代语言学史》中，有如此评价："上半世纪真正称得上纯理论性的语法著作只有这一部《汉语语法论》，它的价值就在于创立了一个完整的体系，而且有不少具体的新发现，还提出了许多有争议的问题。缺点是理论与实践结合得不好，某些观点（如词类问题）缺乏健全的经验的基础。"[1] 笔者则在拙著《中文之变革》中写道："当近代人已经给我们留下一套他们琢磨出来的中文文法学、中文修辞学，如果我们照猫画虎般运用得并不顺利，难以达成共识，我们有权有必要提出来再作一番思考。从史料来看，关于中文修辞学、文法学的进一步研究，还大有必要，也有更大的研究空间。"[2] 当然，"借英套汉"是走不下去了，而应该在"借英鉴汉"的基础上，开拓中文现代文法的新途径。

2. 孔子言行

"孔子教了许多学生，号称'三千弟子''七十二贤人'，可是这些学生都是高官大族的子弟，孔子甚至连自己的儿子都没有教过，《论语·季氏》云：

> 陈亢问于伯鱼曰："子亦有异闻乎？"对曰："未也。尝独立，鲤趋而过庭。曰：'学诗乎？'对曰：'未也。''不学诗，无以言。'鲤退而学诗。他日又独立，鲤趋而过庭。曰：'学礼乎？'对曰：'未也。''不学礼，无以立。'鲤退而学礼。闻斯二者。"陈亢退而喜曰："问一得三：闻诗，闻礼，又闻君子之远其子也。"

---

① 《中国现代语言学史》，何九盈著，广东教育出版社，1995，第225页。
② 《中文之变革（1815—1949）》，钟少华著，广西师范大学出版社，2017。

为什么孔子连自己的儿子都没有教过，我们不知道。君子远其子，又有什么可以佩服的呢？那时候，地方小，人数也少，诸侯问孔子如何搞好国家的政治，孔子回答说：'政者，正也。子帅以正，孰敢不正。'说只要你自己正直了，老百姓就自然正直了，这话跟空的一样。那时候只有竹简帛书，没有书可念，老百姓更无书可读。孔子到底怎样教学生，教什么书，现在不得而知。……即使孔子给学生教过《诗经》，讲了诗的意思，但是，离人的真正的生活如何，如果按照诗的本来的精神来学，也没有交代。孔子是万世师表，可他怎么教学生，现在不清楚。"[①]

"今天我们研究春秋时代孔子自己的言行，就不能不以《论语》为中心，看当时孔子说了什么，没说什么，特别是旁人所说与孔子所说有矛盾的地方，就不容我们不加区别了。……有若在开篇即讲仁之本是孝弟，孝弟的效果是不犯上、不作乱。这就使当时的诸侯、大夫、掌权者所乐闻，后世帝王皆尊儒术，这未必与有若这番言论无关。 在《论语》中未曾见过孔子对'仁'作过什么'定义''界说'。……可见有若这段话，未免略失于不够周全。 至于说但能孝弟即不会犯上、作乱，又与孔子的言行有矛盾。……儒家学说的中心是'仁'……但是在《论语》二十篇中孔子的言论里却找不见孔子给'仁'作出的直接解释。《论语》中有许多处记载孔子答人问仁，或评论'仁者'或'不仁者'的行为表现。都是从旁面或反面来衬托'仁者'和'不仁者'的思想行为。……'至德'，虽字面与'仁'不同，但这一辞所表示的地位，却是至高无上的。……尧在孔子心目中曾是'唯天为大，唯尧则之'（《泰伯》）的，在这个博施济众的问题上，那位只低于天的伟大人物也得屈尊一筹了。可见'博施济众'在'仁'这个范围中居何等位置了！……'爱人'是仁者思想行为的起码原则，不是'仁'

————————
① 《启功全集（第八卷）》，北京师范大学出版社，2009，第130页。

的定义。否则二人恋爱，则男女双方都必然是仁者了。……孔子沿着'复礼'往下述说，在听、言、动的日常生活中，要都不忘礼，即是锻炼学仁的一种入手的方法。……从以上各例来看，孔子提出最高道德标准'仁'，不是某一端或某几端所能概括的，更不是从某一个人具有某点好行为，即评这个人够'仁'的。……'仁'字即是古写'人'字的'隶变'字体。大概在孔子的当时，'仁'和'人'还没有分为表道德和表身体的两种写法。那么'仁'当然即是'人'。……近代自从'人道''人性'被批判以来，'仁兄'一称在信札中也久不见了。现在研究古代孔子的学说，不可能不涉及'仁'和'人'的字样，这个'文责'只好由孔子自负了。"①

　　启功先生写的长篇论文《读〈论语〉献疑》中，就有这五个章节："有若言论与师说的矛盾""'礼后乎'的问题""孔子学《易》的年龄问题""曾子启手足的问题""孔子答问和论仁"。全部都是据记述孔子言行的《论语》中的关键言语，分析其中不同的疑问。并且还与后来的宋明清依靠"注释"解读孔子言行的"大师"的"胡解"，作一番考证，用先生的原话说，就是"总之都打着孔子旗号，而说了孔子所没说过的话。这是历史发展的常情，也是惯例"。② 笔者从中受益良多，也慢慢学会如何分析各种学术问题。

　　首先是应该如何与孔子对话？我们20—21世纪的中国人，对待2000多年前中国学术思想开导者之一的孔子，到底应该如何去认知其思想？纵观近百年来太过嘈杂的拿孔子名义说事的文章，实在是多得难以统计，不过，大致也才三种。一曰捧杀，捧杀的文章就是依然将孔子供在"一句顶一万句"的位置上，自己跪拜在"至圣"的名义下，不允许别人提出任何字句上的质疑，而自己则绝对照抄宋儒、明儒被封为"大师"的曲解孔子言论的"真理"，其最代表的口号就是"读经救国"。这是一种跪拜哲学和方法。二曰踩

---

① 《启功全集（第三卷）》，北京师范大学出版社，2009，第304—319页。
② 同上书，第319页。

杀，那是为了政治、经济利益而把孔子思想"踩翻在地"，任何孔子言论都是"腐朽的""为地主阶级服务的"，同样不允许别人提出字句上的质疑，而自己的"考证""研究"则实在是可怜，全无说服力，成为"犬吠尧"的笑话。三曰尝试学术探询，这在 1949 年以前就不少，笔者曾见当时的"国学"名义下出版的 40 余部专著中、在当时的涉猎中国哲学的近百部哲学专著中、在中国历史专著中、在中文语言学专著中，多有以新的科学思想方法来思考、研究孔子的言论，并且得出一些与传统"儒家"很不同的论点。启功先生研究孔子言论恰恰属于第三类。笔者曾在 20 世纪 90 年代初，有感于当时"新儒家"的鼓吹，写了篇小文：《站着和孔子对话》。因为在学术层面，我们没有理由要跪拜孔子，更没有必要去杀之而后快。2000 年前的一个人的思想，确实有研究的必要，确实有学习理解的必要，而交流学习的前提是前人与后人是平等的。

我们更应该关注目前研究孔子的方法。说来有点好笑，因为孔子到底留给我们有多少文化遗产，仅是 2000 多年来有关孔子言论的文献记录有多少，恐怕那些自封或他封的"新儒家大师"们，也是没有概念吧？幸亏钱锺书考虑到了这个千年难题，他的眼光注视到 20 世纪的新技术——电脑，他判断电脑技术能够解决中国文献中的孔子言论到底有多少问题，于是他指示栾贵明先生、田奕女士创建一个数字库——扫叶库，他们经过三十年的奋斗，终于在 2013 年，利用"扫叶库"中的数据，编纂出版《子曰》一书，封面上就写着："借助计算机与浩瀚数据库，搜集两千多年来散存于古代典籍中孔子的精言隽语。"[1] 而内容则从历年所认的《论语》16012 个字，扩充成约 16 万字的正文，再加上每一句话的文献出处考证。这才是功德无量的文化建设成果！想想看，今后研究孔子的人，仅以此一部书，就能够

————————
① 《子曰》，栾贵明述，福建人民出版社，2013。

掌握孔子思想文献的源头，何乐不为呢。其中孔子的言论，有如"天下为公""恶似而非者""移风易俗""不以诚立，虽立不久矣""良药苦于口而利于病""人天合一"等，已经久被掩埋，现在经过科学工具的整理，又能够为人所用了。先生如果见到，该多么高兴啊。

先生的话还点醒我们，古代古典的"注解"思想和方法，是存在许多大问题的。因为说到底，后代人"注解"前代人的言论，美其名为了后人"正确""准确"的把握，其实无非就是在前代人的话中，混杂进自己的理解和自以为是的弘扬，其结果往往是改变了原著的思想，而再后一代人也不一定就清楚你的思想，因为后人往往把你的言论思想与原著思想混为一谈了，这不是丰富了原著，而是糟蹋了原著及你的原先思想。究其根源，中国语言文化中有一个大缺点，就是只以个人观念为"真理"，而不考虑将观念升华成为社会普遍接受的概念。因而，原著原本的某个观念被你的新观念所混杂，即使你原先的意图是想将原著的意思说清楚，但你的也只是观念，也缺乏严密的逻辑推理论证，这样的结果是旧观念加新观念，让后来的人更加无所适从。

例如"仁"的定义，2000多年来堆积如山的"注释"言论，能够将任何一个读书人压倒，也依然搞不明白。而先生仅用一句话就说明："'仁'当然即是'人'，只是在孔子当时还没有表道德和表身体的两种写法。"现代年轻人如果能读懂，也就明白无需为那么多的古典"注解"而苦恼了。

3. 表演古代人生活的剧中人说现代语

"现在经过文学改良后，特别提出用口语。现在用口语的诗歌不押韵，不用典，还没有形成民间大众说出来都是朗朗上口的新体诗现象。现在也有些名家，有一些著名的新体诗诗人，但还没有哪一个诗人有什么很有名的新体诗歌。我读过郭沫若的新体诗《屈原》，这首诗歌很能表现屈原这个人物的形象和心情，但中间有两句屈原说'我要爆炸呀！我要爆炸！'我当时听了就有些疑惑：'爆炸'这个词汇是很晚的，有了炸药之后的，屈原那时还没有这个词。用现代口语就有这样的问题，这个问题到底怎么办，我也不知道。现在把说出来自然成诗的叫'天籁'，也就是自然形成的声音。老百姓出口成章就是诗歌的这种形式，现在还没有形成。旧体诗歌的这种束缚，恐怕也不是旧体诗歌本身的罪过，是后来模拟沿用古体诗歌的古典流派的人造成的。……至今还没有把新诗和民间口语自然结合在一起，或者说民间的口语出口就是新诗，或新诗人作出的诗就和民间口语完全符合，谁念起来都深入人心，念起来大家就心领神会，声入心通。要达到这个程度恐怕还要一段时间，还要经过若干的磨炼，若干的创造。现在的文学理论著作和文章中还在讨论这些问题。"[1]

新诗歌用口语、不押韵、不用典的鼓吹和实践，已经百余年了，先生对于成果的评价并不高，并且希望也不大，因为新诗歌"谁念起来都深入人心，念起来大家就心领神会，声入心通。要达到这个程度恐怕还要一段时间，还

---

[1] 《启功全集（第八卷）》，北京师范大学出版社，2009，第142—143页。

学术启功

136

要经过若干的磨炼，若干的创造。"先生举诗人郭沫若让2000多年前的屈原说"我要爆炸"为例（而笔者如果举例，则岂止成千上万，这种时间错位的言语，确实令读者啼笑皆非），说明还是用词遣句有问题，仅有诗人的激情是不够的，诗歌是精炼的言语，每一个字都要经得起推敲，而让古人说出现代语，那只能是败笔。当然这里面有个矛盾，如果让剧中古人只说当年用的字词，再加上楚国方音，再写成篆文隶书，恐怕现代听众会更加听不懂、看不懂。如何能够调节好其间用词遣句的恰当，声入心通，确实是新诗歌的大难题。既要搞清楚某时代的字词语境状况，又要能够与2000年后人们所用的字词语境状况相通融，实在太难，因为其中任何一个字义、词义，往往已经随着时代迁移而有巨大的改变，更何况我们至今相关中文语义学的研究，恐怕还比较薄弱。

2016年的诺贝尔文学奖授予美国音乐人兼作家鲍勃·迪伦，对于世界文坛的震动颇大，对于中国文坛也同样反应强烈，笔者也深感欣慰，仅是读他创作的翻译过来的诗歌句子，就感觉确实有味道。其实，这就是一种成功的新的诗歌形式的探索。这种口语诗在古代中国诗歌中早已存在，尤其在民间诗歌中，连歌带唱带舞的佳作世代不绝。孔子的重要贡献之一就是整理了《诗三百》，而我们长时间的搜集、整理、研究则差得很多，更缺乏思想上的重视，让极大量的古今民间歌谣随声而散，而高级知识分子自己又写不好，至今还是遗憾。

第五章

方法

现代的学者，如果已经掌握了某个主题的研究思路、基本文献，也想将相关文献表述得清楚，好让读者理解，其中关键还有一点，就是表达的方法。满腹经纶如果说不出来，写不出来，那也只是茶壶里的饺子——倒不出来，能倒出来的也只是碎片。可以说，方法是学术进程中的依仗，也是学术成功的关键。在2000多年来的世界各族文明史中，新旧方法层出不穷，为人类进步创造了无尽的学术成果，不但是有表达的方法，也有思想的方法、学习的方法、判断的方法、行动的方法等。

启功先生一生从事教学工作，他在课堂上经常妙语连珠，故事不断，引得学生们哄堂大笑。但这不是浅薄的逗笑，大家回头细细回思，内容清晰可寻，隽语回味无穷，所引典故准确，前后逻辑严密，知识性和说服力特别强，学生们自然就会一传再传，更是终身不忘。如果我们现在学习仅到此为止，浅尝则已，就会把先生误认为只是一位会说玩笑话的老师。我们有责任问一句：先生的这些"玩笑话"是如何得来的？是如何表达出来的？先生用的是什么样的教学方法？本章正是力图从先生多年的教学研究

中了解他是如何建立他的教学方法，用什么样的例证解答什么样的问题。总之，我们必须学习先生的思想方法和教学方法。恰如俗语所说：行家一出手，就知有没有。而与之鲜明对照的方法，大概就有吹牛法、从理论到理论法、外来翻译法、死记硬背法、照本宣科法、胡搅蛮缠法、云山雾罩法等。

笔者现在重读先生在教学中所用的方法，感到越读越有味，越琢磨越钦佩先生遣词造句的巧妙灵动、借鉴知识的新奇准确，故而从中选择部分奉献给现在的读书人。笔者并非从哲学的方法论角度来说明，只是写点读后感。

1. 研究解剖书法艺术结字的方法

"假如我们把古代书法家写得很好看的一个'二'字，从碑帖上把两横分剪下来，它的位置可说是'原封未动'，然后拿起来往桌上一扔，这两横的位置可以千变万化，不但能够变成另一个字，即使仍然是短横在上，长横在下，但是由于它们的距离小有移动，这个字的艺术效果就非常不同了。……一次在解剖书法艺术结字时，无意中发现了几个问题，姑且列举出来，向读者请教：发现经过是这样的，因为临帖总不像，就把透明纸蒙在帖上一笔一画地去写。当我只注意用笔姿态时，每觉得一下子总写不出帖上点画的那样姿态，因只琢磨每笔的方圆肥瘦种种方面，以为古人渺不可及。一次想专在结构上探索一下，竟使我感觉吃惊。我只知横平竖直，笔在透明纸上按着帖上笔画轨道走起来，却没有一笔是绝对平直的。我脑中或习惯中某两笔或某两偏旁距离多么远近，及至体察帖上字的这两笔、两偏旁的距离，常和我想的并不一样。于是拿了一个为放大画图用的坐标小方格透明塑料片，罩在字帖上，仔细观察字帖中笔画轨道的方向角度、笔与笔之间的距离关系，字中各笔的聚处和散处、疏处和密处，如此等等方面，各做具体测量。测量办法是在塑料小方格片上画出字帖每笔中间的'骨头'，看它们的倾斜度和弯曲度。再把每条'骨头'延长，使它们向去路伸张，出现了许多交叉处。这些交叉处即是字中的聚点……"①

把中国字拆散来看，无非就是笔画的几种形态，如点、横、竖、撇、捺、钩等，只有把它们约定俗成地组合成某个字形，就成为能够让其他人认识的符号。但是现代任何一个人，如果拿起笔依样画葫芦似的写出某一个字，立即就会感觉到同样的笔画结构，但看上去的感觉就远不如书法家的字形美，甚至连书本上的印刷体字也不如。这就是书法艺术性的基本见解，古往今来，书法成为中国艺术中的一门，产生许多令人赞叹的书法艺术硕果，对于书法艺术的研究见解，也令人目不暇接。看见令人赏心悦目的作品，特别是其词义暗合己意，就特别爱好，感觉到其中之美不胜收；而参差不齐、横竖如谜的作品，就只会让人头疼或迷惑，很难有美的感觉。因此，千余年的文化积淀中，成就了中国字的书法艺术，拥有书"法"、书"学"，其在中国文化中的地位很高。不过，历代所存留的研究书法的专著与言谈虽然很多，但由于遣词用句绝大多数为形容词，让后人实在是难以遵行和学习。例如这里所引先生的言谈，这在书法专业来说，就叫作结字。而在古书中关于"结字"的用词，据林语堂先生在1928年的统计就有："结构、凑合、堆积、排叠、相配、分行布白、骨格、胎格、暗架、体裁、气势、骨势、骨肉、筋力、筋脉、装束、偃仰向背、阴阳相应、鳞羽参差、峰峦起伏、迟涩飞动、射空玲珑、尺寸规度、随字变换、承上接下、调匀点画、迥互映带、左右映带、东映西带、疏密、秾纤、肥瘦、缓急、虚实、刚柔、方圆、长短、舒蹙、偏正、高低轻重、纵横环结、屈伸弯曲、开合连络、脉络交错、点画狼藉、穿插攒簇、牵掣、铺匀、侧势、欹势、四面停匀、八边俱备、长短合度、粗细折中、缜密、结密、整饬、得势、避就、顶戴、穿插、偏侧、相让、补空、覆盖、贴

————————
① 《启功谈艺录》，商务印书馆，2012，第56—58页。

零、黏合、捷速、满不要虚、意连、覆冒、垂曳、借换、增减、应副、朝揖、救应、附丽、回抱、包裹、小成大、小大成形、小大大小、各自成形、相管领、应接、褊、左小右大、左高右低、左短右长、却好。"[①] 如此之多的专门用词，早就把初学者吓得却步，哪里还管字形结字的美不美呢。

启功先生并不以这些"古人书法经验"来续谈，而是以儿童最简单的抛纸条的方式，把古字笔画拆开，再随意抛下，然后按照概率分析其中有什么样子能够算成美的。我们成年人自然就能够想象这种抛纸条的方式中，美或不美的概率差异，也就让我们想象着进入"结字"的根本问题。记得笔者初次读到此抛纸方法，实在是浮想联翩。如果让笔者来讲述这"二"字的结字美，实无良策，顶多照猫画虎地划上各种不同的两笔，或斜或歪，或紧贴或架空而已，让学生笑一笑也就罢了，当然，学生们也就收获肤浅，还是不理解结字美在何处。而先生的看似儿戏般的抛纸条的方法，却一下子抓拢学生的形象思维的优势，让学生自己去选择抛下纸条中各种结字的形象，远不止是平面上的两笔而已，而是自然地就从立体三维来选择，这从宏观上和逻辑上都可说是教育方法上的高招呀。

先生接着就仔细介绍自己的解剖书法艺术结字的方法，他所用的工具是很普通的"坐标小方格透明塑料片"，然后"罩在字帖上，仔细观察字帖中笔画轨道的方向角度、笔与笔之间的距离关系，字中各笔的聚处和散处、疏处和密处"。再后"各做具体测量。测量办法是在塑料小方格片上画出帖字每笔中间的'骨头'，看它们的倾斜度和弯曲度。再把每条'骨头'延长，使它们向去路伸张，出现了许多交叉处。这些交叉处即是字中的聚点……"。最后，先生总结自己的测验结果并得出四条发现，其中最重要的是聚点位置的比例正是数学上的黄金分割法，即俗称黄金分割法或 0.618 法，也即 5：8 的比

① 《语言学论丛》，林语堂著，上海开明书店，1933，第 318 页。

例或 0.382 ∶ 0.618 的比例，这也正是中国字美的关键结字点。先生毫无故作高深之态，而是将自己毕生钻研的学问关键点全盘托出。而且是让人从传统的迷茫寻觅中，经过他的解剖中国字的方法，升华到科学的对于现代规律的认知，能不让人敬佩吗！

从方法论的角度理解，先生从运用普通工具中得到升华的认知，其中关键除了"仔细观察"外，先生还说道："有青少年提出的询问，有中年朋友提出的商榷，有老年前辈发出的指教。"[①] 说明他是一生都在思辨讨论，然后还要归结到他自己的认知与实证。对于这样的认知过程，不宜用聪明或愚笨来区分，更非天才论所戴的大帽子，而是人人都能够体验实践的。

先生的这个结字的思想和抛纸条的方法，如果用到世界各民族的字体美上，同样是合适的，如古埃及文、希腊文字、古体德文、现代英文、阿拉伯文、日文等，全都有他们的文字美的标准以及结构美的需求。通过合适的方法，就容易找到文字美的通道，既不神秘，更不杂乱。

2. 执笔的"功夫"

"据我个人的看法，手指执笔，当然是写字时最先一道工序，但把所有的精神全放在执法上未免会影响写字的其他工序。我觉得执笔和拿筷子是一样的作用，筷子能如人的意志夹起食物来即算拿对了，笔能如人的意志在纸上画出道来，也即是执对了。'指实''掌虚'之说，是一句骈偶的词组，指与掌相对言，指不实，拿不起笔来；它的对立词，是'掌虚'。甚至可以理解为为了说明'掌虚'的必要性，才给它配上这个'指实'的对偶词。'实'不等于用大力、死捏笔；掌的'虚'，只为表明无名指和小指不要抠到掌心处。为什么？如果后二指抠入掌心窝内，就妨碍了笔的灵活运动。这个道理，本

① 《启功谈艺录》，商务印书馆，2012，第 64 页。

极浅显。有人把'指实'误解为用力死捏笔管，把'掌虚'说成写字时掌心处要能攥住一个鸡蛋。诸如此类的附会之谈，作为谐谈笑料，固无不可，但绝不能信以为真！不知从何时何人传起一个故事，《晋书》中说王献之六七岁时练写字，他父亲从后拔笔，竟没拔了去。有六七岁儿子的父亲，当然正是壮年，一个壮年男子，居然拔不动小孩子手里的一支笔，这个小孩必不是'书圣'王羲之的儿子，而是一个'天才的大力士'。这个故事即使当年真有，也不过是说明小孩注意力集中，而且警觉性很灵，他父亲'偷袭'拔笔，立即被他发现，因而没拔成罢了。这个故事，流传至今，不但家喻户晓，而且成了许多家长和教师的启蒙第一课，真可谓流毒甚广了！我有一位朋友，每天一定要写几篇字，都是临张迁碑，写了的元书纸，摞在地上，有一人高的两大沓。我去翻看，上层的不如下层的好。因为他已经写得腻烦了，但还要写，只是'完成任务'，除了有自己向自己'交差'的意思外，还有给旁人看'成绩'的思想。其实真'成绩'不在'数量'的多少。有人误解'功

夫'二字，以为时间久、数量多即叫作'功夫'。事实上'功夫'是'准确'的积累。熟练了，下笔即能准确，便是功夫的成效。譬如用枪打靶，每天盲目地放百粒子弹，不如精心用意手眼俱准地打一枪，如能每次二射中一，已经不错了。所以可说：'功夫不是盲目的时间加数量，而是准确的重复以达到熟练。'……碑帖好比乐谱。练钢琴，弹贝多芬的乐谱，是练指法、练基本技术，肯定贝多芬的乐谱中找不出现代的某些调

子。但能创作新乐曲的人，他必定通过练习弹名家乐谱而学会了基本技术的。由此触类旁通，推陈出新，才具备音乐家的多面修养。在书法方面，点画形式和写法上，简体和繁体并没有两样；在结字上，聚散疏密的道理，简体和繁体也没有两样。……"[1]

这个背后拔笔的故事流传得真是久远，笔者小时候执毛笔学写字时，就曾试过拔同学的笔，因为那是大人物做过的事情，总该有点可模仿之处吧，能拿住笔而不被别人拔走，也算是一种本领吧。现在经先生这么一分析，原来自己小时候学到的"不被拔走"的功夫，虽然确实是功夫，但实用价值应该很低很低，只有先生下的定语"流毒甚广了！"是确实的。于是令我不由地想起"功夫"这个词，古书上是有几种不同的用法，唐朝元稹《琵琶歌》中有："逢人便请送杯盏，著尽功夫人不知。"1915 年出版的《辞源》上面，连这个词的定义都没有给出来，到 2004 年出版的《现代汉语规范词典》上，也仅是简单解释成"本领、技能；特指武术方面的……"，这解释也太简单了，"本领"等于"功夫"，"功夫"等于"本领"，互为说明，这等于没有说明，读者依然茫然。而在现代中国社会，"功夫"一词，显然可算热词，民间流传什么技艺都是依靠有功夫才可能算"神技"，特别是加上所谓"祖传秘方"的功夫，再用现代传媒手段包装一下，那就能出人头地了。只是这个"功夫"一词的概念到底应该如何准确表达？总不能仅如美国电影《功夫熊猫》那样吧？确实如先生所言："有人误解'功夫'二字，以为时间久、数量多即叫作'功夫'。"而先生剖析这个民间故事之余，既不迷信武侠小说中的飞花杀人的"功夫"，也不做语言转圈的游戏般的"功夫"，而是依据他自己的认知，给出定义："事实上，'功夫'是'准确'的积累"，"功夫不是盲目的时间加数量，而是准确的重复以达到熟练。"这个"功夫"的概念实在是令

① 《启功谈艺录》，商务印书馆，2012，第66—75页。

人信服，先是排除掉"盲目地时间加数量"的糊涂观念，把那些误以为只要吹嘘时间多么长、花费精力多么久的宣传广告，排除出"功夫"之外，而只有"准确的重复"才算是功夫。写到这，笔者想起在1965年做的一件事，那时笔者在国家一单位里做卡片工作，我曾经表演过：蒙着眼睛，面对一个活动架子，上面排列有上百个格子，里面放着不同编号的卡片，我通过声音提示要求，就能够用手按要求将不同编号、不同数量的卡片取出，当时连提示人都感到十分惊讶，其实，就是先生所言"准确的重复"而已。再看看现代熟练操作电脑键盘的人，他的手指头几乎不需要眼睛指挥，就能够迅速准确地按在需要的键盘上面，当然更是"准确的重复"了。

仔细看先生的演讲和文章，其中只要有关键词，先生总是会给出他自己的见解，让听者信服。"功夫"一词的概念阐述，就是很典型的"猪跑学"风格，从拔笔推衍到点画形式和写法上，推衍到聚散疏密的道理，推衍到如钢琴家弹琴练指法，就会有触类旁通、推陈出新的效果了。这才是功夫的方法得来的。

3. "某"字的意义和用法

"'某'是不知道一个人姓名、身份等，或不知一件事物的名称、性质等，找一个代称字，在古代也有用符号'△'的。陆游《老学庵笔记》卷六说：'今人书某为△，皆以为从俗简便，其实古某字也。《穀梁·桓二年》：'蔡侯、郑伯会于邓。'范宁注曰：'邓△地。'陆德明《释文》曰：'不知其国，故云△地，本又作某。'按：自广义来说，凡字都是符号；自狭义来说，'△'在六书里，无所归属，即说它是'从俗简便'，实在也没什么不可以的。况且从校勘的逻辑上讲，陆放翁的话也有所不足。同一种书，有两个版本，甲本此字作A，乙本此字作B。A与B不同，可能是同一字的异体，也可能是另一字。用法相同的字，未必便算是同一字。但可见唐代以前，这

‘△’符号，已经流行使用了。

今天见到的唐代虞世南书《汝南公主墓志》草稿中，即把暂时不确知的年月写成‘△年△月’以待填补。这卷草稿虽是后人勾摹的，但保存着原来的样式。

又有写作‘△乙’符号的，有人认为即是‘某乙’的简写，其实只是‘△’号的略繁写法，如果是‘某乙’，那怎么从来没见有将‘某甲’写作‘△甲’的呢？代称字用符号‘△’，问题并不大，而‘某’字却在后世发生了一些纠葛。

《论语》中‘某在斯、某在斯’，是第一人对第二人称、第三人称的说法。古籍中凡自称作‘某’的，都是旁人记述这个人的话。因为古代人常自称己名，没有自用‘某’字自作代称的。我们从古代人的书札或撰写的碑铭墓志的拓本中，都随处可以见到。例如苏轼自己称‘轼’，朱熹自己称‘熹’。

古代子孙口头、笔下都要避上辈的讳，虽有‘临文不讳’的说法见于礼经明文，但后世习俗，越避越广，编上辈文集的人，常常把上辈自己书名处，也用‘某’字代替。我们如拿文集的书本和其中同一文的碑铭石刻或书札墨迹比观，即不难看到改字证据。

不知什么时候开始，有人自己称‘某’。我们有时听到二人谈话，当自指本人时，常说：‘我张某人’‘我李某人’，他们确实不是要自讳其名，而是习而不察，成为惯例。

清代诗人王士禛，总不能算不学了吧？但他给林佶有几封书札啊，是林氏为他写《渔洋精华录》时，商量书写格式的，有一札嘱咐林氏在一处添上他的名字，原札这样写：'钱牧翁先生见赠古诗，题下添注贱名二字。'此下便写出他要求添注的写法是：'古诗一首赠王贻上'一行大字，又在这一行的右下边注两个小字'士○'。如果只看录文的书籍，必然要认为是刻书人避雍正的讳，画上一个圈。谁知即是王士禛自讳其名呢！所以宋代田登做郡守，新春放灯三日，所出的告示中不许写'燈'字，去掉'燈'字右半，只写'放火三日'。与此真可谓无独有偶。"①

要想说清楚中国文化特色，或者理解中国文化特色，最佳的办法就是找一两个中国字，把它们的来龙去脉梳理清楚，正如陈寅恪先生所言："一个字就是一部文化史。"年轻的读者能够从这个梳理中发觉丰富的内涵，而且是充满中国文化特色的内涵。其中，字形的变化、字音的变化、字义的变化，以及几千年间某朝某人，曾经是如何选择使用该字，如何曲解该字，曾经引起多少抬杠式论辩，真是花样百出，令人齿冷齿热，至今依然能够为之做出各种各样的"研究论证"或"随口乱说"。如果按照传统文字学的一般解释，就可以先讲《说文》，是解释道："某，酸果也，从木，从甘。"然后运用各种训诂学的书，列出一长串古人的用法，再加上不同的字体写法和发音，就算是"某"字的文化演变了。而从学习教育的角度，启功先生自然深知其中奥妙，他完全不用这套说服不了现代人的方法，而是根据他所掌握的史料，用实证的方法，把"某"字在中国文化中扮演的一些特殊角色和盘托出，有时间、有人物、有故事，晾晒在年轻读者面前。

先生是从"某"为"△"说起的，"△"是文字形成以前所使用的各种表意符号之一，从符号到文字确定一统，中间是经过漫长的不断协调的过程，

① 《启功谈艺录》，商务印书馆，2012，第77—79页。

目前这方面的研究尚薄弱，先生带了一个好头。

先生又从《论语》中"某在斯、某在斯"判断，是第一人称对第二人称、第三人称的话，所以，"古代人常自称己名，没有用'某'字自作代称的"。但是子孙后代，搞起来"避讳"的名头花样，越避越广，自己也称"某"了，到王士禛那儿就干脆"自讳其名"了。这位刑部尚书摆起了派头，也将自己弄进了笑话堆里，而先生居然就能从如此繁杂的史料堆里挖出来，与田登的"放火"并列，那才真叫作本事。其所表明的中国文化特色，一个字就能在漫长的岁月中演变成许多莫名其妙的"显摆"，让年轻人实在是摸不着头脑，只是看清楚中国古代士大夫的一些臭毛病，从而作为警示吧。

4. 经验是软件，工具是硬件

"还有什么更好的科学方法？我个人觉得首先是辩证法的深入掌握，然后才可以更多地泯除成见，虚心地尊重科学。其次是电脑的发展，必然可以用到书画鉴定方法的研究上。例如用笔的压力、行笔习惯的侧重方向、字的行距、画的构图以及印章的校对等等，如果通过电脑来比较，自比肉眼和人脑要准确得多。已知的还有用电脑测视种种图像的技术，更可使模糊的图像复原近真，这比前些年用红外线摄影又前进了一大步。再加上材料的凑集排比，可以看出其一家书画风格的形成过程，从笔力特点印证作者体力的强弱，以及他年寿的长短。至于纸绢的年代，我相信，将来必会有比'碳十四'测定年限更精密的办法，测出几百年中的时间差异。人的经验又可与科学工具相辅相成。不妨说，人的经验是软件，或说软件是据人的经验制定的，而工具是硬件，若干不同的软件方案所得的结论，再经比较，那结论一定会更科学。从这个角度说，'肉眼一观''人脑一想'是否'万无一失'，自是不言而喻的！"[1]

---

① 《启功谈艺录》，商务印书馆，2012，第84—85页。

电脑是在 20 世纪 80 年代才传入中国，记得笔者第一次使用电脑已经是 1994 年的事了。那时候的"软件""硬件"等词，还是很生疏的专业用词。我们一般的理解是：软件是英文 Software 的意译，（1）是指电脑使用的所有程序和有关资料，包括汇编程序、操作系统、编译程序、诊断程序、控制程序、数据管理等，它能指挥电脑硬件按设定程序运行和操作。（2）比喻人员素质、管理水平、服务质量等方面的状况。硬件是英文 Hardware 的意译，是构成电脑的各个元件、部件和装置的统称。现在大家都说，21 世纪是电脑世纪，全世界坐着工作的人面前大概都有一台电脑为他服务，现在装有最高级软件的电脑，已经开始尝试战胜人脑。只是笔者一直好奇，笔者有幸随侍先生身旁几十年，从来没有见他使用过电脑，但他的这几句关于电脑的话，其深刻、其聪慧连一般哲学家也难以说得出来，他究竟是怎么得出来的？

每个人的一生，在与自然界的协调中、在人与人之间的协调中，都积累有各种各样的经验，其中有害人害己的教训，也有促进人类进步的经验，丰富且杂乱。经验可以从人体精神层面上获得，可以从自然科学的实践体验中获得，也可以反过来，将自己的主观经验强加到自己或别人的实践体验中，造成经验世界的混乱，也更是历史上经验论的不断研究的内涵。程序编写员当然是按照他自己的经验与愿望去编写程序，并在作为工具的硬件上运行，才能够让接受到指令的电脑去做各种事情。即，人脑是形成软件的关键，所谓开发软件，就是让人的经验能够尽量驰骋，在符合逻辑的基础上链接经验的种种方面的成果，那么，三个臭皮匠的经验就很可能胜过诸葛亮。当然也很可能是一个诸葛亮的经验能够胜过三个臭皮匠的经验。先生显然深思过这类问题，提出他自己的"更好的科学方法"，不是用语言学家的一般说辞，也不是电脑行业用语，而是明白无误的哲学用语，明示"经验是软件""工具是硬件"。笔者目前所见许多自称"国学大师"的"专家"，他们大概连这个判断都没有想过。

那"更好的科学方法"到底是什么？先生说了，就是："若干不同的软件方案所得的结论，再经比较，那结论一定会更科学。"解决一个新问题，一些经验构成的软件能够探索固然不错，但如果若干件不同经验的软件都来探索同一个问题，成功率自然大大提高。这其中，"比较"是必不可少的一环，因为人的经验有好有坏，有准确、不准确等区别，只有比较才能够分辨清楚高低差异，选择去伪存真、去粗取精，比较之后，才可以下新的结论。当然，这个新的结论，还需要放在实践中体验其准确性，也可以放在电脑中用不同的软件、硬件来再验证。

先生最后还特别提到一个新问题："'肉眼一观''人脑一想'是否'万无一失'？"这已经不是在没有电脑时代的"人脑一想"，而是在电脑时代方兴未艾的"人脑一想"，是在开始提倡人脑与电脑结合的时代。先生留下这个问题，笔者粗浅思考如下：古代中国人崇尚"眼见为实"，在光学面前已经很靠不住了；近代中国人在繁复的世界面前，鼓励"多思"。而21世纪的人们，所必须面对的是如何运用两副眼睛——人眼和"电眼"，以及大量的人体器官全是有两副可以运用；同样，现代人类也具备两副脑子——人脑和电脑。而且事实上，"电眼"的功能已经大过人眼的聚焦距离、成像大小，连不可见光都清晰可见，清晰度更远远超过人眼；而电脑已经在尝试做一些超越人脑的各种功能比赛，你再拒绝理睬，而能够"万无一失"？先生晚年能够前瞻性地思考中国文化的前途，要想科学化我们的思维和方法，就只能人眼与"电眼"并用，人脑与电脑并用，互相比较促进，这才是现代人的必选之路。至于将来如果有一日，电脑战胜人脑，并控制人脑获取人性的权利，人类社会将会如何发展？笔者也不知道。

5. 世故人情

"而鉴定工作，则常有许许多多社会阻力，使得结论不正确、不公平。……我初步得出了八条：一皇威、二挟贵、三挟长、四护短、五尊贤、六远害、七忘形、八容众。前七项是造成不正不公的原因，后一种是工作者应自我保持警惕的态度。……如属真理所在的大问题，或有真凭实据的宝贝，即争一番，甚至像卞和抱玉刖足，也算值得，否则谁又愿惹闲气呢？……笔者一次在朋友家聚集看画，见到一件佳品，一时忘形地攘臂而呼：'真的！'还和别人强辩一番。有人便写给我一首打油诗说：'独立扬新令，真假一言定。不同意见人，打成反革命。'我才凛然自省，向人道歉，认识到应该如何尊重群众！……坚持真理是社会主义的新道德，迁就世故是旧社会的残余意识。……"①

"世故人情"是中国人文文化中的痼疾。本来人与人之间交流，一定会形成复杂的人际关系，有温暖的、有冰冷的、有真诚的、也有虚伪的，等等。只是中国历史中，强调世故人情也太旺盛了，人间事如果不能和谐平等地解决，那就推给世故人情，编排各种安慰自己的理由去安慰别人和自己。当然，如果安慰成功，也能够苟且一时。因而鲁迅先生曾怒吼："杀人的礼教。"但礼教的种种也能够当药来用，也可以区分成君子之交和小人之交。启功先生归结为"社会阻力"，导致"结论不正确、不公平"。而不正确、不公平，恰是中国人际关系的判断点，于是在交往中平添无穷的麻烦。启功先生还将之总结成八条，前七条是"造成不正不公的原因，后一种是工作者应自我保持警惕的态度"。马克思主义追求真理，从而排斥"伪"和"假"，因为这是文化背后的经济利害所决定的。先生归结到"远害"这一条中。

先生所讲的这八条，其实还是可以算进君子之交的范围中，既没有动刀动枪，也没有造谣污蔑。更加难得的是，先生以自身"忘形"的经历，"向人道歉，认识到应该如何尊重群众！"这是真君子的典范，年轻人能够从中获

① 《启功谈艺录》，商务印书馆，2012，第89—92页。

得启悟。只是要理解"迁就世故是旧社会的残余意识"这句话，就不太容易了。大概只有在社会实践中才可能有所获。

6. 书画同核与民族同核（同第三章第 7 节）

"……现在就这个问题作一些探索。

一、民族的习惯和工具：许多人长久共同生活在一块土地上，由于种种条件，使他们使用共同的工具；

二、共同的好恶：无论是先天生理的，还是后天习染的，在交通不便时，久而蕴成共同的心理、情调以至共同的好恶，进而成为共同的道德标准、教育内容；

三、共同的表现方法：用某种语辞表达某些事物、情感，成为共同的语言。用共同的办法表现某些形象，成为共同的艺术手法；

四、共同的传统：以上各种习惯，日久成为共同的各方面的传统；

五、合成了'信号'：以上这一切，合成了一种'信号'。它足以使人看到甲联想到乙，所谓'对竹思鹤''爱屋及乌'，同时它又能支配生活和影响艺术创作。合乎这个信号的即被认为协调，否则即被认为不协调。"

"……共同的'内核'是什么，是否可以说即是这种多方面的共同习惯所合成的'信号'。一切好恶的标准、表现的手法、敏感而易融的联想、相对稳定甚至

于有排他性的传统，在本民族（或集团）以外的人，可能原来无此感觉，但这些'信号'是经久提炼而成的，它的感染力也绝不永久限于本土，它也会感染别人，或与别的信号相结合，而成为新的文化艺术品种。……再总括来说，前面所谓的'核'，也就是一个民族文化艺术上由于共同工具、共同思想、共同方法、共同传统所合成的那种'信号'。"①

先生讲"书画关系"，却大讲"民族同核"，使用的全是文化人类学的概念，再加上他的认知。这种方法，一般书呆子大概不以为然，以为扯得太远了。其实，这才是研究文化问题的核心思想，表面上的一幅画和书法作品，顶多也就是工具、点画、形象、风格之类的外露因素问题，也就导致多年来的"书画同源流"之辩流于表面。先生觉得如此很不能说明内在的根本问题，于是升级归结成为"内核"问题，这是合情合理的，也是历史积淀而成的。

先生的思路还不仅是文化人类学的书本上的介绍，他还引申用自己的语言浓缩为"信号"一词，这个"核"的"信号"，即是"一切好恶的标准、表现的手法、敏感而易融的联想、相对稳定甚至于有排他性的传统"；而且"它的感染力也绝不永久限于本土，它也会感染别人，或与别的信号相结合，而成为新的文化艺术品种"。即，除了"核""信号"本身的三个论点以外，还要说明它有感染力，能够与其他"信号"相结合，产生新品种。先生说的"标准"，是"一切好恶"，那就涵盖人们常说的"好"和"恶"，各个民族是存在不同的"标准"的，其实"是与非""善与恶"等对立的观念，各民族的"标准"也是差别巨大；先生说的"表现"，就是文化艺术的手法，包括语言技巧等，各民族的表现明显天差地别；先生说的"联想"，就是每个人面对时都会从"核"中推广、翻转、幻觉般出现的想象判断，并且这个判断经常是既敏感又很容易融化转变，包括"善恶""真假"的变幻和变换；先生更

---

① 《启功谈艺录》，商务印书馆，2012，第103—104页。

深刻地指出："信号"有"感染力"，既可能将别的"信号"融入自己的"信号"，也可能将自己的"信号"融入别人的"信号"，更可能两种或几种"信号"混成一个新的"信号"，"合乎这个信号的即被认为协调，否则即被认为不协调"。如此解析，真是辩证法的精髓。

当前中国社会科学界中有一种毛病在流传，就是在自己的专业知识界限上画地为牢，与不同学科知识之间老死不相往来；更由于学科愈分愈细，相邻的专业用语简直就如天书；就连贯穿各种学科的哲学思想，都被严格区分为"西哲""中哲""马哲"，其结果不是丰富了学者的思维工具，反倒是禁锢、模糊了思辨的进步。而启功先生则显然与之相反，他善于学习并利用许多新学科的知识，利用许多热词，来为他的"猪跑学"做证或说明。笔者记得不知多少次与他单独聊天时，基本上他问的全都与自然科学、人文科学中的新动向相关。

7. 齐白石的"单刀法"

"今天齐先生的艺术创作，保存在国内外各个博物馆中，而我在中年青年时也曾有些绘画作品，即使现在偶然有所存留，将来也必然与我的骨头同归腐朽。诸位青年朋友啊，这个客观的真理，无情的事例，是多么值得深思熟虑的啊！这里我也要附带说明，艺术的成就，绝不是单靠照猫画虎地描摹，我也不是在这里提倡描摹，我只是要说明齐先生……在艰难的条件下是如何刻苦用功的。……有一次我向老先生请教刻印的问题，先生到后边屋中拿出一块寿山石章，印面已经磨平，放在画案上。又从案面下面的一层支架上掏出一本翻得很旧的《六书通》，查了一个'迟'字，然后拿起墨笔在印面上写起反的印文来，是'齐良迟'三个字。写成了，对着案上立着的一面小镜子照了一下，镜中的字都是正的，用笔修改几处，即持刀刻起来。一边刻一边向我说：'人家刻印，用刀这么一来，还那么一来，我只用刀这么一来。'

讲说时，用刀在空中比画，即是每一笔画，只用刀在笔画的一侧刻下去，刀刃随着笔画的轨道走去就完了。刻成后的笔画，一侧是光光溜溜的，另一侧是剥剥落落的。即是所谓的'单刀法'。所说的'还那么一来'，是指每一笔画下刀的对面一边也刻上一刀。这方印刻完了，又在镜中照了一下，修改几处，然后才蘸印泥打出来看，这时已不再作修改了。……我自幼听说过：刻印熟练的人，常把印面用墨涂满，就用刀在黑面上刻字，如同用笔写字一般。这个说法，流行很广，我却没有亲眼见过。我在未见齐先生刻印前，我想象中必应是幼年听到的那类刻法，又见齐先生所刻的那种大刀阔斧的作风，更使我预料将会看到那种'铁笔'在黑色石面上写字的奇迹。谁知看到了，结果却完全两样，他那种小心的态度，反而使我失望，遗憾没有看到那样铁笔写字的把戏。这是我青年时的幼稚想法，如今渐渐老了，才懂得：精心用意地做事，尚且未必都能成功；而鲁莽灭裂地做事，则绝对没有能够成功的……"[1]

启功先生当年可以算是齐白石老先生的入室弟子，他精确地描述了齐先生刻字的"单刀法"，包括运用时的全过程和说辞，在先生的晚年说出来，明示记忆之深刻，连石面刀痕的一边光光溜溜、一边剥剥落落都看得清清楚楚，自然齐先生的形象也活脱表现出来，并非此事有趣好玩，而是作为成功的关键方法，足供后辈学习。

而先生因之推论到"艺术的成就，绝不是单靠照猫画虎地描摹""精心用意地做事，尚且未必都能成功；而鲁莽灭裂地做事，则绝对没有能够成功的"。齐白石先生的艺术成果、启功先生的艺术成果，都不是照猫画虎的描摹得来的；启功先生的学术思想成果，更不是描摹抄袭他人就能够获得的。先生将"精心用意地做事"和"鲁莽灭裂地做事"并列为两种做事的类型，前者"未必都能成功"，后者更是"绝对没有能够成功的"，那是不是还有成

---

[1] 《启功谈艺录》，商务印书馆，2012，第206—209页。

功的第三种类型？先生没有在理论上展开讲，但年轻人是可以去想、去尝试、去判断，先生仅是以"他（齐白石）那种小心的态度"，向我们暗示，这才是真正的大师对待学问的态度。

8. 举一隅可以三隅反

"'举一隅'可以'三隅反'，我从先生（溥心畬）那里直接或间接受益的，真可说数不清的。《礼记》云：'独学而无友，则孤陋而寡闻。'俚语也说：'投师不如访友。'原因是师是正面的教，友是多方面的启发。师的友，既有从高向下垂教的尊严一面，又有从旁辅导的轻松一面，其学问修养总比自己同等学力的小朋友丰富高尚得多，我从这种场合中所受的教益，自是不言而喻的！"[①]

《论语》中有一段话："子曰：不愤不启，不悱不发，举一隅不以三隅反，则不复也。"后人解释成为中国启发式教育的经典，"不启""不发"，也就成为许多教师的座右铭。但是笔者不才，总想不清楚：如果碰上"不愤""不悱"的学生，又该怎么教？弃之不顾就可以了吗？现代许多研究此段话的论文，恐怕正是"读死书和搬死书"的宋儒形象。现在启功先生活学活用孔子思想，将之反过来用，强调只要"举一隅"，就可以"三隅反"。只要钻研进学术的一个角落，就会得到其他各个角落的回应，这才是正确的现代教师的责任和教学方法。我们看看启功先生一生的学术经历，就是不断从一隅走向三隅。笔者自己也曾有类似的体会，受益颇多。

先生在许多回忆性文章中，经常讲到他在 20 世纪 30—40 年代，与学界友人相聚的纯真场面。在这里他又专门讲述"师"与"友"的区别，特别强调学界朋友的重要性。按照笔者的理解，这种学界朋友的关系与行为，是与

---

① 《启功谈艺录》，商务印书馆，2012，第 235 页。

经济界朋友的经济利益、利害关系截然不同的，也与政治界的朋党利害关系截然不同。学界朋友的准则，应该是《诗经》上所唱的"无言不酬，无德不报，惠于君子，庶民小子"。这也是中国书生所追求的高尚品德，无论古今，学界朋友间对学术的探究、对友情的实践，都会受到社会的颂扬。古人感叹"知音难觅"，而今天的中国学术界，虽有各种交学术朋友的需要与机会，但也存在很多阻碍学术交友的障碍。

交学术朋友不是一个人单方选择就能决定得了的，而是双方的事情，既有机遇，也有学术基础的因缘。"君子之交淡如水"这句话是不够的，关键还是为了学术，有需求去问去学，有兴趣去答去做。而且最关键的朋友，不一定是"志同道合"就可以了，对于提出不同学术见解的朋友，更应该重视，道不同也可以为谋，这肯定是挚友。16世纪来华的意大利人利玛窦就提出"朋友者，我之半也"这个命题，实在是值得深思。

9. 平仄长竿

"汉字的字（词）不但在数目增减上有活跃性，而且在音调上也具有抑扬的灵活性。二者相乘，使得普通的表意的汉语和美化的艺用的汉语，平添了若干倍的功能。诗歌词曲离不开声调高低，这是显而易见的，即日常口语中声调的抑扬，也表现谈话的情绪，又较韵书中四声的固定范围更为宽泛得多。……汉字有声调，于是诗歌有平仄。不过就汉语诗歌的声律而言，单从字的调来说还不行。五言诗有'仄仄平平仄'等平仄句式，七言诗有'平平仄仄平平仄'等句式，我们看五个字或七个字拼成的诗句，一句中多数的字，是两个平声字在一起，两个仄声字在一起，成为一个个的小音节。我在《诗文声律论稿》那一篇文章里，曾经说到过'平仄竿'的问题。平平仄仄平平仄仄交替进行，反复无穷，犹如竹子的节，五言、七言的各种平仄基本句式，都是从这条长竿儿上任意截取出来的。那本小册子出版后，不少喜欢古体诗的朋友对我说，'平仄长竿'很说明问题，问我从哪里想出来的呢？是啊，以前我也在想这个问题，为什么汉语的诗句要'平平仄仄平'呢？我请教语言学家，请教心理学家，都没有明确答案。有一回我坐火车，那时还是蒸汽机车头，坐在那里反复听着'突突''突突'的声音，一前一后，一轻一重。当时我有一位邻居乔东君先生，是位作曲家。我向他请教这个问题，他说，火车的响声，本无所谓轻重，也不是两两一组，一高一低，这些都是人的耳朵听出来的感觉，是人心理的印象。人的喘息不可能一高一低，而是两高两低才能缓得过气来。这一下子使我找到了'平仄长竿'的规律：汉字的音节在长竿中平平仄仄重叠，人才喘得过气来。这个故事说明什么呢？说明在口语中，一个字的词或句子并不多，两个字的词或句自古即是很多的，因为那样容易合乎某些生理规律。单双字词相间，形成汉语诗歌的格律，如果是多音节，恐怕就不会是这样了。"①

"平仄长竿"是启功先生得意的发现，是他经过常年思考、求证得来的，他在这儿介绍了他求知的过程和形成的方法。他自问："为什么汉语的诗句要'平平仄仄平'呢？"他请教过语言学家、心理学家等各领域的专家，最后从一位作曲家口中获得答案，即最根本还是人的发声器官功能决定的，在人的耳朵中形成的各种有规律的声音并不一定就是事物原本的声

---

① 《启功全集（第一卷）》，北京师范大学出版社，2009，第95—96页。

第五章　方法

音，因而，在漫长的岁月里，中国诗人选择肯定了平仄方式，形成诗歌文化特色，形成一定的音韵规律，在千余年前的唐代诗人们就已经发扬光大了。只是后来的理论家们升级，解释成各种各样的诗律学，反倒给年轻人的学习造成困扰。如何通俗又准确地解释中国诗词格律问题，长久以来一直是学术界的难题。先生聪明地找到"平仄竹竿"的方法，让同意或不同意的人都一目了然，"都是从这条长竿儿上任意截取出来的"，合情合理，诗歌音韵学的高深神秘就可以免了。

不过，中国诗歌音韵学研究还有一大缺点，就是只讲诗歌的韵律美，声音铿锵上口，旋律美妙，动人心脾，平仄安排恰当，即使拗口也能成好诗。其实，中国诗歌美的本质还是诗歌文字所表达的意境美，是内在美。中国的绝妙好辞，都是诗人人性的尽情阐发，喜怒哀乐的自由表达，特别是歌颂人与自然的融洽，人对于梦想的追求，那真是千古绝唱，永留人间，绝非为经济社会能够套牢的。例如，中国儿童都会念诵的杜甫的绝句：

两个黄鹂鸣翠柳，一行白鹭上青天。
窗含西岭千秋雪，门泊东吴万里船。

分明就是描述了四幅动画，人人都会从中获得人间仙境之感，感受诗人灵动的情感共鸣，再加上音调旋律婉转，音符蜿蜒波动，一念就会被吸引，一念就会刻印进脑中，怎能不叫我们歌唱！

10. 用典

"在《文学改良刍议》里，还提到要废除用典。典故多了或生僻了，不好懂，废除这样的用典，作文章、写诗时绝对不用，这可以。不过有些用典，却不是这么简单。有的典是以往已成的故事，一件事情，再提到它时，它无形中就成了一个典。……实际上典故的情况非常复杂、多样。那么从前的人，很长的一件故事，是一个典故，从一个角度加以概括，就是一个词。这个词，即是一个信号。这个信号可以帮助作诗作文的人省略许多话，用少量的字一说，读者就知道了。所以文章、诗歌里边，常常用一些信号，增加表达的效率，就是用典的来历。特别是诗歌，它不像散文，篇章句子长短不受限制。它又要表达得丰富、完整，用典便是压缩语用词的必然结果，因为它能传达许多信息。……可见用典与诗歌语言的表达实在有很多的关系。并不是说我坚决保护用典，因为典故在诗文中却有它的某些作用。李商隐有一首诗：《锦瑟》，里边的用典让文学改良的学者们深恶痛绝地反对，可这不一定要作者负责，而是要某些解释者负责的。对这首诗歌穿凿附会的解释多极了。几十年前我曾见一位教授作过一本书，长篇大论地说李商隐的诗纪念的都是他的恋爱故事。单'锦瑟'两个字，就写了许多。怎么解释的呢？说是

有一位大官，他家一位丫头叫锦瑟，李商隐爱她。'锦瑟无端五十弦'，有人说这句不是说李商隐自己，因为他只活了49岁，这应该指那个丫头，她50岁了。试问李商隐在49岁之前还与50岁的女子相恋，这不是笑话吗？在拙作《古代诗歌、骈文的语法问题》（见《汉语现象论丛》）中，我曾说过，这首诗，实际只是自己说这半辈子有如一梦，有心、有泪、有热情而已，是诗人对自己生活经历的回顾。用庄子

梦蝴蝶的典是说一生如梦，望帝杜鹃是表示自己的心，什么样的心呢？热切的心，犹如蓝田之玉，在太阳照耀下生烟。沧海明珠则表示泪。一生空怀热心，空流热泪，是早就想到的了。把那些典故说开了，就这么简单，可若没有了那些典故，也就没有这首诗了。可见典故具有装饰效果，也就是修辞作用，它们能把作者的内心很有效率地表现出来。所以说这首诗难懂不能单由作者负责，解释者先存了个爱情的主见，再去穿凿附会，解释得乱七八糟。这样的情形也不限于古诗的用典。比如《尚书·尧典》，一开始就写着'曰若稽古帝尧'，分明表示是口耳相传之说。可后代就有一些人，还要考证说后边的'曰若稽古帝尧'是假的。我这里不是替典故做广告，说典故废不得。我是说典故原来也有它的用处。"①

"典故"一词，指的是人们将一句话或一件事情，用简约的语言浓缩成几个字，以代表这句话或这件事情，其前提是能够得到社会公众的认同。这是民族语言发展中正常的进步过程。在中国几千年发展中，涌现并积淀无数的典故，供人们在交流中使用。具体的某个历史时期的典故用语，可能在后来就不适用而渐行淘汰，后又会有新的典故在生活中出现。只是古代中国个人的文化圈子小，这个地域圈子里用的典故，到另一个地域圈子中就变得难懂。于是，典故在古代就已经有生僻乱用和恰当时空的用法之别。更重要的是，古代没有学者去整理这些典故的用词演变，且遗留至今。所以当"五四新文化运动"在 20 世纪初展开时，为了推广白话文，鼓吹文学改良和鼓吹文学革命的学者就对传统典故大加鞭挞，鼓吹不用典故作文章或少用典故作文章。这对于已经长时间浸润在古汉语典故中的国学家们来说就很难应付了。当然如果全不用典，文章是照样可以写出来的，但恐怕会变得很长很啰唆，还恐怕会变得难懂，而且没有了中国文化的传统味道。

---

① 《启功全集（第一卷）》，北京师范大学出版社，2009，第 106 页。

启功先生强调了典故的复杂性，说明了典故在古诗歌中的运用特点，批评了五四时期一些人的过激言论和糊涂言论，强调许多误解都是出在后人的解释上面。其结论是："典故具有装饰效果，也就是修辞作用，它们能把作者的内心很有效率地表现出来。"所以典故不是废不废的问题，而是如何在现代汉语中恰当地运用典故，既能发扬传统文化遗产，也能更清晰、巧妙地表达现代中国人的赤诚之心意。

先生在文中不是讲典故、学理论，而是运用古代典故中的各种故事、各种不同的解释，既说明典故的重要性，也说明后人解释准确的重要性。看似信手拈来的一首长期难解的诗句，先生竟然通过解析典故，就很通俗地说明白了。总之，典故是语言中自然形成的，刻意硬造是难以推广运用的；不准用典是政治主张，在实践中也难以有效；全文由典故组成，也难以读懂；而适当运用典故则可增添文章魅力。

11. 医生就诊

"有人说：'你好像是主张多读自然通，而不是求分析语词的内在性质，更不想求语言的法则规律。'我回答是：一人有病就诊，医生试体温来判断是否发炎，摸脉搏来判断心脏跳动的快慢，照透视来看内脏有无病症。如果有，在哪里，然后才去动手术。谁也知道世上没有'治百病'的一个药方。任何医生，都要从'病象'入手。看不懂古文，是病象；从不懂到懂，是治疗过程；现在探索怎么懂得的，是总结治法、评选最有效的医方。证明治百病的单方无效，也由此得到根据。"[1]

先生将看文章与医生看病认作相类的事情，这是很恰当的比喻。医生看病都是从病象入手，而给中国文化看病，虽然花样极多，但几千年来中国文

---

[1] 《启功全集（第一卷）》，北京师范大学出版社，2009，第107页。

化积淀的形式中，有精华有糟粕，有香有臭，五四时期整理过一批，但整理后的遗留问题依然很多，也曾有人开出过许多"医方"，总结出的治法也不计其数。那么，当我们现在依然面对自己的病症，是拿以前的医方或是拿以前的治法，就能够治好病吗？你在病人面前，再念百部充满智慧的医书，病人就会好吗？肯定不行。因此先生诊断，中国文化的病象，就是"看不懂古文"，因而造成乱用古文、乱改古文、乱编古文的普遍现象，这还不是 20 世纪才有的毛病，而是自古就存在，宋儒、明儒就是带头乱改古文的群体之一，给后人留下混乱的遗产。

"看不懂古文"，确实是中国文化的主要病象，规范过的中文古字就有 4 万多个（见《康熙字典》中有 47035 个字），古字组成词，还没有人全面统计过，总也有数十万个，再由词组成古文句，就更不知有多少。这些古字，字形不同，字音不同，字义不同，而且还在历史的长河中经常演变，这是连专家都时不时会出错的。最要命的是，中国文化讲求面子，在做学生时可以承认"看不懂古文"，而一旦升做中文博导，就绝不承认看不懂了，怎么办呢？看不懂装懂，自以为是就成了万能的挡箭牌，实质还是看不懂，病也就一代一代传下去了。

先生在此段话后面，还有一段话："我一直教书，所教的仍是语文方面的课程，有时教些美其名曰'古典文学作品选'的课，其性质和目的，仍是使学生了解这些作品的内容，首先是扫开语言文字上的障碍。要使人明白，必先要自己明白。我的经验，凡我向人说不明白处，一定是自己还未明白。"[1]高校中文系里的"作品选"课，经常被看作最浅显、最普通的，由年轻的老师去随便讲讲即可。而先生教了一辈子，他是以自己的经验来说明，想要使学生了解内容，"首先是扫开语言文字上的障碍"，而古文就是老师和学生共

---

[1]《启功全集（第一卷）》，北京师范大学出版社，2009，第 176—179 页。

同的拦路虎，"要使人明白，必先要自己明白"这句话，也就成为认识中国文化的基本出发点。如若不然，就只会变成相声中说的"歪批"，或者是先生的口头禅："胡说八道。"

笔者年轻时学习过一些古文的知识，现在做中文研究已经30多年了，一直最害怕的还是对古文的了解和解释。后来笔者采用了"概念史"的研究方式，至今也才算搞明白20多个中文字词，也才明白先生当年教诲的深意。

12. 单字词的灵活性（诗词游戏）

"汉语中的'单字词'好像一张张的麻雀牌，随便抓来拼凑，合格的便是一把可'和'的牌。这只是从它的灵活性来说，实际上汉语'单字词'的用法，不知比麻雀牌要大多少倍，有许多种诗体、文体（当然不包括白话的诗文）可作例证，下边分别来谈：

（1）回文诗、词：所谓'回文'是指顺读、逆读都能成文；甚至排成方阵，任何一行上下、左右都能成文；摆成圆圈，从任何字起，顺时针、逆时针方向去读，都能成文。……明代人编了一部《回文类聚》的书，收罗自晋代至明代许多实例。……曾见苏轼《题金山寺回文体》一首，正读倒读都很流畅自然，可算回文诗中最佳的一首：

潮随暗浪雪山倾，远浦渔舟钓月明。

桥对寺门松径小，槛当泉眼石波清。

迢迢绿树江天晓，霭霭红霞晚日晴。

遥望四边云接水，碧峰千点对鸥轻。

（2）集字诗、文和集字对联：……宋代有人把《千字文》字字拆开，另排成文，很为得意。有人问他'枇杷'是否拆开，作者说只这两字没拆

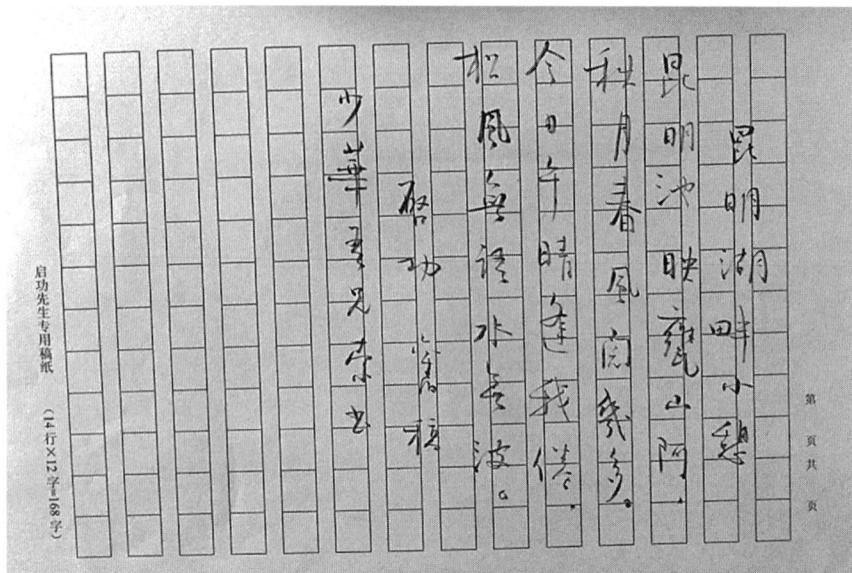

启功先生专用稿纸（14行×12字＝168字）

昆明湖畔小憩

昆明沙映罢山阿，
科月春风向岁多。
今日午晴莲我借，
松风多语水长波。

启功懒稿

少华吾兄存书

开，于是承认另拼失败。这两字没能拆开，是因为它是'联绵词'，是以声韵双叠为成'词'的主要条件的，所以分拆不开。……清代文人许正绥曾把《千字文》字字拆开，另拼成各式对联……'单字词'在离开它们所在的原文后，被运用得没有一些原文的痕迹，也是各个'单字词'灵活性的特征。

（3）'神仙对'和'诗牌'：'神仙对'又称'无情对'，是一种文字游戏。玩法是由某甲把预备的一句诗每字拆开，随意出一字，在场的乙丙丁戊诸人各写相对的一字，不相传观。某甲最后把原句各字恢复原来次序，旁人按甲的原句各字次序排出，往往成为不知所云的怪句，取得大家一笑。我在年轻时听老辈谈过一联是'山山水水悠悠去，雨雨风风得得来'，最为巧合。……'诗牌'也是一种游戏，用若干小牌，上写'一、两字'词若干个，打牌的人各分若干张，打出无用的词汇，补进新抓来的词汇，最后先拼成一首诗的即是赢家。

（4）嵌字格的'诗钟'：'诗钟'也是一种文字游戏，某人出题，大家去作，限时交卷，再由一人评定甲乙。诗钟的格式很多，主要分为'分咏'和'嵌字'二类。分咏是把两件不相干的事物，各咏一句，合成一联。……'嵌字格'是拈出两个字，分嵌在上下联中，并限定嵌在第几字。……

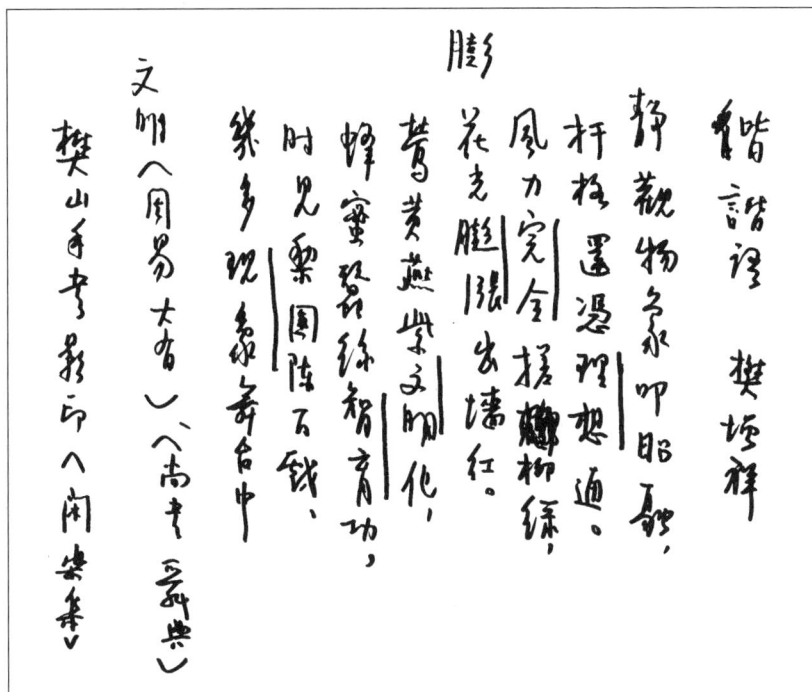

（5）'集句联'和'集句诗、文'：'集句联'是摘取一个现成诗句，再摘一个成句和它相对，成为一副对联。……后来集诗句为诗的更多，编成专集的就不胜枚举。他们把不同时代、地区、男女、身世、题材、情感等等毫不相干的作者的成句，拼成另外的各首音调和谐、对偶严密的律、绝乃至其他形式的诗、词等，足使读者惊奇赞叹，不知集者是怎样有这等随手拈来的奇功妙术，好似用一块磁石在掺铁屑的沙石堆中，信手一吸，便成那样美妙的铁屑花朵。语言词汇分合游戏，到了这个境地，真够称为'造化在手'了。"①

启功先生晚年时心境转好，讲学问有时就如在做文字游戏一般，讲着讲着，不经意间就把他在年轻时听过的文坛游戏搬出来晒一晒。笔者现在重温先生的讲述，就仿佛又见先生当时手舞足蹈、眉飞色舞的口述情景，特别是他吟诵古诗词的韵调，真是仿如绕梁三日呀。

这些古代文坛的文字游戏，是依据中文特点而琢磨出来的。正如西方古代，也一直流传着许多西方文字游戏一般，如现代英文也还风行嵌字游戏。

既然是游戏，就无所谓好歹，自娱自乐也罢，休闲研究也罢，都是以自愿为前提，不要强加到别人头上。先生的讲述，归结到中文单字词的灵活性上面，是针对目前呆板的灌输学习而言。先生接着明示："那些古有的词汇，或因后世读音轻重有变化，或随着读音而使符号形状有变化，或因外来事物带来的外来词汇冲击，以至变化或消失。这是时代、生活所造成，人力都无可如何的。"② 因此，可惜这些文字游戏还记载在书面上，而能够重复游戏的人却不知道哪里还能寻觅得到了？

13. 一从证得黄金律，顿觉全牛骨隙宽

"我又用世俗流行的九宫格，就是每一个方格里画纵横各三小格，共九个平均的小方格叫九宫格。……我偶然用画着小方格的透明玻璃片，套着帖上看，笔画在坐标的横竖线上究竟是怎么回事，细细量度笔画的聚散高低，我把每一笔延长了，比如三点水，头一点是从左上方向右下去点，第二点比较平，第三点从左往右上挑的，即如这样，每一笔我都按照它的方向给它延长，延长后它总有几个交叉点，我把那交叉点记录下来就明白了，结字的下笔重点，并不在中心，而在偏左上，右下的聚点不在我们想象的右下方，而是右

① 《启功全集（第一卷）》，北京师范大学出版社，2009，第176—179页。
② 同上书，第181页。

下偏上。这个方法究竟是怎样呢？我现在总结出来，是把一个大方格，不管多大，画出横、竖各十三个小方格，而中间的纵横各三小格，它们的十字交叉点共有九个，这九个小方格的四个角横看5个3个5个，竖看5个3个5个。左上一交叉点，假定它叫A点，它距离上头的边是5，距离下头的边是8，距离左边的边是5，距离右边的边是8，倒过来，左下角的点，往上数到上边是8，到下边是5。结果每一个交叉点对上下左右都是5∶8，这就是黄金分割，又叫黄金律，我经过细致的观察，一个字的重点恰恰分布在这4个交叉点上，这就是我得出的结论。……'一从证得黄金律'，我自从证明了黄金律，'顿觉全牛骨隙宽'。《庄子》里说，庖丁解牛，用一个刀来分割牛肉，一般人遇到骨头，刀下不去了。刀要找什么地方呢？要找骨头的缝，刀在骨头缝里头，就会游刃有余，刀可以自由轻松地运行。这是个比喻，说明你要找到这个骨缝，下刀就非常容易，要找不到骨缝，刀碰到骨头上，刀也钝了，牛也解不开。我们要知道这个字的结构符合黄金分割的道理，我们也就可以知道书法的美究竟在哪里。"[①]

"楷书又叫真书。结字有个规律，规律就是合乎黄金分割即黄金律，这是我偶然发现的。我曾经看唐人和北朝著名碑版上的楷书字，我拿一个画画放大用的塑胶片……我用那部分比较小的方格，就把这种坐标格罩在字帖上。……要是左上边的交叉点我们管它叫A点，右上边的交叉点我们管它叫B点，左下边这点叫C点，右下边这点叫D点，那么这四个交叉点就是古代字的结构所注重的地方。有的字不完全那么准确，不那么机械，但是它重要的结构就是古代字以这四个点为重点，是最要紧的地方。在从前有米字格，有九宫格，还特别说写字要讲中宫，中间那一宫，那结果呢，把米字格都给画出来了，斜着对角两道线，横着竖着两道线，中心最多的交叉点把那儿当

① 《启功全集（第二卷）》，北京师范大学出版社，2009，第308—309页。

作中心。把这个中心当作字的重心来写，那么写完之后，每一个字的末尾准侵占到下一格的头上来，总要往下推。……"[1]

　　黄金分割法是 2300 多年前，由古希腊人欧几里得整理成数学法则，后来被优选法运用，推广到许多方面。先生在多年书法研究中仔细分析，并且从中国传统的九宫格推广至黄金分割法，从而明示"书法的美"就是"符合黄金分割的道理"。这种研究精神和方法，涵盖书法学、数学、美学的基本内容，如果推广到中国传统画、中国传统雕刻、中国传统建筑的结构特点，也都是合适的。

　　笔者童年时的写字启蒙，正是用的米字格，还觉得省心省力，只要将笔画全往中心汇聚就成了。很晚才明白，原来中心与重心是完全不同的概念，中心是数学概念或政治概念，重心则是物理学概念和美学概念。而中国方块字是有重心的，笔画如果全都往中心聚拢，笔画之间就会打架，那是难看；而如果在重心上分布匀称，有骨头有肉，字形自然就符合人的审美观。先生从仔细观察中发现米字格在写字运用中的缺点，抓住中心与重心的关键区别，再在自己的实践中运用重心的写法，就一通百通了。这也就是抓住传统教学写字中机械方法的缺陷，而如果拿普遍适用的科学方法——黄金分割法则来实践，就可全然回复中国字原本的形象和本质美的意图，更明示重心法与中心法是两回事。

　　先生把他的实践心得写在《论书绝句》百首中的第 99 首：

　　　　用笔何如结字难，纵横聚散最相关。

　　　　一从证得黄金律，顿觉全牛骨隙宽。

　　① 《启功全集（第八卷）》，北京师范大学出版社，2009，第 211—212 页。

先生引《庄子》书中讲的故事——庖丁解牛，来形容他因自己的发现、因自己掌握新方法而兴高采烈的心情，更将之用来指导学生们，展现了大师风采。

14. 临一人的帖

"写今人的字容易似，因为是墨迹，他用的工具与我用的也相差不远，如果再看见他实际操作，就更易像了。但我奉告：这办法有利有弊，利在可速成，入门快，见效快。但坏处在一像了谁，常常一辈子脱不掉他的习气（无论好习气或坏习气）。所以我希望你要多临古帖，不要直接写我的字。这绝对不是客气，是极不客气，因为我觉得你写的字，大有可成，基础不可太浅，所以说这个话……楷书要注意它的笔画的来去顾盼，不宜一笔只当一个死道去写。……

临拙书甚似，但千万不要再临了。'取法乎上，仅得乎中；取法乎中，斯为下矣。'也不知是谁的话，因为他有理，就得听他的。这并不是我自己谦逊，因为咱们如果共同学习一些古代高手，岂不更好。学现在人最容易像，但一像了，一辈子脱不掉，以后悔之晚矣。我也常教一些最初入门的青少年，索性把我的字让他临，只一有些'得劲'了，立刻停止。看来你已并不是为入门，只是喜爱这一路字，所以更不可再写，千万千万！……古代有一个大胡子的人，有人问他睡觉时胡子在被里还是被外，他原来并没有注意过，经这一问，注意答案，一夜没睡着觉。用笔也是如此。"[①]

这是先生在 1975 年时给他的一位粉丝写的两封信，这位粉丝临先生的笔法，并请教关于书法的问题。先生在"文化大革命"尚未结束的时候，记得还是"写白字光荣""交白卷英雄"横行的时期，已经有粉丝来请教，先生就直率地说出他的经验之谈，而且言真意切，就是期盼粉丝们别走歪路，不要

---

① 《启功全集（第四卷）》，北京师范大学出版社，2009，第 102—104 页。

"以后悔之晚矣"。先生在分析临今人帖的好处与坏处之后，还平等待人，提出一个共同目标："咱们如果共同学习一些古代高手，岂不更好。"这是真正懂得中国文化前辈高手的关键在何处的人，才能够明示其追求的目标。所以，在后面，先生以一个典故收场，就看你的胡子是在被子里还是在被子外了。

15. 竭泽而渔

"（陈垣）老师研究某一个问题，特别是作历史考证，最重视占有材料。所谓占有材料，并不是指专门挖掘什么新奇的材料，更不是主张找人所未见的什么珍秘材料，而是说要了解这一问题各个方面有关的材料。尽量搜集，加以考查。在人所共见的平凡书中，发现问题，提出见解。自己常说，在准备材料阶段，要'竭泽而渔'，意思即要不漏掉每一条材料。至于用几条，怎么用，那是第二步的事。问题来了，材料到哪里找？这是我最苦恼的事。而老师常常指出范围，上哪方面去查。我曾向老师问起：'您能知道哪里有哪方面的材料，好比能知道某处陆地下面有伏流，刨开三尺，居然跳出鱼来，这是怎么回事？'后来逐渐知道老师有深广的知识面，不管多么大部头的书，他总要逐一过目。好比对于地理、地质、水道、动物等等调查档案都曾过目的人，哪里有伏流，哪里有鱼，总会掌

握线索的。……（陈垣）又曾说年轻时为应科举考试，把许多八股文的书全都拆开，逐篇看去，分出优劣等级，重新分册装订，以备精读或略读。后来还能背诵许多八股文的名篇给我们听。这种干法，有谁肯干！又有几人能做得到？……（陈垣）老师还极注意工具书，二十年代时《丛书子目索引》一类的书还没有出版，老师带了一班学生，编了一套各种丛书的索引……另外还有其他书籍，本身并非工具书，但由于善于利用，而收到工具书的效果。……胸中先有鱼类分布的地图，同时烂绳破布又都可拿来做网，何患不能竭泽而渔呢？"[①]

先生介绍的陈垣老师搜集文献做学问的功夫，其实也正是他自己做学问的功夫的源泉以及通过一些具体做法说明做学问的精神。

凡是做学问的人，不管老幼，经常关心与头痛的就是相关文献材料难以寻觅，而积淀的文献又实在是太多，就连整理文献的系统与方法都不完备。于是，建立个人主题文献库，就是实践中的无奈之举，但也是明智之举。笔者有幸多次钻进启功先生的藏书室，深受先生所藏材料的启发。

竭泽而渔，对于做学问的人来说，这个原则是必要的。如果仅拿到一部分文献，就大胆假设，推广到全部，那就叫作自讨苦吃。因为以偏概全，是兵家大忌。而想要拿到全部关键文献，首先是要有必备的文献学知识，知道所要研究的文献基本在哪里——何人？何书？何工具？何所藏？何类型？其次要有决心寻觅，因为文献多种多样，千变万化，要想课题研究成功，决心是必不可缺的。当年傅斯年先生给史语所成立写了个对联：上穷碧落下黄泉，动手动脚找东西。应该成为找文献材料的座右铭；最后是找文献的方法要科学实用，在文献学知识基础上，要建立自己的习惯系统，而不是单纯搬用文献学条例。先生总结出："胸中先有鱼类分布的地图，同时烂绳破布又都可拿

---

① 《启功全集（第四卷）》，北京师范大学出版社，2009，第157—158页。

来做网，何患不能竭泽而渔呢？"这话是经验的总结，十分准确。"胸中先有鱼类分布的地图"，就等于说"胸中自有雄兵百万"，是一样的意思，但是，胸中的雄兵是不可能靠意念就能指挥到你的手中，地图也同样不能。而渔网上从来就挂满"烂绳破布"，只是渔民从来不会将这些烂绳破布抛掉，反而是将它们视作宝贝，能否网上鱼，全靠这些烂绳破布，而文献中的烂绳破布实在是太多了。明白这个道理，做学问就需要拣选烂绳破布，织成能够用的网，才可能有收获。

21世纪是人脑与电脑共存的时代，现在年轻人和老师们都会从网上查询相关文献，这还是需要的，也会有所获。但是，必须牢记：网上转载的文献绝大多数是第二手材料，差错率是很高的，我们如果拿来当第一手材料用到研究中，其差错的效果是惊人的。更何况，目前中文文献相关网站本身的建构就存在很多问题，如：所收版本不确，简转繁造成更多差错，录入或转录都马马虎虎，丢失"烂绳破布"太多等，简直可以说是害人。因此，笔者在几十年寻觅文献材料的过程中体验到，陈垣校长与启功先生的"竭泽而渔"的搜集文献材料的方法，依然不可缺，依然实用，当然也可以与电脑一起用。现代的人要学会与电脑共存共荣，千万不要因为自己的知识偏差，而把自己的主观意念当作了真理。

16. "烧鱼段"的失败

"我说'失败'，不是要哗众取宠，更不是鼓吹灰心丧志。知难而进，应是我们今天做各项工作共同坚持的精神。怎样知难，似应从认识'难'、解剖'难'、不讳失败开始。……文学和历史，似乎是平行的双轨，却又各不相同的时快时慢，时先时后。文学家们，并非全在'开国'时一齐'下凡'，亡国时一齐'殉节'。……又当如何去分，根据什么去分？这种辩论，只是理论上深入细致的探讨，不是事务上处理解决应急采取的办法。譬如烹鱼，烧头尾和烧中段，从来也没法子规定从第几片鳞为界限去切，所以文学史也只有凭'我辈数人，定则定矣'（《切韵》序）的办法，把这个历史长河，硬切几段。 然而教书毕竟与烧鱼不同，烧鱼可以裹上面糊，用油一炸，断处的剖面，都被掩盖，更不需要它的血脉相通。教文学，则既要在纵的方面讲透它的继承发展关系，又不能侵犯上段和下段。在横的方面它常常关联着兄弟艺术品种，不说清左邻右舍，定不出'主楼'位置；稍为加强说明'邻居'，则又成了罗列现象、侵犯其他门类、重点不突出等等过失。其实一个作家，一个作品的上下、前后、左右都不是孤立的，也不是那么容易说明的，那需要丰富的知识，深切的探索，精炼的选择，扼要的表达。真要说得'简要精通'，并非容易的事。……问题是学生求学，是求'好课'的艺术享受，还是求鉴古知今，闻一知十，获得政治思想上、科学知识上的真凭实证呢？这是分段和教法上的难处。……"

"……我也私下想过：封建帝王不管行的哪种'政'，他也希望臣民恭维他是'仁政'，如果再想扮演几个节目，当然'纳谏'也是他们常演的节目之一。谏到纳不了的时候，谏官命运便常发生各种悲剧。什么杀头、贬远、降官等等，元、明时还加上打板子。当皇帝纳谏的节目演好了，聪明的诗人，又何敢追着找那些悲剧呢？……"

"……要讲艺术性，我自恨并没学过文艺理论，篇章结构、语言辞藻之类的评论，似乎还在旧文论中略闻一二，但一到结构，更常坠入'起承转合'的旧套子，纵然听者不一定看透是哪里来的，而我自己倒受到良心谴责，这不是八股圈子吗？于是虚心地翻翻一些旧印本的评注，奇怪的是这篇评是'刚健清新'，那篇评是'清新刚健'，这篇评是'情景交融'，那篇评是'交融情景'。……我若参用（或抄用），便成了鹦鹉学舌；不参用，我也没有新鲜的、独出心裁的评语。只落得'讲艺术性部分太贫乏'的舆论。……"①

先生宣布自己在教学中的失败以及对于失败的认识，这在中国传统学术界是很稀罕的事，因为"先师"是被当作"至圣"来看待的，从来不能有错，要不然，将让学生们如何学习呢？先生在 1984 年写出这篇文章，坦然地却又旗帜鲜明地宣布自己的"失败"，尽管造成"失败"的因素很多，并非一人之过，但先生不以此而抱怨。其实，从根本上来说，先生这是站到了学术的新高峰，他宣布："知难而进，应是我们今天做各项工作共同坚持的精神。怎样知难，似应从认识'难'、解剖'难'、不讳失败开始。"中国文化很讲究"知"的诠释，"知难而进"也已经是 20 世纪中国人的口号，但是基本停留在口号上，而实践中不断"知难而进"的人就太少了。不过人人都认同这个口号，而推诿到不知"知难"的方法上，偶有尝试"知难"不成功的，就推诿是"交了学费啦"。而先生提出"似应从认识'难'、解剖'难'、不讳失败开始"。这才真是实践行动的宣言：认识"难"，就是从思想到行动都需要认识难在何处，难的是什么，是人的认知中的开始，认识了难的本质内涵，才可能选择克服的路径；而解剖"难"，则是动脑动手将难点的内涵分析解剖开来，弄清楚其中的奥妙、奇异和病态，才有办法将之克服；而在认识和解剖的过程中，特别是在克服困难的过程中，经常会出现各种各样的失败和成功，不讳言自己的失败，就等于在医生面前不讳言自己的病情，展示自己的病况。而向公众及学生展示自己的失败，就是取得认知，取得知难而进的本领，取得学术界所应该具有的进步的品质。有了这三条原则，任何困难都有克服的可能。

先生讲述的例子是自己在中国文学史教学中的"烧鱼段"的失败，这个"烧鱼段"的比喻十分生动。其实，如果我们看看 20 世纪后半段的中国哲学

---

① 《启功全集（第四卷）》，北京师范大学出版社，2009，第 172—175 页。

史的教学、中国思想史的教学、中国艺术史的教学等，全都存在类似的"失败"经验，我们能不能也如先生一般将之晒到公众面前，从而总结、探索新的学术之路？

先生还提出一个尖锐的问题："学生求学，是求'好课'的艺术享受，还是求鉴古知今，闻一知十，获得这种思想上、科学知识上的真凭实证呢？"其实，学生的回答应该是一致的，那就是既愿意求得"好课"的艺术享受，也愿意获得知识上的真凭实证。因为"熊掌我所愿也，鱼亦我所愿也"，如果不能兼得，那就祈求老师保佑了。因而，责任要老师承担，而做此规定，则是教育部门的事。老师何尝不愿意兼得，只是自身知识有限，教学本领有限，再加上违背规定就很危险，如何是好，还待智者。

先生自己讲述的"唐代文学"课，在《启功全集》第六卷中留下六讲之多，正可以与此段文章合起来学习。

17. 同去参观

"有时师友约定同去参观，有时在场临时相遇，我们这些年轻的后学，总是成群结队追随在老辈之后，最得益处是听他们对某件书画的评论，有时他们发生不同的意见，互相辩驳，这对我们是异常难得的宝贵机会，可以从中得知许多千金难买的学问。如果还有自己不能理解的问题，或几位的论点有矛盾处，不得已，找片刻的空闲，向老辈问一下。得到的答案即使是淡淡的一句，例如说'甲某处是，乙某处非'，在我脑中至今往往还起着'无等等咒'的作用。……"

"……好端端的一块大陆，因为一条洼陷处，无情的海水，乘低流过，使得这海峡两岸的家人父子夫妇兄弟互不相聚，已若干年了。我们全家祖先的光辉文化、最集中、最突出的标志，莫过于历代文物。……现在二玄社已把海峡彼岸的部分古书画精品复制出来，饱了此岸人的眼福，大家看了这次展览之

后，彼此交谈，不约而同想到如何把我们此岸的精品，也给彼岸的同胞、同好们看看。我们都从童年过来的，回忆童年时得到一件好玩具，总想给小朋友看，互相比较、夸耀，中心目的还是共赏。小孩儿如此，我们今天虽早成了'大孩儿''老孩儿'，可以说，我们还是童心尚在、天真未泯的。我设想一旦大大小小的天真孩童相见，心中的酸甜苦辣，谁能不抱头倾诉呢？互有的玩具，共同拿出来比较夸耀一番，岂不是弥天之乐吗？"①

孔夫子说过："三人行，必有我师焉。"可惜他没有再往下说，哪一个才是我的老师呢？怎么判断是对我有益的老师呢？而现在我们看启功先生的这段话，就大长见识，原来可以在同去参观中、不期而遇中，就可以有所问、有所答、有所闻、有所知了。而且，"互相辩驳，这对我们是异常难得的宝贵机会"。如此看待"三人行"，才是学习把握求知的关键点，要不然，把你与三位大师放在一间屋子里，恐怕你也不知道能够学习到什么。

① 《启功全集（第四卷）》，北京师范大学出版社，2009，第184—185页。

笔者有幸多次出入晚年的启功先生的书房客厅，经常就会听到他向来客提出各种请教的问题，范围很广，在得到回答后，他就会讲出自己的见解，高兴了就大乐，有麻烦就继续追查，确实是一副"老孩儿"的模样，童心未泯，不断地向不同专业的人求知并进行讨论，应该已经成为他的习惯了。

18. 必修课

"我们这些'普通国文'班底中所有的教员，无论还教其他什么专门课程，而这门'普通国文'课，总是'必修课'，事实上是我们的'必修课'。因为教这门课，就必须随时和老师见面，所指示的，并不总是课内的问题，上下纵横，无所不谈。从一篇文章的讲法，常常引到文派学派的问题，从一个字句的改法，也会引到文章的作法、文格的新旧问题。遇到一个可研究的问题，（陈垣）老师总是从多方面启发我们的兴趣，引导我们写文章。如果有篇草稿了，老师的喜悦表情，总是使我如同得了什么奖品。但过不了两天，'发落'这篇'作业'时，就不好受了。一个字眼的不合逻辑，一个意思雷同而表面两样的句子，常被严格挑出来，问得我哑口无言。哑口无言还不算，常常被问要怎么改。哎呀！我如果知道怎么改，岂不早就不那么写了吗？吃瘪之后，老师慢慢说出应该怎么改。这样耳提面命的基本训练，哪个大学里，哪个课程中，哪位教授的班上能够得到呢？试问我教书以来，对我教的学生，是否也这样费过心力呢？想起来，真如芒刺在背，不配算这位伟大教育家的门徒！……这个屋子并不是'俱乐部'，而是个大讲堂。可以说，这里边有任何讲堂中学不到的东西。对当时社会上、学术中变节事敌的人的批评自不待言，学术上有某人的一篇文章在报纸杂志上刊出，一本著作，以至什么书籍的出版，都可以听到很重要的评论。那些评论，哪怕片语只词，往往有深重的意义。'顺藤摸瓜'，回去自己再找那文、那书来看，真收获'问一得三'之益，实际是

'听一得三'的。……"①

必修课的含义，大学生都明白，是自己学习必须掌握的知识的标志，内容也基本上是基础知识，"国文"即中国文化的基础知识。而老师们会教"国文"，会照本宣科，却只认作是学生的"必修课"而已。先生将自己教学生的必修课，认定做自己的必修课，是"我们（老师）的必修课"。这种见解确实了不起，由于主动地全身心地投入自己的必修课，从方法来讲，也是最成功之处。

先生接着略述必修课中的部分内容，有自己"作业"被批被修改时的认识变化，有"问一得三"之益和"听一得三"之益等，这些确实是在正规大学堂中学不到的，这种科学的学习方法、努力认知的精神，确实需要年轻人学习。

19. 盘子与货架子

"我每逢和人谈到我对许多问题的理解时，常用个比喻说，盘子不是永远向上盛东西的，立起来也可当小车轮子用。'学'与'思'相辅相成，体味诸老辈的言行，从中可以增加无穷的智力。……我们试翻一条提要辩证，即使不是专为看对某一古书的结论，只看这篇考辨过程，所得的收获，除这一古书的结论外，还会知道许多怎样探索、怎样分析判断的方法。一段段地引，一段段地阐述，好像很'笨'地专跟提要'过不去'，事实上，这时提要已成了（余嘉锡）先生学术总体的一个货架子，而这架子却没有档格，互相流通的。从这里认识到先生对古书、古学说，都在极扎实的根据上，驳倒前人那些率尔作出的误说。受到最深刻的教导，是懂得对古人的成就，不可盲从，不可轻信。"②

―――――――――――

① 《启功全集（第四卷）》，北京师范大学出版社，2009，第 188—189 页。
② 同上书，第 190—191 页。

余嘉锡先生比喻的意思，就是说学生不能仅如盘子般盛别人放进来的东西，正如是说，人脑不仅会盛外界传进来的东西，还要会换位思考，能够把自己的东西传到外界。所以，要想学得好，就必须将"思"与"学"互相关联，互相促进。而如果仅是单方向填鸭式的教学，那就难以获得智力。

如果想学余嘉锡先生的学问，今天的读者恐怕困难多多。当我们思考、学习余嘉锡先生的学问时，关键不在于先生下的结论，而在于注意先生考辨的过程，其考辨过程是沿袭传统考据学的方法，但由于他的架子上没有档格，互相流通，于是就能"在极扎实的根据上，驳倒前人那些率尔作出的误说"。我们年轻人就会懂得"对古人的成就，不可盲从，不可轻信"。当然，在现实中，有根据的考辨是很难做到的，许多专家脑子里是有档格的，自己把自己封锁起来，造成了既盲从又轻信的状态，也就对古人的成就歪批起来，把误说当成正说，把正说当成误说了。

20. 钻木头和动力

"……发愤练字，这个练字的过程，可比用钻钻木头，螺旋式地往里钻，木质紧，钻的钢刃钝，有时想往里钻，结果还在原处盘旋。这种酸甜苦辣，可说一言难尽。请教别人，常是各说一套，无所适从。遇到热心的前辈，把某一种帖，某一方法，当作金科玉律，瞪着眼睛教我写，这种盛意，既可感，又可怕。……至于实践，从题画上的字稍能'了事'之后，如写什么条幅、对联等，又无不出丑。1949 年后有了新兴的练字机会，抄大字报，抄大字标语。这时的要求，并不在什么笔法、字体，而是一要清楚二要快，有时纸已贴上，补着往上去抄。大约前后三十年，把手腕、胆子都练出一些了，才使我懂得，不管学什么，都要有一种动力，无论这动力从哪方来，从下往上冒，从上往下压，从四面往中间冲，都有助于熟练提高。大字报现在已有明文废止，也不能为练字而人人去写大字报，这里所说，只是我的一段经过，并且

第五章　方法

说明放胆动笔的好作用罢了。"①

练字如钻木头，笔者以前从没想过，经先生这么一比喻，觉得很贴切。螺旋式钻木头，笔者年轻时在工厂做过，能否成功全看钻头磨得好不好（当年磨好一个钻头，是可能做大官的）。而练字也还是要靠方法对不对头，先生机遇不断，按照佛家说法，先是有自己找来的机遇，后来有硬派给他的机遇（当时，北师大的一些人强派他抄写大字报），上下左右都挨过教训，"大约前后三十年"，然后"才使我懂得，不管学什么，都要有一种动力"。动力说，是人人能够明白的道理，而如果换成"精神变物质、物质变精神说"，那就是模糊了的说辞了。

21. 风格与独创

"我们无论研究哪方面的学术，特别是文学艺术方面的，不但要有创作上的实践，还要有理论上的见解。因此在学习创作入门之初，常有两种情绪：一是恨不得立刻就能像某家某派的风格；又一是总学不像时，便想放手独创……最后自己得出一项'结论'，大约是自己的审美标准已被某家俘虏，美恶的观念多随别人旋转的缘故。于是树立自我规定的标准和理论：我的笔迹，变现我的性情，有人不懂我的性情，即不能算一位能客观对待美学的欣赏家。结果有一段时间，我写出的字迹，似扶乩'降神'的笔迹，有的字连我自己也认不得了。这才冷静自思，根源乃在急于求成。回转头来用功时，怅然自失，前一段的速成，未免速多成少，时光大有白费之感。……所谓师传，并不是任何一位坐在'师'的位上，向我们'传'他自己的某些所谓的方法就叫作'师传'，而是具有崇高的学问、深厚的修养，久经躬行实践，得到融会贯通，深具乐育英才之心，不惜辛勤传授之苦的老师，哪怕一句话的提醒，一招一式的示范，

① 《启功全集（第五卷）》，北京师范大学出版社，2009，第103—105页。

都能使后学一生受用不尽，这才称得起是我们的师表。"①

　　先生明示：一个人的一点学术成就，须具备两方面内容，一是创作上的实践，一是理论上的见解。相比较而言，只有理论上的抄袭、凝固，只有实践上的虚伪、涂鸦，肯定难以算作学术成就。因而就带来初学入门时的两种情绪，乱闯之余，就会不自觉地进入先生推测的"结论"："美恶的观念多随别人旋转的缘故。"用粗俗的话说，就是你的屁股坐在哪一边的问题了。

　　不管你坐到哪一边，很容易就出现如启功先生所设想的恶果："树立自我规定的标准和理论：我的笔迹，表现我的性情，有人不懂我的性情，即不能算一位能客观对待美学的欣赏家。"那可就越歪越有理了，把别人的见解贬下去，还树立自己的标准和理论来规范别人。这种风格和独创都会害人不浅，但在现实中经常会出现，美学就变成主观判断的手段，规定别人不懂性情就不懂得欣赏，其后果只能是指鹿为马，这也就让学术走进了死胡同。但是，这里不要误解先生的话，以为学术就没有标准，以为美学就没有普世价值观，各家入各眼是经常发生的，各自选择标准和理论也是可以的，但不要规定自己是唯一"客观"的标准。

　　先生在此还给"师传""师表""老师"定了一个标准，共六条：

　　（1）具有崇高的学问。

　　（2）具有深厚的修养。

　　（3）久经躬行实践。

　　（4）得到融会贯通。

　　（5）深具乐育英才之心。

　　（6）不惜辛勤传授之苦。

在这个标准下，老师所做的示范能够使后学一生受用不尽。笔者写到此，不

①《启功全集（第五卷）》，北京师范大学出版社，2009，第176—177页。

由得想起先生给北师大写的校训："学为人师　行为世范。"正是由这六条标准浓缩而成，它应该就是现代中国老师的座右铭。

22. 字贴墙上

"我得到一个办法，我把我写的字贴在墙上。当时贴的时候，我总找，今天写十张字，里头有一两张自己得意的自己满意的把它贴在墙上。过了几天再瞧就很惭愧了，我这笔写得非常难看、不对劲。我假定这笔往下或者抬一点，粗一点或者细一点，我就觉得满意了。我就拿笔在墙上把这字纠正了，描粗了或改细了，这样子自己就明白了。后来，我就一篇一篇地看，这一篇假定有十个字，我觉得不好，这里头可取的只有一两个字，我把这一篇上我认为满意的那一两个字剪下来贴墙上，看了看，过了几天，就偷偷地把这两字撤下来了。过些天，又有满意的又贴上。再过些天又偷偷地撤下来。这个办法比问谁都强。假定王羲之复活了，颜真卿也没死，我比问他们还强呢。那怎么讲呢？他们按照他们的标准要求我，不如我按照我的眼光来看，我满意或者我不满意。从前有这么两句话：'文章千古事，得失寸心知。'做文章是千古的事情。有得有失，别人不知道，我自己心里明白。那我套用这两句话，写字也是千古事，好坏自家知。这个东西呀，你问人家是没有用的，不

如自己，求人不如求己。临帖也是一样，我临完这个帖，我写的这个字是临帖出来的，我就把我临的这本帖，跟墙上我写的那个字对着看，可以看出许许多多的毛病。那么，我再按照在墙上改正字的毛病的经验，哪儿好哪儿坏，重新写一遍。这个时候，我所收获的要比多少老师对面指导所得到的益处多得多。这个事情是我自己得到的一个经验，我也很有把握，经过实践是有益处的、有效果的。"[1]

"字贴墙上"的方法，应该是先生做学问的重要方法之一。以自己为裁判，对自己的作品反复揣摩和修改，从满意到不满意再到新的满意，这需要很持久的恒心和演进精神。这和"面壁十年图破壁"很不同，因为仅是枯坐着面壁多年，也不可能因"面壁"而达到"破壁"的效果。而先生是在决心要追求自我完善的前提下，在实践中摸索出如此认知自己的进步程度的"字贴墙上"的方法，并且不断地自我改良、自我修正，总是在追求最美、最善的境界，让自己做自己最严格、最高明的老师，自己既做学生又做老师，其结果当然是"我所收获的要比多少老师对面指导所得到的益处多得多"。

"字贴墙上"的方法，先是对自己写的某一个字的笔画进行揣摩，后拿笔在墙上修正几次，直到满意为止；后来发展到把一幅幅字也贴在墙上，揣摩整体的美感，撤下不满意的，换上新写得满意的，直到整体满意为止。那是需要多少精力与实践来天天进行呀，为什么先生会如此"折腾"自己？因为先生心中装着一句话"文章千古事，得失寸心知""写字也是千古事，好坏自家知"。中国人把写字是当作千古事来做的，如何写好就需要下功夫，先生的功夫就是这样练成的。

在做学问上，先生还有一句话："求人不如求己。"当然，有老师指导是幸运，但是，自己的努力，自己开拓合适的方法，就比老师指导还有用。因而先

---

① 《启功全集（第八卷）》，北京师范大学出版社，2009，第218—219 页。

第五章　方法

生才能够自豪地说："假定王羲之复活，颜真卿也没死，我比问他们还强呢！"这话绝非狂妄，而是自信满满。这里不是和王、颜二人比字，而是比传授方法。王、颜二人的字漂亮，但他们的写字方法、练字方法都没有记录下来，而先生讲的"字贴墙上"，本可以作"独门绝技"而秘传，但先生坦然宣示，让后来人容易入门。笔者不知书法史中的典故，仅是听说过齐白石老先生的一个故事，说他的家里有一间密室，门钥匙就挂在老人腰间，他经常独自进去揣摩。后来才发现，密室的墙上挂着的是钞票。当然这故事也许是不实之词，笔者仅是联想，密室中挂钞票和启功先生挂字，相差何太远。

"字贴墙上"的方法，运用到学习研究中国文化的许多方面，都是适当的。书法与图画的进步正可以照方抓药，歌唱吟诵也可以借录音机来做，连戏曲演艺拿录像机也就可以做到。关键全看你是否有决心剖析自己，拿自己来研究，不厌其烦地一点一点地去思考去尝试，从而获得进步。听说当年梅兰芳在家练习时，镜子就是随侍在旁的。

笔者曾多次随侍先生，每逢他写字时，笔者所能被允许做的唯一事情，就是在先生盖章后，洒点痱子粉在红印上。笔者有幸观看先生运笔的全过程，遇上先生对某一个字的笔画进行"描粗了或改细了"时，我都会盯着看，先生不待我问，就似自言自语地说："字是要描的。"果然，待字挂到墙上，我再看这字，虽然我不懂，但确实感觉此字的意境不同了。

23. 四个口袋

启功先生写过《日记》，后来出版了，这是一份极为珍贵的文献。其中在 1966 年 12 月 13 日写的日记中，钞存了"关于四个口袋问题"，这是先生在高压下的表现，也是他依然做学问的方法，特记录如下：

"大字报中……都谈到过我的'四个口袋'问题，现在详加交代（时间可能有出入）：

"在约 62 年近夏时，旧总支提出所谓发挥潜力的号召，叫老教师们各自贡献'所长'，订出科研计划，并先谈每人擅长什么，想做什么，把各老教师分成几个小组来说……我说我的知识有四个方面，我这四个方面积累的材料各置一处。因平时有些零星札记或草稿，常放在纸袋中，所以我用'口袋'代表这四堆材料，我说我有四个口袋（其实纸口袋很多，每一类并不止一个口袋），这'四个口袋'，一是古典文学的一些心得，如注释等，包括拟作的诗律研究等；二是关于书法方面的笔记，这方面拟写关于怎样写字的文章；三是文物鉴别方面的笔记，如烦琐考证的《兰亭帖考》；四是清代掌故方面的，这方面写成《读红楼梦札记》。

"我当时的思想，是想表襮我的'专长'，使人知道我擅长的方面多。也是想在这几个'市场'贴广告，以使将来出卖自己这些罪恶的货底。当时并没有听到那时旧总支的当权人物有什么回音，也没人告诉我、'批准'我或'指示'我在哪方面着力。今年在大字报上才看到刘漠对于我这'四个口袋'的说法很欣赏。我现在觉得刘漠这样的黑帮分子对我这种表现欣赏完全是合逻辑的，因为我的腐朽的一套罪恶货底，正合他们的口味，他们曾拿了我这说法去毒害青年学生，我有一份罪恶，即使他们没把我的话向同学去说，我只按照我这方向去作文章发表出来，已经罪不容逃了，我那种'治学'观点、'治学'方法、名利思想等等，应该详加检讨批判，现在为了交代这事的情况，先写出经过如上。

1966. 10. 30 写 12. 10 交"[1]

这篇日记内容，说明了先生的两个方法：

一方面是先生在 20 世纪 60 年代初期就总结出自己的学问主题。当时北京市流行的一种服装，前面有四个口袋，可以放进去杂七杂八的东西，俗称

---

① 《启功全集（第十卷）》，北京师范大学出版社，2009，第 347 页。

"干部服"。先生以此"四个口袋"作比喻，实在是形象。（如果仅比喻成布袋和尚的大口袋则显然乱了。）那时先生的身份是北师大中文系副教授，而他坦然阐述自己的学问进程，恐怕连今天的博导也难以达到。这四个口袋里装的是：

（1）古典文学的一些心得，如注释等，包括拟作的诗律研究等。

（2）关于书法方面的笔记，这方面拟写关于怎样写字的文章。

（3）文物鉴定方面的笔记，如烦琐考证的《兰亭帖考》。

（4）清代掌故方面的，这方面写成《读红楼梦札记》。

这分明是四部书的底稿加原始材料呀！如果先生不被那些人折腾，恐怕这些书早就放在学生面前了，该为中国文化的进步增多少光呀！因为我们稍微看看这里交代出来的题目，有哪一个题目已经被今人写出扎实的奠基之作？启功先生是独一无二的，仅凭他的思想方法，就足为中国文化人之代表。

另一方面是由于在60年代，先生被戴了些大帽子，如"封建余孽""反动学术权威"等，强令他学习"唯物主义"思想，改造他的"罪恶思想"。这份"交代"材料，恰恰说明先生运用"唯物主义"的结果，并非仅是"犯人"的交代。首先，他把从1962年到1966年所提的"四个口袋"的来龙去脉和盘托出，时间、地点、人物、内容全了。然后表襮自己的"罪恶"思想："使人知道我擅长的方面多，也是想在这几个'市场'贴广告，以使将来出卖自己这些罪恶的货底。"在这样认识的基础上，顺便还"批判"了"黑帮分子"，总结说道："因为我的腐朽的一套罪恶货底，正合他们的口味，他们曾拿了我这说法去毒害青年学生，我有一份罪恶，即使他们没把我的话向同学去说，我只按照我这方向去作文章发表出来，已经罪不容逃了。"他清清楚楚地说明自己的"罪恶"分量，也区分别人的责任。"交代"的最后，还有一个尾巴："我那种'治学'观点、'治学'方法、名利思想等等，应该详加检讨批判，现在为了交代这事的情况，先写出经过如上。"最后附加上写作时间，以及上交的时间。笔者看到此，不禁会浮想：如果当年"文字狱"中有"殿试"的话，此文总会进"三甲"吧。此文是一个典型的八股文结构，起承转合，样样齐全，而且主宾分明，态度认真，措辞得当。笔者不禁又幻想：当年看到这篇"交代"妙文的学生们，曾经有过什么样的反应？还能够"欲加之罪何患无辞"吗？如果原稿尚存人间，拍卖行将会拍出什么破纪录的高价！

最后笔者好奇一问：先生文中用了"表襮"二字，是诚心还是成心？不知当年的学生看懂了吗？现在的年轻人看懂了吗？

第六章　描写

一个具体物件，放在一般大学生面前，让他们用中文描写或描述出来，再看他们的答案，恐怕就各种各样了；如果是一个具体人物，学生们的回答就更加多样性了；而如果是一个虚拟的物件，或一件眼前发生的事情，还用文字描写出来，天知道会变成什么样。可见，文字描写在人的认知中是多么重要，它是客观事物、主观事物或虚拟事物通过人的观察，而转变成人的认知时，这个人通过思维判断与形象处理进行再浓缩，与自己能够表达的语言文字聚合起来，最后才写出来或说出来。而这个写出来的字义、说出来的话义，观者和听者是否能够基本准确理解领会，还是大成问题的，因为各人对于具体字义、话义的理解是很不同的，"公说公有理，婆说婆有理"的事情是经常发生的，如再变成鸡与鸭似的对话，那就谁也不懂谁了。根源还是语言文字本身是不可能与事物本身画等号的，因此，人类进化中重要的一环，就是对语言文字的掌握，目的是要让读者、听者明白自己的意愿，这就是很难很难的了。

　　各种事物——→映象思维——→变成语文——→进行描写——→语文思维——→反馈他人。

　　他人再用语文思维——→再进行描写——→力图互相交流——→可能映象清晰，也可能更混乱。如何升华描写的精确性，尚不知道解决方案。目前的3D打印技术已经可以将一个实物或虚拟物打印制造出来，一件事情的过程可以用录像机全程录下，但是其中还缺乏作者心境的描写，这是人类艺术的境界问题。

　　描写的最大毛病有二：一是言之无物，即下笔千言，堆砌一大堆形容词，依然还是不明白他要描写的是什么东西。现在的写手喜欢将古人所嚼烂的华丽辞藻抄袭一遍，全然不顾事物本来的内涵形态，虽然可以名之曰"赋体"或者"骈文"，但可就苦了读者，实在是摸不着头脑。二是言之无心，即奉命违心之作，形成凝固的套话，读来如同嚼蜡；或者明明是想欺骗读者，却偏要写出许多似是而非、前后逻辑矛盾的句子，让读者做猜谜游戏。

20世纪中国北京的人文环境，造就了启功先生的本领，他既浸润在传统文化精华中，又深知糟粕是什么，更是掌握新的认知手段。因而当他需要描写一个客观事物时，他就能纵情放笔，仔细描绘，信心满满地引导读者了解所要描写的对象，从关键细节到整体格局，从笔画精细到色彩鲜艳，最后推衍出描写对象的内涵本质。先生不论是描写古代绘画，还是描写某一个人物，都能够做到精确的情景相融。这里仅选几段先生的描写句，读者自可深思。

1. 三幅画

"董源，这位10世纪后期的绘画宗师，他的遗作如《溪山行旅》等，都已流入日本。……又以《龙宿郊民图》最为重要。这幅图的整个布局，表现了江南旷远的江山；鲜丽的青绿设色，描画出江山的明媚风光。从远处的风帆，较近的渡船和茂密而安静的树木，显出了江天如镜的境界。自山麓草坪到远处板桥上，络绎往来着许多人。近岸两只大船连成一条，上边间隔着竖

起旗帜，二十余人在船上联臂跳舞，岸上和船上都有人击鼓伴奏。人物虽然画得极小，但每个人的不同神态都很清楚，他们的愉快表情，和秀丽江山的气氛是完全适应的。……这一作品是反映佳时令节人民愉快活动的。……而不是什么'箪壶迎师'。因此，它不单纯是一件描写美丽山川的风景画，而且是一件具有历史意义的风俗画。可见我们古代现实主义的大画家是如何地忠实于现实生活，而这幅作品的价值也就清清楚楚摆在我们面前。

"《秋山问道图》是巨然的名作。……这幅画以深山邃谷里一区茅屋人家为中心，四周密密匝匝的丛树，重重叠叠的山岩，把画面完全填满，但是路径曲折，层次分明。令人只是感觉仿佛行走在深山之中，并不嫌它迫塞。布局方面：用一条小径分开两边高山，它显出往山里走进去的深度，而且愈显出主山的巍峨雄厚。古代论画山水，讲求'三远'，公认是不易表现，在这幅画里所要求的'高''深''远'，都能充分体现出来。笔墨技法方面：树木茂盛，并不混乱。用了各种点叶法——如介字、胡椒等点，也并不成为公式化的符号。大山石中多间杂空白小石，这是描写日光照射的部分，并不是无故地留出许多小白石头。至于全幅的树干、山皱、水草等等长条笔画；以至树叶、石苔那些圆点或短带，调子都是和谐一致的。从这幅画的全貌看来，绝不是一些线、点的堆积，而是可以走得进去的一个活生生的现实世界。从这里我们可以体会到，对于正确运用山水画的笔墨技法，正确表现对象是很重要的。巨然的创作，在笔墨运用方面对于后来的画家们影响是很大的，不幸也引起单纯从笔墨上进行模仿的流弊。……

"郭熙《早春图》是北宋的一件重要作品。作者把树木仅仅萌芽和山谷云气蒸发的早春时节的景物，逼真地描写出来。……全局的结构，也值得我们重视的。在一幅画面里，高耸的主山，遥远的层叠流泉，在深邃的岩谷里丛聚着的楼台，穿插在中间的旅客，又随处说明这些美丽山川和人们生活的密切关系。这些不可能一眼望去同时见到的种种景物，画家毫不牵强地把它们安置得恰如其分，使观者绝不感觉它们所占的地位的不适当和可以任意增减。而通过浓淡的墨彩表现远近的方法，比起前面所谈的巨然的《秋山问道图》，分明又进了一步。这足以说明现实主义画家对于生活的观察是如何深入，如何善于处理题材和刻画形象。是研究中国山水画结构特点，研究中国古典绘画现实主义手法的好材料之一。"①

启功先生在 1955 年写成此文，文中通过对三幅画的描写，让观者如入画中，随着先生的指点而进入画家所希望表达的精神世界，给予观众一种美的感觉。

先生对这三幅画的内容介绍重点是不相同的。在介绍《龙宿郊民图》时，先生的眼光在注意到明媚的江山、风帆、渡船、树木、草坪、板桥、旗帜之外，还强调众多人物联臂跳舞、击鼓伴奏的愉快表情，与秀丽江山的气氛很是协调，从而总结出："不单纯是一件描写美丽山川的风景画，而且是一件具有历史意义的风俗画。"而在介绍《秋山问道图》时，先生从一条小径讲到中国画的"高、深、远"的体现，再讲到中国画的布局特点，以及笔墨技法方面的特点，总结道"是可以走得进去的一个活生生的现实世界"。至于第三幅《早春图》，由于已经有人对该画有评述，先生仅是讲了该画全局结构的特色，"这些不可能一眼望去同时见到的种种景物，画家毫不牵强地把它们安置得恰如其分，使观者绝不感觉它们所占的地位的不适当和可以任意增减。……"先生的绘画功力跃然于纸上，先生对于描写的把握与他的艺术境界是合在一起的。

2. 张萱《捣练图》

"张萱是唐代开元时的人物画家，尤其擅画仕女婴儿。这卷画中描写一

———————————

① 《启功全集（第四卷）》，北京师范大学出版社，2009，第18—20页。

些妇女做缝纫手工的活动，从捶捣、缝接到熨的一段过程。……这卷画的特点很多，据我粗浅的理解，首先要属他描绘这些在劳动中妇女们各个的动态和她们之间的关系。每个人的动作都是那么生动，尤其常从细微的地方传神。例如自右第四人挽着袖子若有所思地准备捣练，往后绕线的、缝纫的同是聚精会神，而她们较动、较静的神情又各不相同。最末四个人，绷绢、熨绢和从旁扶绢的工作性质不同，她们的身体姿态也都表现出用力各有轻重。扇火的女孩歪着头用袖子半挡着脸，使人看到炭火轻烟从她的右侧侵袭；小孩调皮，从绢下反看，点明了绢的洁白透光，而全场的空气，也因有这个小孩而活泼了。……'画人难画手'这句名谚，在这卷里却不适用了。只看全画中各个不同动作着的手，都那么真实、那么美，不但表现了那一只手的动作，而且还表现了全身甚至内心的活动。例如第四人挽袖下垂的手指，有意无意地松张，和她脸上的神情是有着密切呼应的。游丝描笔法的精练运用，可以说是人物画发展成熟的一种表现。细细一线，恰当地画出物体与空间最主要的分界，那么准确、谨严，若不是经过辛勤劳动而具有高度技能的画家是无从措手的。……"①

　　先生此文写在 1957 年 5 月，大家都知道，全中国的知识分子都由此被"反右"风暴清扫进"改造"的苦难中，先生依然对一幅千古名画仔细描写，而且着力到不同人物的姿态手势、劳动时的用力状况，连炭火轻烟飘荡都和盘托出，给予古代画家极高的评价，似乎全然不顾当时"反封建""反右派"的氛围，也许是先生太天真吧？仅是简单几笔描写，现在读来，笔者心中感觉是十分遗憾，因为先生当年如果更上一层楼，把画中每一个人物的情景细致地描写出来，把他心中对画的认知写出来，那我们后辈该是多么有福啊。

---

① 《启功全集（第四卷）》，北京师范大学出版社，2009，第 37—38 页。

笔者对于欣赏中国画很是外行，倒是借着先生的描写，多少能够有入门之感。

3. 雕刻与雕塑

"我们看见殷墟（河南安阳一带）出土的玉雕的人，石雕的人，也有立体雕的人。有一个石头雕的人，好像一个大青蛙，在那儿瞪着眼睛，有头、有身子、有嘴，你看不出更多的形象来，大致是一个人的模样。到了汉朝，在武梁祠、孝堂山的那些石刻，看起来都是平面浮雕，就像我们现在看的皮影戏中的皮影人，是一个扁片，这个人脸是这样子的，就永远是这样子，再翻过来没有正面的脸，汉画像是这样子，偶然有一点立体的雕刻，也非常粗糙。到了北朝，我们看见了洛阳的龙门、大同的云冈、四川的大足，非常多。北方的这些雕刻群，最早的是北魏，六世纪雕的那些立体的、有血有肉的佛像……北魏所造的那些佛像，都有真人的模特，真人的标本，是毫无疑问的。……北魏的佛像呢？你看见的都是有血有肉的人。那早期的佛像是垂着腿，后来叫结跏趺坐，两条腿这么交叉着，再就是盘起一个来，再就是两腿全盘起来了，佛像也逐渐地在演变，有这样一种说法：'吴带当风，曹衣出水。'唐朝的吴道子画的人的衣服飘带好像能飘扬起来。至于'曹衣出水'，曹是谁？有争议，我们且不管，据说他画的人都像刚从水里头出来，衣服沾了水，全贴在身上，露出肉来。但是从他鼓的地方还可看出来他身上穿着一件纱衣，这个就难表现了。在画里头，你把肉的颜色可以画得黄一点，纱染得白一些。石刻你怎么表现呢？我们看北魏以来的那些佛像的雕刻，极薄的纱，他能用极硬的石头表现出来，北魏的雕刻已经能达到这个水平，越到后来水平越高，不管宗教家怎么说，这些佛像所要表达的是伟大的英雄。可又说佛是大慈大悲的，又英雄、又慈悲，这个矛盾怎么统一呢？我们看那些雕刻，它能统一。你看他也很威严，可又不是瞪着眼睛，并不是鲁迅所说的

'金刚怒目式'。力士有金刚怒目的，可是那个主要的佛，并不是金刚怒目式的，可是他的威严，他的慈悲，都在这里头表现出来。……"

"雕塑，拿一把泥，捏一个小小的人，还要用刀雕来雕去，也不容易刻好。几丈高的像，上去敲一下，雕一刀，下来再看看，就这样上上下下，要费多大的力气！……到了唐朝，唐人雕刻的脸就丰满了……隋唐的人以圆脸为美，而胡子呢，以卷起来的为美。杜甫在《八哀》诗中说，汝阳王琎虬髯似唐太宗。我们现在看到的唐太宗李世民的画像是传为阎立本的底稿，叫《步辇图》，步辇不是套着车、套着马，而是几个人抬着一个平的座位，他坐在上头。辇就是车辇。这个李世民的像，胡子也是弯的。据记载，说李世民的胡子弯得可以挂一张弓！哎呀，这得多硬的胡子呢？……"[①]

先生在年轻时曾准备做画家，他对于中国美术作品见解颇深。以上这段话讲述北魏大型雕刻之美，能够在石头上刻出纱衣沾水后贴在身上的艺术手法，并且表现出佛像既英雄又慈悲的精神状态，几句描写的话就抓住观赏的核心内容，实在让听众开眼。

4. 美文

"六朝、隋唐的论文都是比较典雅的美文。唐朝孙过庭的《书谱》讲得比较接近实际，说'带燥方润，将浓遂枯'，这话很辩证，很有用。有意要全都是浓墨、都是汪着水写，这样写出来是死的。但是墨蘸饱了，注意笔画全是匀的，有水分，没有任何一个字平均的都有那么多水，那么饱满，'带燥方润'也有轻有重，先有浓墨，再有淡墨，甚至笔的末尾还带着枯笔、干笔。这样它很自然。出于自然，它就比较润泽。这个话，拿我们理解的来解释并不难懂。可是他又说'古不乖时，今不同弊'，这就难了，写古代字、

---

① 《启功全集（第八卷）》，北京师范大学出版社，2009，第158—160页。

第六章 描写

201

学古代字体的风格，又不乖于现实时代，我写出来又是当今的时代，这就让我为难了。我们今天已经不用篆书了，我写篆书，写完了，就像今天人的篆书。这个我先要问问孙过庭'不乖时'的古字什么样呢？'今不同弊'，现在要写现在风格的字，跟同时的人不同一个弊病。我现在要是写的字不好，我写的跟同班同学写的你看都差不多，我要写歪了，那些同班同学写的也不正。那么还要'不同弊'，我写的又合乎现在，可又跟现代的不同一个弊病。这话只有孙过庭说得出来，你让孙过庭给我们表演一个，怎么就'古不乖时'，怎么就'今不同弊'，恐怕他也没办法。诸如此类。'观夫悬针垂露之异，奔雷坠石之奇，鸿飞兽骇之姿，鸾舞蛇惊之态，绝岸颓峰之势，临危据槁之形'。这些话比拟得都很有意思。但是，写字奔雷坠石，我写字在纸上，人听像轰隆轰隆打雷一样，又像一块石头掉下来。我真要拽一块石头在纸上，纸都破了，怎么还能写字？所以像这种事情都是比喻。你善于理解，你可以理解他所要说的是比喻什么，不然的话，他说得天花乱坠，等于废纸一篇。

我们要是用六朝骈文体作一篇《飞机赋》，然后我把这《飞机赋》拿来给学开飞机的人，'夫飞机者'如何如何，让他背得烂熟。然后说你拿着我这篇《飞机赋》去开飞机去吧，那是要连他一块坠机身亡的。这东西没用呀，它不解决问题。我们说的是一个开飞机的教科书，使用一个机器的说明书，不要用六朝骈体的赋的形式，更不要用像长篇翻译的文章。翻译美学的文章（我不是说它内容不对），要是翻译得不好，我还是看不懂。现在有许多翻译的文章是懂外文的人看着很理解，要是不懂外文的人，就跟看用中国的笔画写的外文差不多。宋朝以来，论书的文章有比较接近现时的实用的片语只词。不过总不免与深入浅出的指导作用有一定距离。"①

古代描写汉字美的文章不少，但多是骈文，这类文体，写的人也许得意翩翩，笔下也许龙飞凤舞，但读的人却苦不堪言，其声韵可能铿锵，其结构可能协调，但就是猜不出文章中说的是什么意思，因此，拿这样的文章当作写作的最高境界，那就是自欺欺人。先生借骈文中的描写句式，教导现代的年轻人如何描写，如何借描写来叙述自己的心声，就如同《飞机赋》与开飞机是不同的两码事，借用古人的"片语只词"为今人所实用，依然不是达到"深入浅出的指导作用"的唯一妙策。

用今天的话说，就是作文章描写太过，为描写华丽而描写，终究并非好事。

5. 声入心通

"汉语诗歌中的仄仄平平仄是怎么来的呢？……后来我坐火车，听到'突、突、突、突'的响声，产生了一种感觉，我就去请教一个邻居，他是搞音乐的作曲家，叫乔东君。我问他：火车机器的声音应该是匀称的，不可能有高有低，为什么我的耳朵听起来好像有高有低。他说，这是你凭自己的感觉来解释声音，事实上机器的声音没有高低，是一样的高低，是人的听觉习惯觉得它有高有低，有强有弱。我又问：是不是一强一弱、一高一低？他说：人的呼吸跟人的心脏的跳动，常常使人感觉到火车的声音"突突""突突"的两高两低，这样人才缓得过气来，才适合人的心脏跳动的节奏。事实上都不是机器上原来发出的声音，而是人根据自己的呼吸规律所感觉出的对于客观

①《启功全集（第八卷）》，北京师范大学出版社，2009，第221页。

声音的一种感觉或者说错觉。听他这样说，我立刻就得到一种启发，回家后很快画出一个竹竿，按照两平两仄的规律把它截出来，就是'仄仄平平仄，平平仄仄平'，或者'平平仄仄平平仄，仄仄平平仄仄平'。我将这个图发表之后，收到了许多讲诗歌的老师和研究者给我的来信，说我的这个竹竿图很能够说明问题，这还是大约1980年前的事情。（原书编者按：启功先生用截取竹竿图形讲诗词平仄始于1962年为学生讲课时，他的《诗文声律论稿》最先由中华书局于1977年11月出版）……

"为什么中华民族用汉语写文章以至于口头说话，常常有对偶的现象？……诗人非常注意字面、内容、语义、词素。不管诗歌的句式有什么样的形式，都很注意调整，让它规范，变得对偶整齐。现在要推测起它的来源，就是汉语口语中互相问答时，常常出现一个上句，一个下句：一个上，一个下；一个东，一个西；一个红，一个绿。怎么形成的，我没能力说清楚，这涉及心理、生理习惯，还有民族习惯。……对偶在古典诗歌里很多，在古代文章（散文）里面也很自然的有这种现象。曾经有人试图想撇开这种规律，比如说唐朝韩愈作的《柳侯庙碑》，又叫《罗池庙碑》，他说'春与猿吟兮秋鹤与飞'，意思是柳子厚虽然死了，他的神灵在春天与猿猴一块儿吟唱，在秋天和仙鹤一起飞翔。秋天应当是秋与鹤飞，这是很自然的，可是韩愈他偏把它改过来：'秋鹤与飞'。唐朝原碑上刻的是'秋鹤与飞'，说明韩愈就是想躲开对偶。结果后来流传的刻本都变成了'秋与鹤飞'，大伙念的时候自然就把它改过来了。可见原来作者想改变排偶形状，可是后人刻书的、念书的、抄书的，都走到对偶那个道里去了。……可见在古典诗歌中，对偶就是它的原料。除了韵，除了平仄，就是对偶了。这一点是必需的。

"凡是拿腔拿调的，自己念出来的自己耳朵听见的就好记。比如，我们看见一个商店门前在卸西瓜，车上的人传给车下的人，传一个就唱一句'一个那，两个那'，为什么这样拿腔拿调地喊？就是为了好记，旁边的人也可以听见，如果数错了，落一个，接的人和数的人，都能发现。声音的韵调在应用上就有这样的作用。因此有人想要把诗歌用音调唱出来，虽然彼此没有绝对统一的谱子和唱法，各地方都有自己的某种吟唱的习惯，但唱出来之后，耳朵听见，脑子就记住了，这叫'声入心通'。

"现在再讲古典诗歌的改革或者说一个变化。有人说，现在的诗歌不用韵、不用对偶、不讲格律，《文学改良刍议》里面就特别提出过，这当然很好，可以为诗歌的发展开辟一个新的境界，开创出一条新的大路。这个大路很宽，尤其是用白话来说，用白话来写。其实古人的诗歌原来也是白话，'关关雎鸠，在河之洲'，'关关'就是'呱呱'的叫声，'关关雎鸠'，就是'呱呱'叫的雎鸠，就像现在说'喳喳'的喜鹊叫，'哇哇'的老鸦叫，这很自然的。鸟儿'关关'地叫，在哪儿？在河边，反过来说，就是：在河边上有雎鸠在'关关'地叫。之所以要把它变过来，说成'关关雎鸠'，'鸠'作韵脚，然后'在河之洲'，'洲'有个韵脚，就是为了好听，并且听起来上下两句还有关系。'窈窕淑女，君子好逑'，意思是'美丽的姑娘是君子的好配偶'，这句话不论怎么翻译，都没有原句听起来那么自然。……古代诗歌有许多就是当时当地的口语，你要把它变成现时的口语，还有地区和方言的限制。……宋代词人李清照《声声慢》说'独自怎生得黑'，这是白话还是文言？'怎生得黑'，用现在的话照字面讲，就是'怎么长得那么黑'。但在李清照的词里，'怎生'说是'怎么'的意思，'生'不是生活、生长的生，是一个语词虚字。'独自怎生得黑'的意思是，我独自在屋里，感觉那么黑暗，那么孤独，那么苦闷。现在要把诗歌作得完全口语化容易，我刚才说的话就是诗，不管你是否承认，这就是我作的诗，未尝不可。……大家用着很自然的、方便的、人人都能吟诵的、出口就是新诗的，我们目前还没见到。······"①

中国古典诗歌是中国人特别喜欢的文化形式，唱念起来人人爱听爱用。只是古人总结出来的平仄结构，到底是怎么回事？自古至今不断有人探索分析，写出来的"诗律""词律"，不计其数，但至今连这些"韵律学"的书也越来越复杂难懂。启功先生年轻时也醉迷其间，学会作诗格律，但解不出所以然。先生好学请教，终于有大收获，即是通过科学分析人的听觉习惯和发声习惯，而形成"平平仄仄平平仄，仄仄平平仄仄平"的趋势，再经过他自己多年作诗词的尝试体验，于是宣称发现中国诗歌的"竹竿法则"。先生的这个"竹竿法则"，对于当今的年轻学人，确实是简明易懂，人人都可以画出竹竿，人人都可以从上面按照自己的喜爱截取，无论是念诗歌、学诗歌、编诗歌、研究诗歌，全都可以尝试运用，古诗歌当是如此，作新诗也应该如此，格律诗当是如此，白话诗何尝不是也应当如此。差别只在你我的发音不同，也许是方音，也许是古音而已。

机器发出的单一且循环的声音，与人听到的及感受到的声音有很大的不同，这在现代自然科学家眼中、在音乐家眼中都是很普通的事实，但是很多缺乏科学训练的人却无视这个事实，偏要按照耳朵的主观判断去理解客观存在的声音，特别是古代音韵学家们偏要纠缠在中文韵"律"中，人为规定各种平仄分类和用法，规定各种对偶原则，仅是追求"耳听是真"的判断，自以为美，结果搞了几百年也没有说清楚，反倒是变出多种不同的"音律""声律"来，让后人的学习把握越来越难。先生把握并理解科学知识，大胆放弃前人旧路，规规矩矩按科学原理分析，就变成很简单的"竹竿原理"。你愿意学就用，不愿意你就自行解决。

把一个理论问题的思考与实践，通过描述明示其来龙去脉，让别人也能

① 《启功全集（第八卷）》，北京师范大学出版社，2009，第136—140页。

明白，并非易事。先生描写自己的认知过程，从不知到四处请教，到科学的理论分析，再到自己的实践，然后再描写出来，是为了让读者、听者都能感觉合情合理，完全可以学习照办。先生完全不用虚夸形容的词语，更不是啰里啰唆，反复堆砌，而是在他的晚年演讲中平直描述，无意中也让人学习到描述的使用要恰当。

先生通过描述吟唱习惯与听觉、思维的密切关系，强调"声入心通"的科学性。这也是一个很重要的理念。我们可以看到古今诗歌数量不计其数，其中那些今天依然朗朗上口、铿锵声调的，一定已经深入你的听觉，深入你的思想中，情与感已经融汇无间。我们今天依然热爱的诗歌与文化，都离不开这个"声入心通"的原则；而与之相反的，那些强行灌输的"声"，或为噪音，或为霸道强音，或为诱人上当的有鸦片性能的"妙音"，或为重复一千次的"唱片音"，等等，都是声不入心的，自然就永远通不了。

近代中国文人曾经对格律诗与白话诗进行过激烈的争论与尝试，先生的

见解是"其实古人的诗歌原来也是白话""古代诗歌有许多就是当时当地的口语"。这是很准确的判断，本来后人也无需互为争斗，但历史就是如此，先生于是进行必要的举例描写，将古代诗歌明示，并且解释为古诗词在今天的翻译问题、理解问题，而非文言与白话之争。而想解决这些争论，关键在于："要想推广口语化的诗歌，首先一个条件是要统一语言的声音，统一语言的词汇，这是先决条件。"以此推广到中国文化范围中许多问题，同样是需要这个先决条件的。而古文今译与理解，对今人来说，确实是存在许多困难，先生讲了许多，诸如韵律、平仄、对偶、方言、流派等因素，也是现代学习中国文化的一些关键点，那是后辈的责任了。

总之，描写在先生的演讲和文章中都起到了十分重要的作用，并且也是需要十分巧妙地运用，其间关键就是将自己的心声转化成合适的描写词句，而绝不是倚靠背诵或抄袭形容词来堆砌。

我们欣赏先生的描写句式，是一种精神上的享受，除了学习到知识，还学习到中国文人的一种表达方式。

第七章 情感

每个人的人生旅途中，都有情感宣泄，或喜，或怒，或哀，或乐，或细腻，或粗暴，或简单，或荒唐，等等；有人善于表达自己真实的情感，有人善于建构虚伪的情感，有人为金钱而出卖情感，有人说"生命诚可贵，爱情价更高，若为自由故，二者皆可抛"，等等。在人类社会中，情感也成为交流的主要方法，英雄可以所见不同，但尊重对方的情感，理解对方的情感则是重要的原则。情感的表达方式多种多样，可以口述呐喊或无声喑哑，可以肢体形象手舞足蹈，但更多的则是文字表达，真能痛快淋漓笔扫千军，或者柔情似水笔底充满爱意，全看作者心境与表达的能力。几千年来世界上成功的文艺作品，之所以动人心魄，全凭作者情感的刻骨铭心所至。

启功先生在生活层面的情感表达，已经有不少人的文章谈论过。笔者所写的先生的喜怒哀乐，是表现在学术方面，或者对于学术问题本身抒发自己的情感，或者是自己的情感借学术问题而抒发。笔者是多有感受，并且争取深深领会他的丰富的炽热的情感，通过文字而迸发出来，这是他毕生的各种经历的表述，也是他作为中国学者的呼喊，其中蕴含着激励人生、深究学问、把握人格、遨游于高贵的精神世界的种种时代强音。

一篇文章或一次演讲，能否有吸引力，主要就在作者的情感能否借内容诠释出来。先生经历了他那个时代的人生辛酸，经历了学术上的严谨训练，经历了中国文化的熏陶，他写的文章里，就常常是以他的激情来表述内容。我们后辈学习时，是很应该深刻借鉴和体验，并注意其间情感的演进。

本章仅选取部分做介绍。

1. "我心目中的郑板桥"

"我的腔子里所装的郑板桥先生，确实一大堆敬佩、喜爱、惊叹、凄凉的情感。一个盛满各种调料的大水桶，钻一个小孔，水就不管人的要求，酸甜苦辣一齐往外流了。我在十几岁时……读到《道情》，就觉得像作者亲口唱给我听似的，不论内容是什么，凭空就像有一种感情，从作者口中传入我的心中……不知什么缘故，曲中的感情，竟自和我的幼小心灵融为一体。及至读到《家书》，真有几次偷偷地掉下泪来。……我稍稍长大些，又看了许多笔记书中所谈先生关心民间疾苦的事，和做县令时的许多政绩，但他最后还是因擅自放赈，被罢免了官职。前些年，有一位同志谈起郑板桥和曹雪芹，他都用四个字概括他们的人格和作品，就是'人道主义'，在那时哪里敢公开地说，更无论涉及郑板桥的清官问题了。 及至我念书多了些，拿起《板桥集》再念，仍然是那么新鲜有味。有人问我：'你那样爱读这个集子，它的好处在哪里？' 我的回答是'我懂得'，这时的懂得，就不只是断句和典故的问题了。对这位不值得多谈的朋友，这三个字也就够了，他若有脑子，就自己想去吧！又有朋友评论板桥的诗词，多说'未免俗气'，我也用'我懂得'三字说明我的看法。……"

"平心而论，板桥的中年精楷，笔力坚卓，章法连贯，在毫不吃力之中，自然地、轻松地收到清新而严肃的效果。……板桥的行书，处处像是信手拈来的，而笔力流畅中处处有法度，特别是纯连绵的大草书，有点画，见使转，在他的字体中最见极深、极高的造诣，可惜这种字体的作品流传不多。……二百数十年来，人无论男女，地无论南北，今更推而广之，国无论东西，而不知郑板桥先生之名者，未之有也。先生之书，结构精严，笔力凝

重，而运用出自自然，点画不取矫饰，平视其并时名家，盖未见骨重神寒如先生者焉。……"①

这是先生晚年写的文章，对于郑板桥的认知，先生是自少年时期的回忆讲起，其中的这一段话："读到《道情》，就觉得像作者亲口唱给我听似的，不论内容是什么，凭空就像有一种感情，从作者口中传入我的心中……不知什么缘故，曲中的感情，竟自和我的幼小心灵融为一体。及至读到《家书》，真有几次偷偷地掉下泪来。"这段话也曾令笔者"于心戚戚焉"，因为太感人了。现在的年轻人不妨略为静下心来琢磨一下，先生第一个字用的是"读"字，这可不是现代一目十行式的浏览，而应该是传统的低声吟诵，结果就让郑板桥的诗歌与并不相干的少年启功的心灵发生共鸣，"凭空就像有一种感情，从作者口中传入我的心中"。读诗读到把自己读进去了，这到底是板桥先生的诗的吸引力特别大呢，还是先生"心有灵犀一点通"呢？也许两者都有吧！中国文化的艺术魅力在于此，先生的灵犀也确因时代社会的凑合而萌发。先生又总结道："不知什么缘故，曲中的感情，竟自和我的幼小心灵融为一体。"现在的书生们，能不能想一想，先生说的"不知什么缘故"是什么缘故？能不能把别人的诗词曲中的感情揣摩出来？能不能明白文化艺术作品中的感情和自己是否可以融为一体？能不能明白自己要把别人的情感通过语言文字描述出来？恐怕这就是艺术创作的最高境界吧，也是情感表述成功的关键之一。

先生接着还写道："及至我念书多了些，拿起《板桥集》再念，仍然是那么新鲜有味。"先生在这里强调读书的重读、细读的重要性。现代人都很忙，能够读到一定数量的书就满足了，而精读、细读的好处、妙处就几乎不考虑了。其实，尤其是有感情的旧书，反复细读是依然"新鲜有味"的，这等于

---

① 《启功谈艺录》，商务印书馆，2012，第176—183页。

旧书依然迸发着无尽的心灵上的颤动，而能够让读者一次又一次地吸收、感悟，还能够产生新的共鸣或新的发现。笔者以自己半生的读书体验证明，先生的读书经验是千真万确的，现代的爱书人千万要学习。反复读旧书，能够从中读出"新鲜有味"来，才算是合格。

先生在社会上饱经风霜之后，在与友人谈论起郑板桥时，他的心里话却不再说出来了，而是换成"我懂得"三个字来应付。这三个字是多么沉重呀。本来是隔代相知的诗书画的朋友，却不能坦然陈述自己的见解。他是在对现实社会说这三个字，省却无数可能的麻烦。

至于先生文章后面写出来的对于板桥先生诗书画的评价，那是平和公允的。

2. 八大山人"嬉笑之怒，甚于裂眦"

"世事迁流，整个历史、社会一切都在变化，写字的风气也是一层挨一层、一时换一时在变化。晚明大手笔，确实常见有石破天惊的作品。但是必定得'大声镗鞳'——发出撞击的声音才行，都得大声嚷出来，大喝一声，才能振聋发聩，才能看出它石破天惊的、雄伟的气派。这就不如八大山人'按指发光'——手指头按一指就能发出光来，这都是佛家的比喻，这是明朝末年别的书法家所很难做到的。古人说'嬉笑之怒，甚于裂眦'——不吹胡子瞪眼睛来表示生气，而在嬉笑之中来表示生气，这比裂了眼角还都要厉害。古人又说'长歌之哀，过于痛哭'。大声地喝一声，比痛哭更悲哀。八大山人的书法就有这样的境界。"[1]

八大山人的书画作品，颇受国人的喜爱，更受到艺术家们常年追捧。启功先生这一段介绍八大山人的文章，却是先从"大声镗鞳"，讲到"按指发

---

[1] 《启功全集（第二卷）》，北京师范大学出版社，2009，第286页。

光"，再到"嬉笑之怒，甚于裂眦"，全是古代讲声音、讲指光、讲裂眦的比喻，那都是讲人的心情，"在嬉笑之中来表示生气""大声地喝一声，比痛哭更悲哀"，显然是更深一层的表达。先生通过八大山人的艺术作品，看透他所要表达的痛苦的心情，肯定先生也是联想到自己因为看透八大山人的心情，而显露自己的心情，这展现艺术家们之间的惺惺相惜，而且明示艺术作品的可贵，就在于能够更深更高地表达人的高贵品性。

3. "亦自矜持亦任真，亦随俗媚亦因人"

"亦自矜持亦任真，亦随俗媚亦因人。亦知狗马常难似，不和青红画鬼神。……书画虽然是艺术之中的一种，可并不是一蹴而就，随便拿起来一写就成的，胆量要大，眼力观察要精，手要勤，任何一种小的艺术，都要有真正的功夫。回忆自己每临一道古帖之后，再放开笔写自己的字，总会有些得力的地方，总会有一点进步的感觉，但这又不是我事前有意求之的。……人莫逃乎时代的风气，虽然有大力量的人，只讲创造或只讲规避都是不可能的。……我们每写出一个字都是在创作……每个人写的文章、艺术作品都是创作，这张纸是白的，我把它写出来，就是一篇创作。我的创作，不是凭空造，毫无依傍；我随便写，画出几个笔道来，这个别人不认识，不能算创作。……我们要有所借鉴，只有画狗马，而不画鬼神。'其券可操之于己耳'，'券'，就是凭据，可以拿在自己手中……"

"我的诗说'亦自矜持亦任真'，我自己也很矜持也很小心，有的时候也很随便，任着自己的天真去写。'亦随俗媚亦因人'，我有时候也随着世俗写出姿媚的风格，有时候也随着别人，人家都这么写我也这么写。'亦知狗马常难似'，我也知道画狗马常常很难像，画鬼神易画狗马难，因为人人都看见你画的稍微错一点，人家会说画得不像，所以画狗马不容易像。虽然画狗马不容易，可我宁可画狗马，我'不和青红画鬼神'，不去调和那青红颜色去画鬼神。这是我个人的见解。"①

先生这首诗，笔者认为，正是先生说出自己做人做学问的标准，即是先生的人生座右铭。

先生的诗中，用了五个"亦"字和一个"不"字来认定，想深刻理解并不容易，头一个"自矜持"就够年轻人琢磨的，因为仅是"矜持"一词在古汉语中，按《汉语大词典》中的解释，就有"竭力保持庄重""自负""自鸣得意""约束""拘泥""拘谨"等多种含义，这真是让人难以准确把握。笔者思来想去，认为应该是做人的一种风度，词典中的解释如果仅选其中一两种，皆不够准确，而应该是这六种心思和姿态全都涵盖，才适合用"矜持"这个词。而这仅是先生的"亦自"的一部分，因为如果过于造作地"自鸣得意"，那也根本不是先生的本意，更非实情。

先生以"任真"来与之相对，这个"任真"一词，古代大诗人杜甫用过："一生喜怒常任真"；大诗人陶潜用过"任真无所先"，意思都是率真任性。而任真和矜持这两个词义之间有一定的矛盾，往往只顾矜持的人很难任真，而一味率真任性的人也顾不到矜持，能够把握住二者而自得其乐，那才真是北京话说的"高人！"笔者随侍先生多年，在不同场合观察先生的一言一行，确实这两方面先生都把握得恰到好处。看看目前所见描写先生生活中的触及人们思想深处的言行，也莫不如此。

先生的第三个"亦"是"俗媚"，俗是指周围环境间的习俗，其中有很多老礼和规矩，让人面子上舒服或不舒服，尤其在几千年来的中国人之间，每一个人都被"世俗"所包围，要想在一个圈子中生存，无形之间就要对"俗"容忍，否则就是"非我族类"，就是另类，因此，每一个人都只能"媚俗"才能生存于其间。先生的第四个"亦"是"因人"，即是"因人而异"。

① 《启功全集（第二卷）》，北京师范大学出版社，2009，第306—308页。

尤其在学术问题上，"因人施教"是正常的，不能一刀切。而难处就在于"俗媚"与"因人"也是有冲突的，俗媚太过就是拍马屁，庸俗不堪；而因人不同也容易招来攻击，因而在社会上如何把握其间分寸，就确实很难。而我们看到先生的应对确实很高明，不过这也确实是辛苦。

先生的第五个"亦"和"不"合成一联，这是先生为人与做学问的底线。本来艺术作品正是表述艺术家的人性追求与理想，世间万物皆可以入画，只是艺术家的追求各自不同，很多人都见过画家徐悲鸿画的奔马图，那正是其代表作。而启功先生要根据自己的兴趣，"'其券可操之于己耳'，'券'，就是凭据"，成竹于胸，然后可以随意书写绘画，自得其乐。同时有一个底线，就是"不和青红画鬼神"。不和青红，不仅是颜色上的不同，而是社会上颜色的不同，包括学术界中的陋习，区分各种帮派类型，就像金庸写的小说《天龙八部》中，各种倚靠各帮各派"帮主"的"侠男侠女"们，天天把自己帮派挂在嘴头混饭吃。而先生明示自己是不参与、不混合各色青红派，在艺术道路上明知其难，依然弃绝鬼神之路，而随自己心意坚决向前。

先生这首诗，用五个"亦"表明自己随和认真的性格，同时用一个"不"，就坚决把违背自己心愿的"和青红"抛弃。他以伟大的人性和深邃的艺术作品，在一生中彰显其确实做到了。

4. 郑板桥"击脑"

"文人一生心血，只在故纸一堆，其幸者获传，不幸则湮没。更有虽得流传，而横遭窜改，后生嗤点，沉冤莫雪，其不幸则有甚于湮没者。故文人常珍重其稿，不啻第二生命者，诚有以也。太史公欲藏之名山，传之其人；白乐天欲分存诸寺，其情亦可悲矣。……最奇者惟郑板桥，既自写刻其集，复于自序之后，郑重声明：'死后如有托名翻刻，将平生无聊应酬之作改窜烂人，吾必为厉鬼以击其脑。'读之令人发笑。夫改窜固可恨，但应酬之作果出己手，又何至如此可怕。且吾所见其题画之诗，尽有佳作，非尽无聊也。颇疑必于惧遭篡改之外，尚或别有故焉。

"偶翻《壮陶阁书画录》，见有板桥题所画兰竹菊花帐额词，调寄《一剪梅》。词曰：'一幅齐纨七尺长，不画春芳，不画秋芳，写来蕙草意飘扬。恍在潇湘，又在沅江。红罗斗帐挂深堂，月夜流光，雨气新凉，薄衾翠簟拥韦娘，帐里花香，帐外花香。'因大笑而录之。自此见板桥佳什，辄随手抄存，他日成册，当言之曰'击脑集'。拌出我的天灵盖，为板桥收拾起当时一切不能不吐，而又不便自存之作，以安其心魂。板桥果自有知而能来击脑，或亦将放下敲棒而会心默许乎？

一九六二年十二月三十日"[1]

1962年将逝，1963年将至，启功先生独自坐在小乘巷的旧屋中，按照中国传统学人的习惯，总想思考这过去的一年和幻想将至的新年，然后信笔写

———————————

[1] 《启功全集（第四卷）》，北京师范大学出版社，2009，第57页。

点什么。不过，小院外是沉寂的，更远处的西直门大街也是沉寂的，只有昏黄的旧灯泡点缀其间，因为那时人们吃饭买肉都是要凭票定量供应，饥荒的阴影笼罩着全中国，更令人窒息的是大量知识分子被按照派别区分而戴上了帽子，先生自己也是在"封建余孽""反动权威"的帽子下，虽然思考很多，但能见诸笔端的确实太难了，作为书法家的副教授，能让他写得放心的字句实在是不多。幸亏他看到了郑板桥的《一剪梅》，又联想起板桥先生的"击其脑"说，于是"因大笑而录之"。录后还继续想，以后应该随手抄存，估计会很多，将来能够成册。于是又想到此册的名称应该称之为"击脑集"。为什么呢？是由于板桥先生生前有话，谁要是托名翻版，"吾必为厉鬼以击其脑！"但是启功先生坚决要搜寻编纂，就犯了禁令，于是先生下决心："拌出我的天灵盖，为板桥收拾其当时一切不能不吐，而又不便自存之作，以安其心魂。"这完全是一派惺惺惜惺惺的英雄气概。先生最后还突发奇想："板桥果自有知而能来击脑，或亦将放下敲棒而会心默许乎？"先生自己自然是幻想着板桥先生能够回来再见他自己的作品被赏识，而不是拿敲棒击脑，这种学术性推理让人泪下。

先生这篇短文才 500 余字，开笔就令人心酸："文人一生心血，只在故纸一堆。"想想几千年来，多少文化人为学术而费尽心血，呕心沥血地探索可能存在的真善美，可不都要在纸上写下来画下来的，而人一走茶就凉，甚至人还没走茶就凉。故纸随风飘散还算幸运，遇上秦始皇一把火更是烧得干干净净，中国文化就是这样延续几千年。这话对于现代知识分子来说，已经很是凄凉。先生接着深入分析，就这么点"故纸"，还在史实上有三条出路，一是"幸者获传"，二是"不幸者湮没"，三是最不幸者，则是"横遭窜改"。这一和二，在不考虑天灾人祸之外，还可以算成被淘汰，而最不幸者的横遭窜改，则是中国文化几千年以来的陋习，就是以编纂修订之名，而将前辈心血随意修改。要知道，这是在已经逝世的前辈无法辩驳，而后辈则盲目信服的前提下，可谓贻害无穷。现在归之为版权问题，那是不够的，事实上现代出版的传统著作中，笔者可以举出一大堆挂在某古人名下的"原著"，其实已经改了又改，早已面目全非了，而现代中国的著作权法对此毫无约束力。这是全中国读书人既生气又无可奈何的事实。先生深获同感，悲痛万分却又无可奈何。现在据笔者所知，总算有人来试图纠正此歪风邪气，那就是钱锺书先生生前安排组建的"中国古典数字工程"，在栾贵明、田奕二位的30年不断努力下，依靠"扫叶库"的运作，总算有《万人集》可以面世，看看其中如《子曰》《黄帝集》《炎帝集》①《庄子集》②《老子集》等，依靠电脑汇集丰富且准确的古代文献，完全能够显示古人故纸中曾被搞乱、窜改的原始形态。先生如有知，肯定会"会心默许"，而我们现在的年轻人，则十分庆幸有机会全面准确地重新认知中国古代文化的方方面面。

5. 捅马蜂窝

"昔余撰《诗文声律论稿》成，唐立庵先生曾见之，谬蒙称赏，余因申求教之意。立老曰：'以北人而谈声律，信不易矣。'盖谓北人不知入声，甚至不明上去清浊也。既阅之后，乃指数端，问功何以不加辨述，乃诸多争议无休之问题，例如：诗词应否讲求四声，拗字何以常在第五，等等。功对曰：'此稿只能说其当然，不能说其所以然。倘必勉强说之，将如捅马蜂窝，招致无数辩论而不能休止，是以不复涉及。'立老曰：'马蜂窝亦须一捅。'功对曰：'公去捅，我不去捅。'相与大笑。其后立老屡以长笺见教，俱申其所欲捅之马蜂窝，竟或前书所论，后书又改，盖亦不能自必马蜂之不螫也。功因呈五律一首曰：

---

① 《黄帝集》《炎帝集》，栾贵明主编，新世界出版社，2016。
② 《庄子集》，栾贵明主编，新世界出版社，2014。

伧父谈诗律，其难定若何？平平平仄仄，差差差多多。

待我从头讲，由人顿足呵。欲偕唐立老，一捅马蜂窝。

立老得诗大笑，翌日见和云：

声律天然在，随时巧琢磨。待开长庆体，早唱《大风歌》。

箫管宫商换，诗篇平仄和。良工心独苦，无奈马蜂窝。（自注云：'蜂
房压倒一切工程师。'）

款书：'元白诗人惠示五言，依韵奉酬博一笑，开即启也。一九七六年唐兰。'
按功字元伯，又作元白，因镌小印曰长庆，以唐诗人元氏、白氏俱有《长庆
集》，其诗格世号'长庆体'。立老借开为启，以谓启元白也。今立老久归道
山，偶见书箧，见诗笺遗墨，泫然记之。……"①

先生这篇短文记述他与唐兰教授的学术讨论，起因是先生的专著《诗文声
律论稿》。唐兰教授是他的老友，赞赏之余，又提出几个音韵学方面常争论的
问题，其意应该是鼓励先生参与论争。而先生的思路完全不同，他认为："倘
必勉强说之，将如捅马蜂窝，招致无数辩论而不能休止，是以不复涉及。"而
唐教授坚持督促"马蜂窝亦须一捅"，先生也坚持"盖亦不能自必马蜂之不螫
也"，最后就出现两位之间的唱和五律诗。先生总算答应："欲偕唐立老，一捅
马蜂窝。"而唐老则更是夸奖先生是："良工心独苦，无奈马蜂窝。"这应该也
是传统中国学术界经常发生的趣事。

笔者小时候领教过主动一捅马蜂窝的后果，脸被螫得红肿一周；年长后
又曾被螫得更惨。因此，笔者深知先生和唐老在学术上勇往直前的精神。先

---

① 《启功全集（第四卷）》，北京师范大学出版社，2009，第82页。

生留下这段记忆，实为后辈之借鉴。

　　附录：唐老的捅马蜂窝精神，可以借他著作中的一段话表示，唐教授著《中国文字学》（1949 年）中有很多，仅引一小段："注音汉字却是地道的、可是十分蠢笨的、旧调重弹的注音文字。由此，可见一般人的保守性。在我们觉得中国文字太难认的时候，就主张文字是应该改革的，可是到了实际要改革时，却畏葸了，退缩了。我们如其想一想中国文字的音符，从来就不固定……我们为什么不在改革文字时，因利乘便，把旧的不容易认识的声符换掉了呢？为什么不改革文字而只想统一读音，不创造新文字而只做认识文字的一种工具，注音符号呢？……我在写《古文字学导论》时，曾经提出过一个新形声字的草案，主张保留汉字的形式，改革汉字的声符，用拼音的方式替代旧音符……这种屋上架屋、床上叠床的注音汉字，累赘且不适于用的注音符号，我们能坐视它延长下去，永远是过渡时期吗？合理的改革，正是我

们的责任。"①

6. 回忆陈垣先师

"陈垣先生是近百年来的一位学者……每次见面，都给我换去旧思想，灌注新营养。在今天如果说予小子对文化教育事业有一滴贡献，那就是这位老园丁辛勤灌溉时的汗珠。……我很不用功，看书少，笔懒，发现不了问题，老师在谈话中遇到某些问题，也并不尽关史学方面的，总是细致地指出，这个问题可以从什么角度去研究探索，有什么题目可作，但不硬出题目，而是引导人发生兴趣。有时评论一篇作品或评论某一种书，说它有什么好处，但还有什么不足处，常说：'我们今天来作，会比它要好。'……如果我们不问，并不往下说。我们错过了许多次往下请教的机会。因为绝大多数是我没读过的书，或者没有兴趣的问题。假如听了之后随时请教，或回去赶紧补读，下次再接着上次的问题尾巴再请教，岂不收获更多？当然我也不是没有继续请教过，最可悔恨的是请教过的比放过去的少得多。……老师常常驳斥我们说'不是''不对'，听着不免扫兴，但这种驳斥都是有代价的，当驳斥之后，必然使我们知道什么是'是'的，什么是'对'的。后来我们又常害怕听不到这样的驳斥。……老师研究某一个问题，特别是作历史考证，最重视占有材料。所谓占有材料，并不是指专门挖掘什么新奇的材料，更不是主张找人所未见的什么珍秘材料，而是说要了解这一问题各个方面有关的材料。……材料到哪里找？这是我最苦恼的事。而老师常常指出范围，上哪方面去查。我曾向老师问起：'您能知道哪里有哪方面的材料，好比能知道某处陆地下面有伏流，刨开三尺，居然跳出鱼来，这是怎么回事？'后来逐渐知道老师有深广的知识面，不管多么大部头的书，他总要逐一过目。……哪里

---

① 《中国文字学》，唐兰著，上海开明书店，1949，第190—192页。

有伏流，哪里有鱼，总会掌握线索的。……

> 挽联：依函丈卅九年，信有师生同父子；
>
> 刊习作二三册，痛余文字答陶甄！"①

先生凡是讲到恩师陈垣先生对他的学术教诲，总是刻骨铭心地细细数来，这里所引仅是其中一部分，通过具体问题的问答，凸显他们之间对于中国文化的深刻钻研精神和钻研方法，某一个问题里头，总会深入套着一连串的思辨、究误、前思后想，一直要到知其所以然为止。陈垣先生的学术思想和方法，经过如此磨炼，就变成启功先生的学术思想和方法，更由于先生几十年后的仔细描述，也能够为现代学生们理解和接受。

对于史料的占有和运用的思想和方法，笔者愧为史学界一员 30 多年，聆听先生教诲也 30 多年了，但至今还是不敢说"某处陆地下面有伏流，刨开三尺，居然跳出鱼来"。现代网络世界中的史料，如何寻觅？真是奇幻无比，祈望年轻人顺着先生他们指引的学术道路，深入思辨，勤于验证史料。

7. 李叔同的为人

"李叔同先生是我平生最佩服的一位学者。……他在年青时候有艺术思想，他演戏，他演中国戏，演武生。从照片看上去是很英俊的武生。他后来到日本去学习，学什么呢？在东京美术学校学习画西方油画，学习演西方戏剧。……李叔同先生是否学习甘地或别人，我无法判断。但我知道，凡是伟大的人物对于时间的重视是中外古今南北都应该是一样的。我想他这是出于内心的一个判断。所以我说过，李叔同先生就是认真，一切是认真二

---

① 《启功全集（第四卷）》，北京师范大学出版社，2009，第 151—166 页。

字。……所以印度的甘地与中国的李叔同真有异曲同工之妙，这已经超出优点，这是一种微妙的相应的感受，使得他对朋友、对时间、对事情都是这样。……事实上他在晚年病死就是胃有毛病，是胃癌吧？所以这是认真。佛将去世时，弟子问佛，您要是去世后，我们听谁的？佛说：以戒律为师。这是佛说的。李先生就是以戒律为师。想起来，李先生一生到死，一字一板，都是以戒律为师。我们现在自由散漫，什么事都可以不按律不按戒来说，算不了什么。但是李先生认为就应该是这样学，就应该这样做，他对此不怀疑。我们则还没有信，我们就先怀疑。比如说我们现在吃东西，我有时也不吃肉，我也不赞成杀某一东西来吃。开始想起来，我也不是按照五戒来守戒律，我只是觉得为我特别来杀生，也不合适。那么，别人已经杀了的，那我也吃。别人杀就活该，我杀就不应该，这种想法不像话。现在也有禁止杀、盗、淫、妄、酒的戒律，沙弥戒，这些小沙弥都要学习的基本五戒。我们呢？今天不杀生，明天别人杀了我又吃，这都算合律合戒吗？所以，李先生对于戒律如此看法，本来那天吃饭晚了几分钟，也算不了什么，他就是只喝一碗白水，什么也不吃。他就是这样认真。……"①

2003 年 3 月，按照先生要求，我给先生录音，主要是谈他对于李叔同的为人及绘画。我整理后，经先生审查签字盖章同意，交给《中国文物报》，在 3 月 19 日报上头版全文发表，题目是《谈谈李叔同先生的为人与绘画》。这里所引，仅是其中一部分，重心在李叔同的思想与启功先生的思想交融处。

启功先生晚年曾为许多老友写过学术纪念性的文章，也包括一些古人或前辈，而在文章开首明示"我平生最佩服的一位学者"，则只有从来就没有谋面的李叔同先生。为什么先生会做出如此判断？先生略述李叔同生平各种事迹来证明，归总就是"一切是认真二字"。而这种认真的基础，则是信仰。

---

① 《启功全集（第四卷）》，北京师范大学出版社，2009，第 408—413 页。

第七章 情感

李叔同"重开南山律宗"，按照佛说，严守戒律。这是信仰的力量。

而中华民族六千年文明史的验证，我们缺乏全民族单一的信仰，所以虽有外来各种信仰在民间流传，各种区域性土生土长的信仰更是传来传去，但终究不能让没有信仰的灵魂得到公允的栖息与促进。没有信仰或缺乏信仰，都难以让族群在世界上获取集体的心灵安慰与进取，而混杂信仰就添加人与人之间的矛盾与思想混乱。李叔同先生自己身体力行，就是因为有了信仰。

"认真"对待一切人和事，包括对待自己认真，则大概是中国人最困难的思想和行为之一。因信仰而认真，更是与中国传统中的"和为贵"对立，启功先生举了杀生为例，恐怕今天的宗教界人士和非宗教界人士都难以给出满意的答案吧。如果人与人之间浑浑噩噩，你好我好大家好，而其后果就是不思量，稀里糊涂地混过去，也就没有了认真，更藐视信仰。现代社会中如果没有了信仰，是很危险的事情，因为也就没有了人性的皈依。而现代社会信仰的多样性，有的很平和，有的却十分凶残，现代的原教旨主义很可能会毁灭人类的生存基础。但是，并不是依靠新口号下建立新的"政治信仰"或"经济信仰"，就能够取代别人的信仰。

启功先生有自己的信仰，更有认真精神，确实在他一生的学术活动中表现得十分突出，笔者也曾多次体验到。我们现在看看先生的著作中，对于某一个字词的考察，对于某一幅画的疑点，对于某一件事的来龙去脉，先生总是一点也不放松地追查研究，直到说出自己的分析与判断，令人承认他的一家之言，承认他引用资料准确，逻辑清晰，绝没有胡编乱造、花言巧语之嫌。先生行文风趣，那也是在认真的基础上的，直击要害，绝非媚俗。要注意的是，先生的认真做学问和做人，绝非变成顽固霸道，而是认真诱导，条理清楚地引用实证资料，真诚明示自己思想的前后变化，只是用词充满启功特色而已。由此可见，先生引李叔同为"平生最佩服的一位学者"是最恰当的了。现在中国年轻人想要学习做学问，就以先生的言行为榜样吧。

8. 岔曲和德氏

　　"岔曲之作，吾始见于《霓裳续谱》，皆是简短数句者。至余幼年所聆，则有至数十百句者。其短者曰脆岔；长者曰长岔；中间敷说，曲调较平衍者曰赶板长岔，亦曰琴腔；中间杂以各种曲牌者，曰带牌子长岔，亦曰牌子曲。此形式之大略也。

　　"伴奏用三弦，自弹自唱，号曰单弦，或一人唱而另一人弹，号曰双头人，另一人弹弦时，则唱者可持八角鼓节曲。后世无论一人、二人所演杂牌子曲，俱蒙以单弦之称，已失其本义。其演奏之大略也。

　　"其曲词通俗，或杂诙谐，此初期之作，亦岔曲之本色。渐后有人追求文雅，而力不能逮，乃或牵扯典故，搬弄诗文，常致非驴非马，不文不白，每使听者啼笑两难。友人曾语余曰：'岔曲雅的那么俗。'应之曰：'子何高擅效颦雅语之岔曲乎？夫俗者，通俗易晓，众所同嗜之谓也。而效颦雅语之岔曲，听其腔调，纵或铿锵；阅其词曲，则未尝不肉麻而毛竖。俗之美谧，岂可误加！'今传曲词，有本色者，亦有令人肉麻而毛竖者。此曲词之大略也。

　　"此集传自德寿山，却非德氏所作，盖积累传抄，非出自一手者。……德氏以字行，遂失其名与姓氏，满洲人……先祖延之客馆最久，谈谐风生，能自弹自唱，场上有所触，随口唱出，举坐欢笑，遭讽者竟无以难之，盖深符滑稽之旨。此集乃其当日呈先祖乞为润色者，实亦未尝多加点定。

　　"辛亥后，德氏生计日贫，遂以艺糊口，流转四方，此集竟置吾家，不复索取，以其弹唱之本，多出自撰，固不珍视此死套也。余年十余岁时，犹及聆其奏艺于茶馆中，腰偃慎，声低哑，而坐客无哗，凝神洗耳。时当北洋军阀混战之时，坐间有系臂章之某军阀士卒，闻其嘲讽某军阀，亦竟为之同声鼓掌。……当时不知记录，今日遗忘已多。其所自撰杂牌子曲词，更无复传本，深为可惜。后世读此集者但知其为清季流传之岔曲可也，如于其中探求德氏之艺，则失之远矣。……"①

在 1795 年成书的《霓裳续谱》中，搜集有大量中国北方民间唱曲的文本。该书为王廷绍编，盛安为序曰："京华为四方辐辏之地，凡玩意适观者，皆于是乎聚，曲部其一也。妙选优童，延老技师为之教授，一曲中声情度态，口传手画，必极妍尽丽而后出而夸客。……其曲词或从诸传奇拆出，或撰自名公巨卿，逮诸骚客，下至衢巷之语，市井之谣，弥不毕具。……"章衣萍先生在 1935 年校订出版，胡适题签，周作人、刘半农作序。笔者以此略数，其中有"岔"字的文本如下："平岔" 80 首；"岔曲" 9 首；"慢岔" 16 首；"数岔" 19 首；"攻字岔" 1 首；"起字岔" 1 首；"平岔带戏" 4 首；"数岔小儿语" 1 首；"平岔带马头调" 2 首；"起字平岔" 1 首；"西岔" 2 首。② 总共100 余首。可见在清中叶以来，北方的民间曲调是多么丰富。而岔曲由于其成曲的多样性，有很雅的，也有很俗的，不可一概而论。

启功先生幼年家中的环境，足以使他接触熟悉德氏的岔曲系统，可谓耳熟能详，他再加以考证，就说明了岔曲的形式、演奏、曲词的来龙去脉。更主要的是，先生强调他仔细听德氏演唱岔曲的特色，就是"场上有所触，随口唱出，举坐欢笑，遭讽者竟无以难之"。艺人的这份与时俱进的本领，是在社会生活中依靠聪明磨炼出来的，很适合社会群体的娱乐与进步，只可惜以往文献中很少记录下这些口头故事和轶事，即使到今天，也还是搜集记录得不够。先生文中也明示："深为可惜。"

当年这种现场表演的语言技巧，比今天走红的"脱口秀"还要更高一层，因为其内容除了现想现编，并且与社会文化现象密切相连外，还得是有一定的唱腔格式，这就把中文的运用提升到综合性艺术高度。近代一些相关书籍中是有一定的记载，可惜相当零散。先生特记录于此，自然是希望年轻人多

---

① 《启功全集（第五卷）》，北京师范大学出版社，2009，第 68—69 页。

② 《霓裳续谱》目录，章衣萍校订，中央书店，1935。

加观照。

9. "启功怒斥不法之徒"之由来

前面介绍了那么多启功先生在书斋中，因中国文化而引发他的大量深刻见解，那么面对中国传统阴毒的流氓无赖，先生又是如何对待呢？笔者翻出 2004 年 1 月 19 日北京《晨报》上，以记者名义写的一篇文章，标题为"启功怒斥不法之徒"。此文的形成，与笔者略有关系，翻查笔者的相关札记，在 2004 年 1 月 14 日记录中有：

"上午来电话，说荣宝斋的荣宝拍卖公司印了一本目录，其实就等于是一个和尚月照做广告，内容先是他和赵朴初老的合影和介绍吹嘘，以及所谓赵老的书法字画等几十幅；接着是启老爷子的书法，也是几十幅；后面还有范先生等几个人的，全是一样炮制。问题是安在老爷子名下的所谓书法字画，全是假得厉害，显然这是一场精心合谋的大规模骗局。晚上九点半钟，我正在写东西，老爷子自己打来电话，叫我现在就过去。我进屋就见老爷子正襟危坐在圈椅上，一脸怒气，他先让我看那个目录。景怀在旁边说：'假得厉害。'老爷子就说：'他们太混账！你看怎么办？'我见老爷子已经太动气，就先绕到去年的旧事来说，去年他得到一本浙江摄影出版社印的《启功书画集萃》，上面就已经发现有明显造他的假字画。我当时就提议：由我代拟声明，准备打官司的法律形式，老爷子最后觉得太硬，没有采办，而现在他们愈加猖狂了。我接着说：'这两件事都是一个类型，你要是不吭声，他们能够把你给吃了。可你又觉得我的文笔太硬，那么，我建议请王得后（北师大 52 届学生，鲁博馆长）来写文章吧？他是鲁迅笔法。'老爷子点头，我就当场给王兄打电话，说了情况，老爷子接过电话机，也给他重复说道：'他们太混账！那个和尚太不守清规！'王兄立即答应写文章，并劝老爷子莫生气。老爷子放下电话机，脸上表情才放松一些，他接着又讲了一通佛门戒律。还说只跟那个和尚见过一面，并没有给他写过任何字画。我们劝他先睡觉，他才进去躺下。"

17日早8点钟，"先生来电召我过去，问进展情况，以及因措辞而被报社领导耽搁等内情。先生又重复自己的意见。我安慰他说，王兄能够办好的。现在不仅是你的个人名誉问题，而是大规模造假给整个社会所造成的恶劣影响问题。"

19日早上，"我上街买了份《晨报》，上载记者文章《启功怒斥不法之徒》。文中介绍了荣宝拍卖公司所为此事，没有点和尚名字，只是说22幅赝品卖了50万元，我拿去，念给老爷子听。他的脸色才缓和下来，露出一些笑容。他又讲到中国人要守法，佛门弟子要守戒律。我给王兄打电话，谢谢他。他说这才是第一篇，后面还有，让老爷子消消气。"

"孙红（记者）也给我来电话，说荣宝拍卖公司的某人给她打电话，责问《晨报》，气势汹汹。孙红回答他说：'欢迎他们也写文章。'我去告知老爷子，才知道，他也有打电话给老爷子，则是低声下气赔不是。"

30日，"头两天王兄来电话，说是第二篇文章发表了。第二天我一早就先去买报纸。然后我去到潘家园旧货市场，主要是应老爷子的要求，去看看在那儿的几家所谓'启功专卖店'，看看标他姓名的'作品'新价格如何？我在拥挤的人群中观赏了裱糊得还算精细的各种字画'作品'，又打听了价格，老板没有对我狮子大开口，他说：'大对联80块钱，大横额诗180块钱。'我回来到老爷子处报告，正好王兄送文章来给老爷子，老爷子表示十分感谢。今天老爷子给我来电话，说王得后文章写得好，心平气和地批评那个月照，让他们抓不到毛病。"

3月2日，"下午接到王得后兄的电话，他让我转告老爷子，说关于月照和尚造假案件，相关部门已经处理了。……我开玩笑地说起现在有了新的歇后语：启功打官司——难胜。晚饭后，我过去向老爷子报告，他听后说，不要把王得后坑了。我说不会。……”。①

10. "启功说谜语"

2004 年 1 月 6 日，（笔者交代：甲申年将至，启功老爷子高兴，电召小子前来猜谜语。可惜小子愚鲁，结果变成老爷子自己说、自己解、自己编。不敢专美，恭敬录如下。时间 2004 年 1 月 6 日，地点：浮光掠影楼。）整理如下：

"有一年呀，不是自赞，是我在协和医院门外头路北，是中央美术学院的一座小楼，是美术协会活动的小楼，预备有什么会呀用的。院子里搁不下，在门外，成这么一个小会场。有一年的春节，大家被邀请来凑热闹，写个谜语呀，唱个歌呀，什么什么的，这样那样。我就作了几个谜语去参加，写在彩纸上，挂起来，猜中了还有奖。会场上猜的人也很多，尤其是小孩子，他们多是文艺界人的孩子。我出的谜语他们猜不着，我就告诉他们谜底是什么，他们就去猜着领奖。这不是热闹弄着玩吗？

"我写的一个谜语，面是：'慢慢地拿着耍；打开看，头胎马。'打两个人名。结果是谁猜中了呢？是叶浅予先生。我问他'你猜了吗？'他说：'我猜了，是徐操、张伯驹。是不是？'我说：'是。'我们就乐。那天叶先生他是跟一个电影明星在一起，我问他就答。'慢慢地'就是'徐'，'拿着耍'就是'操'，'打开看'是'张'，'头胎马'是'伯'，又是'驹'。

"我还记得作过另外一个谜语，面是：'走近河边，越洗越脏；躲进破墙，难逃法网；是盒是庙，不够明朗；文字革新，莫认工厂。'开头是'走近河边，越洗越脏'，这是干钩'于'字，加上三点水，就是'汙'字。我的谜底是于非厂先生。'非'字是三个框，意思是指破墙。'非'钻进了三个框

---

① 《想念启功》，王得后、钟少华编，新世界出版社，2006，第 248—251 页。

子里，那就是'匪'。我写的就是：'躲进破墙，难逃法网；'这都是有文字考证。至于'厂'（1）字，从前是写作'盒'字，有时写作'庵'字、'菴'字、'闇'字，有时写简体字的'厂'字似的。所以，我就说：'是盒是庙，不够明朗。'他是'非厂'，他不糊涂，非闇就是不明朗。'是盒是庙，不够明朗；文字革新，莫认工厂。'那时已经开始讨论文字改革，'厂'（1）就写一横一撇，同工厂的厂（2），他的'厂'（1）也如此写，于非'厂'（1），要是认错了字，就变成于非厂（2）。后来这个简化字，是全国统一的。

"年会后，我到了上海，那里的三轮车是两人合坐的，我同白蕉先生坐一辆车，我在车上给他说我们在北京春节做的谜语，他就大乐。后来回北京，我就当右派了。

"还有一条谜语，记不全啦。谜面开始是：'家住在城北，'这是借《战国策》上一篇古文：城北徐公。城北徐公不是夸自己最美吗？所以我说：'家住在城北，其实并不美；'后面大意还有：'头上两只角，中间一张嘴；两边有分水，底下四条腿；'这是'燕'字。第三个字，名在《尔雅》释亲章，子之子为孙，儿子的儿子叫孙。我的谜底是徐燕孙先生。所以我接着写的是：

'翻到释亲章，倒数第一辈；'（笑）这都是有根据的，见诸《尔雅》。这把徐老先生气得不得了。我最后结尾还有：'请您莫怪罪，小市民趣味。'这时候老北京话：'好孙子啦！'（哈哈）我记得不全啦。写全了大概就是：'家住在城北，其实并不美；头上两只角，中间一张嘴；两边有分水，底下四条腿；翻倒释亲章，倒数第一辈；请您莫怪罪，小市民趣味。'

"这几条全是在那次年会上的。有一个小孩子，叫欧阳什么的，是阳翰笙先生家的孩子吧。她姓欧，是阳先生的女儿吧。她猜不着，我就告诉她是怎么个猜法，她就去猜，就猜着了。其实有的是我猜着的，有的是我编的。现在越想那个时候，越觉得很有意思。我不知道别人，反正那天别人很少编这样的字谜。

　　注：徐操先生（1899—1961），近代画家，号燕孙。

　　张伯驹先生（1898—1982），近代词人、画家、收藏家。

　　于非厂先生（1889—1959），满族，近代画家。本名奎照，改名照。字非厂、非闇、非盦。他的作品常常署名不同，所以有'不够明确'说。

　　（1）音 an。

　　（2）音 chang。"[1]

当笔者拿整理稿面交先生审阅后，他轻轻地对我说："这就是我当'右派'的由头。现在你不要发表。"后来，先生的口述史出版了，其中已经记录了与这相似的话。现在应该可以公开了。

---

① 《启功口述历史》，北京师范大学出版社，2004 年，第 129—131 页。

11. "自谶"词

高阳台 自谶 时年八十又六

罪疚孤身，皮毛朽骨，奇褒爨下之材。

误系残丝，轻弹指涩声哀。

便生九十今馀四，对斜阳，能几徘徊。

计明朝，举步虞渊，咫尺泉台。

劫波火后重提管，费多翻纸墨，拉杂盈堆。

意外流传，徒成枣祸梨灾。

尊亲师友今何在，浊世间，可一归来？

剩深宵，自炷心香，泪滴檀灰。

启功具草

　　这是启功先生亲笔写的词，递给笔者看时，脸色沉重。笔者略看，不由地在脑海中掀起老爷子一生苦难的映象，我只能含泪对老爷子说："老爷子，您别说啦，我都要掉眼泪啦。"先生默默地将诗稿交给我，一言未发。我接过这两张手稿（两张手稿上个别字词略有不同），珍藏至今。这次翻出来看，心里更加痛苦，却又吐不出来，只好暂且记录于此。

第八章

合

行文至此，笔者已经从叙述、判断、疑问、方法、描写、情感这六个视角体会启功先生的学术思想，写法基本上是以先生的主题言论为主线，也即是笔者先记载了先生的学术见解，然后略加笔者的学习心得。

如此之作，实出无奈，因为笔者实际上是两读《启功全集》，体会到他的学术见解所涉及的方面与深度，实在是太宽太厚，笔者无力全面阐述，因为那无疑是对中国文化作一个全面深刻的重新认知，但是内心又有一股力量激励我要去写出一些心得，以了心愿，实在纠结之余，还是冒冒失失地动笔了。写着写着，笔者又怕自己变成歪嘴的和尚，把老爷子的经文给念歪了，不断斟酌，反倒让自己越加怀疑自己，可又无法可施。现在这六章写完了，我是完全不能说已经进入先生的学问的整体核心，如果有权威者说略近先生的皮毛，那也就如此啦，祈望后来人吧。

本书的核心是介绍"猪跑学"。这种学科的创新也是近代中国的一种特色。由于古代中国文化中，"学"字曾于文人中有相当高的地位，但是，以"××学"来命名一些专门研究则很少，仅有如"文学""理学""经学""字学"等。在近代，日本人带头以"××学"来命名各种学科，中国书生也就借过来依样画葫芦，沿用至今。而且最重要的是，近代所形成的各种"××学"，是有着作为"学"所应该具备的基本条件，一旦形成"××学"，就意味着形成一个知识系统。笔者曾归纳出其基本的六条："××学定义""××学体系结构""××学理论概念""××学方法""××学文化价值""××学沿革"。也就是说，任何人提出任何一门"××学"都可以，只要你能够在这六方面有合乎逻辑的说明，就是自成一家了。先生自己笔写或口说多次，宣称自己做的是"猪跑学"，听者无不称奇，因所有目前自称"××学"中，还没有"猪跑学"这个专用词。其实也就留下一个极大的学术难题，笔者经过 20 余年的机遇以及多次请教体验，多少可以说出点自己的理解，现在略述如下：

A. 猪跑学定义——阐述与学习中国文化知识的学问。中国文化经过六千多年的积淀，浩如烟海，如何阐述与学习，一直是企图掌握的人的难点。请注意，首先是"阐述"，不仅仅是描述或叙述，"阐"字在古汉语中有"彰往而察来，而微显阐幽"的用法，那就比一般的描述要深入得多，是要阐明那些长期模糊不清的过去及未来。其次是针对中国文化，这是太庞大、太复杂的内涵，混杂着大量常识和知识，近代虽有人梳理出《中国文化史》等专著，但可以说是仅梳理了九牛一毛，而对于一代又一代的年轻学者，关键还是学习掌握梳理的方法。再次是文化知识的阐述和学习，而不是文化常识的梳理与学习。常识是人们在社会中对于天、人、心的初步判断，是个人的观念，没有经过实践验证，而知识则是常识的升华，即经过实践验证的对于天、人、心的科学的理解，其标志就是具有强烈的公允性，放之四海而皆准。先生在文章中经常做的一件事，就是在混杂的古代常识中抽绎出科学的知识内涵。最后是做学问，而非卖膏药或挣外快。先生做的是如何阐述与如何学习知识的学问，这正是我们当代人的短板。先生苦口婆心地讲学一辈子，就是祈望后代有人能够认知，至少是认知中国文化的方方面面。

B. 猪跑学体系结构——涉及中国文化诸源及发展演化。先生自己的讲述是以诗、书、画为重点，其实推广到中国文化各个方面皆为适当，包括汉民族与其他民族文化交流的内容。

C. 理论概念——认知的理论原则。对于各个文化现象所显示的种种问题，以探索概念为核心目标，才可能从千头万绪、真伪难辨中，从各种文献留存的个人观念中，寻觅出能够证明、能够体验信服的知识。

D. 方法——凡是可能获得认知的方法，不分古今中外，全都可以运用，包括归纳、分析、演绎、推理、考据、类比、综合等。先生对于这些方法的运用是普遍的，而更要注意到，先生还自己创造新的方法来尝试。

E. 文化价值——解决中国文化（不分传统的或新文化问题）中的难

关。先生的文章显示：解决中国字难认难写的困境，解决中国诗词难写难读的问题，解决中国艺术品欣赏鉴定等问题，真能够做到"我辈数人，定则定矣""一字千金"呀。

F.沿革——如果今后有人要写《猪跑学史》，千万要注意，"猪跑学"这个词虽然是启功先生公开使用的，但如果说源头，那就要从西方知识体系的建立和发展、中国传统知识体系的建立和发展一一道来，特别是中西方知识体系在近代以来的交融脉络，才能够表述出先生这样集大成的学术思路。祈望后人吧。

书写到此，笔者想起以前曾为先生及他的"猪跑学"写过三篇文章，现在一并记录于此，以为实证：

1. "我是胡人，我讲猪跑学 —— 启功前辈的为人与为学"

"自从启功这位老前辈住到与我前后楼间隔，这十几年就成了我此生最幸福的时刻。隔三岔五的，我就能够溜达到老爷子书桌前，如果他在忙于挥毫，我虽无磨墨之能，但是拉拉纸、打打粉还算称职；如果他在忙于应酬宾客，我也能把门迎送；如果恰逢小书房里的贵客、来宾全都烟消云散，老爷子脸上紧绷的肌肉就会放松，双眼眯成一条小缝，手指着厨房，让我去拿罐啤酒什么的，给我们各倒上一杯，然后就海阔天空地谈论学问和文坛逸事。碰上老爷子高兴，到卧室拿出他的诗稿或字画，又吟又讲，我听得如醉如痴，只恨当时为什么没有带录音机来！不过，现在可以说，我近年的文化学问，有一半以上，是老爷子教诲所获。这是同课堂中塞来的、社会中飞来的完全不同，只是很难从一篇短文中描述出来。

'我是胡人，没有汉族血统，《华人》能发表吗？'

事也凑巧，《华人》杂志江总编从香港拐个大弯到日本找回来，要我写启功前辈。无奈，就又溜到老爷子书桌前，如实报告。不料老爷子笑眯眯地举起手一挥，说道：'我是胡人，有满族和蒙古族的血统，没有汉族血统，《华人》能发表吗？'我无以对，退出。电告江总编，耳机里传来那边她更豪爽的回答：'胡人也是华人！我们请你写。'好啦，带着这个概念定义，我又坐在老爷子对面。这回老爷子听后不笑了，他放下手中的茶杯，慢慢对我说道：'当年我自己听共产党周恩来总理讲的，他说中华民族是一个大家庭，你们满族祖先曾奠定助攻现代疆域的基础，我们很感激。周总理这样讲，就同孙中山所讲的中国两次亡国，要"驱逐鞑虏"完全不同了，孙先生只认汉族是中国人，也就给了日本人后来侵略东北的由头。'我边听边想，偏偏要同老爷子唱一点对台戏。于是接话说：'您讲的现代历史观很有道理，但是如果用在历史中，也有问题。如果不提侵略或亡国，当年的蒙古族建立元朝，统治到莫斯科以至匈牙利，那可就全是中国领土了。'老爷子叹口气道：'历史问题是谈不清楚的。我来问你，要写我什么？'答曰：'当然是写您的为人和为学啦。可以吗？'老爷子略微点头道：'由你写去吧。'

'现代胡人的文化特征'

真要写时，我也犯难了，这位胡人前辈的形象在我眼里，是同在电视里很不相同。他只有在公众场合被传媒'绑票'时，才中规中矩，一丝不苟地按照程式动口动手，连微笑也都如模子里刻好的。而当他在自己的小天地里，他是敢于收拾那些自命不凡的拿虎皮当皮条拉的人。他更劲头十足地与同行晚辈揣摩文化瑰宝，一字一笔也定要考据清楚。他在家中的穿着，实在不敢恭维，但不管如何提醒他注意容易感冒等因素，他总难得改进。他是美食家，看他吃美食的高兴样子比自己吃还过瘾，同时还听他批评医生的饮食观，才更感美食之精义。近年老爷子身体时好时差，只要我在楼下路边能听到他爽朗的大笑中夹杂咳喘声，那就是高兴之时。这次讨论胡人，我突然明白了，这不正是现代胡人的文化特征嘛！满族人的聪明通达，蒙古族人的豪爽大方，时时事事都体现在老爷子身上。可怜那些文化战略大家，仅从书本里就想规定中华民族文化特色，也太南辕北辙了。

'我讲的是猪跑学'

至于先生的为学，我曾多次听他用一句话总结：'我讲的是猪跑学。'启功先生是教授，师大校园中随处可见他写的为人师范的语录，但应该如何解释前辈的猪跑学呢？这就更难了。首先是学之由来，这是北京俗话'没吃过猪肉，难道还没有见过猪跑吗'演化而来的，意思是追随前人所开拓的学术道路，呼噜呼噜地往前跑，谁要想学，就一边看一边学吧！此话虽近笑谈，但是深含哲理，我学猪跑学跑了十几年，才有点一窥堂室之感。此学不在教委登记之列，也没有招过博士生，只有就此学的具体内容来看，才感到深广无边。就拿公众欢迎的书法来看，前辈认作工具，我则以完全外行的角度，深深感受他的字画中骨肉相连的生命力。我的享受正是在他挥毫间，听他讲述字画里的黄金分割效应，真是字画写好写坏，分明立见。

近年书法有经济效益，前辈就用以为北师大办个励耘基金会，更不知赞助多少困苦学人。再讲八股文，前辈用一本书来说明八股文精髓在中国语文中的主导作用，在中国文化中的根深蒂固。虽然明摆着与20世纪以来的政治上批判八股文风很不一致，但他论证确切精细，让那些拉大旗作虎皮的语言大家，闭口停笔，装聋作哑。我从来没有学过八股文，但听前辈分析中国地理观、建筑观、作文观等，全于无形中接受八股原则，也就无法与之辩论一番。至于他作为中国文物鉴定委员会主任的工作，我是没有发言权的，但我知道国家的文物珍宝，如容他有时间写一部大书，那才真是对世界文化的贡献。记得两年前，顾颉刚先生之女拿来顾先生珍藏的一幅字画，老爷子边看边念，更详细评述其中每个人，真比他柜子里放的东西还清楚。我感觉老爷子深厚的学识，更多表现在他的诗词里，凡是读过《启功韵语》《启功絮语》的读者，无不产生奇特的共鸣，似乎他不用推敲，就把诗人情感融入你的心房，触动你久已麻木的对世界、对人生的渴望，就想有腔有韵地念出来。古时天才诗人是七步成诗，其实对老爷子来说就是家常便饭，我常见他听完来人所述愿望后，提笔就写，四句八句，肯定对上榫头。可惜的是，老爷子对我这不会诗的木头人，指望过高，常将秘藏的未定稿拿出来，一首一首地吟唱，还要解释关键词的由来，我听得兴高采烈，心领神会，可就表达不出来。这里顺手录下老爷子赠我的四首律诗之一，题《落花》，看看有心读者的感受与前辈的解释可相通？

> 弥天万紫与千红，一霎风来几树空。
>
> 火急催开劳羯鼓，夜阑不寐听僧钟。
>
> 轻难入地香添涩，落未盈堆绿已丛。
>
> 毕竟萧郎遗业重，缤纷大梦忏无功。

'别人称他为国宝，他总是回答：我是活宝'

如果再写到佛学、教育学、历史学等方面的学识，那可就要变成论文了，就此打住。最后介绍老爷子去年要我给他录音的感受吧：还是两人对坐，中间摆着老式录音机，我按下开关按键，点头示意，老爷子仿佛是端坐在教室椅子上，马上中气十足地开口讲述，眼前的我似乎变成几十名学生。他根本没有讲稿本，但仿佛是讲过几十次的腹稿，大声地字字是真理地蹦出来，那么自信，那么有条理，再加上脸上丰富的表情和有力的手势，令我永生不忘。中国传统文化的内涵，给他形象地描述出来。例如中国语文结构，他用竹节来比喻，一节一节的，让人不得不服。再如文房四宝的历史与用法，他用大量典故穿插其中，以他的个人体验为最有力的法宝，听者只有跟着他乐，跟着他思考，于不知不觉中接受了他的论证。

悠悠此生，为人为学，启功前辈都是中华民族文化的一面旗帜！我多次见到来人面对前辈，称他为'国宝'，前辈总是回答：'我是个活宝。'此话

学术启功

242

并不轻松，现代社会流风所致，拿启功先生当作杂志封面，挂在墙上当照片，有些口头的揄扬，往往令前辈无地自容。我看还是饶了他吧。"①

2. "老爷子，我看这启功文化现象是……"

"我站在八宝山追悼会场外长长的队伍中间，已经过去四十分钟，大家都很少说话，我的眼睛望着那挂在树林间密密麻麻的悼念挽联，但思想全然麻木。我抬头望天，奇怪，太阳哪里去了？前几天北京连着高悬烈日，我在去师大灵堂的路上，那感觉就像是快被烫熟了，现在居然还没有感觉热！于是我转头向站在旁边的王得后兄说道：'我感觉老爷子现在就正在上面，他坐在轮椅上笑眯眯地，肯定是说：你们这些傻瓜来啦，我给你们挡挡毒辣的太阳吧。'王兄点头回应道：'这正是老爷子的为人，他的灵魂深处，从来是自己忍受痛苦，而要把爱心善心撒遍人间，我们现在还在沾光啊！'

---

① 《我是胡人，我讲猪跑学 —— 启动前辈的为人与为学》，钟少华，香港《华人》杂志，1997年12月刊，第34—36页。

于是，我开始默想，启功老爷子有什么神通？他的仙逝引来全民族的悼念，是他的诗书画三绝吗？当然，他的书法作品世界流通，人见人爱，成为我们民族汉字美的象征。记得在20世纪80年代，我就以全然外行话说他的字画是有骨头有肉！因为很有骨气而又不扭捏作态，因此居然获得老爷子奖励一幅字。而他的启体书法早已经在全国普及，当有人在电视上称他是'当代王羲之'时，他却什么话也没有说。说到他的韵语诗句，一首《墓志铭》倾倒了多少诗迷！我则只恨自己喜欢诗却没有作诗本领，20世纪90年代初有多少次啊，他拿出快翻烂的诗稿本，把自己得意之作一首首念给我听，还仔细讲解其中的意思。当时只让我羞愧无地，后来想想那首'惜花四律'，可不真是有弦外之音吗！而我更佩服他的当场作诗的功夫，有好多次，有人因各种理由各种背景而来求字求诗时，他总是一边磨墨一边简单地问几个问题，然后铺开宣纸，拿起笔筒中一根趁手的毛笔，舔饱墨汁，仿佛不经意地写下去，等你读到几句以后，已经明白老爷子又一首韵语出现了。当他写完，再把签名盖章打粉一系列程序完成后，老爷子自己还会轻念一遍，一脸的笑容说明他把握住恰当的人物心态愿望，让来人心服口服。至于他的画，记得我在政协礼堂看他的画展时，看到他居然用金粉画山，再映漾在银粉飘荡的云彩中，实在让我钦佩。但是面对这些三绝，虽然夸奖声入云，他只是曾淡淡地说：'那不过是末技。'

致敬的队伍开始慢慢前移，我又想到是他的文物鉴定吗？作为国家文物鉴定委员会主任，他曾经对全国文物清理和定位作出巨大贡献，让文物成为民族和民众的文化代表。最巧妙的是他每逢棘手的鉴定难题的时候，他总是让不同意见者各自表述，在各自签字表态后，他找一个角落，最后签下自己的意见，让在场争论得面红耳赤者全感到一锤定音了。而在近年的文物拍卖炒作中，老爷子变成极大的受害者，仅是潘家园旧货市场中就常年设有'启功字画专卖店'，我报告给老爷子后，他先前是叹一口气，也就算了，到后来实在是忍不住，就几次对我说：'你能不能带我去看看？'我同景怀同声说道：'不能。因为那里拥挤不堪。除非我们去请一班武警战士给你保驾。'老爷子于是讲起他曾经在琉璃厂路边，碰见一位摆摊的老太太，那老太太伸出大拇指夸奖他，说：'你是好人。'老爷子问：'怎么？'说：'因为让别人用你的名字挣点钱，你不断他们的财路。'我们大家传为笑谈。但是当两年前出现一个不守清规的和尚，居然大批量假造梨园子弟的字画，并且公然与北京有名的拍卖公司合作大炒作，这是着实伤了老爷子的心，因为已经危害到我们和谐的社会，幸亏有他的老学生王兄前来打抱不平，发表文章怒斥不法之徒，正义才得到伸张，老爷子在家中清醒的最后一天，还对来探访的王兄抱拳作揖，以表感谢。

队伍前进到大棚下面，我无心看两旁花圈上挂满的悼词，心里涌荡着老爷子的教育理念。他自己从中学生到副教授，历经辅仁大学和师范大学七十余年的人世育人磨炼。当我看见他写下的校训'学为人师 行为世范'八个大字时，就明白他已经获得孔老夫子的真传，并且有大发挥，根本不是那些腐儒所能望其项背的。我更是心痛地看着他在晚年多种病痛缠绕下，尤其是黄斑病变让他接近盲目的情况下，他自己又将那些在他指导下的博士生们召集起来，一个一个把着手教，令他们老老实实地学习、做学问、做人，体现一位伟大的教育家的核心思想。至于他拿手的学问，早在20世纪80年代，他就因不满意'古代文献学'的称谓，而公开自己将之命名为'猪跑学'，二十多年来，我以晚辈兼邻居身份，主要学习的正是'猪跑学'的思想、方法和内容。在今年春节第一天上午九点钟，老爷子让景怀来电话叫我过去，下午又叫我过去，他两次问的重点就在于我对'猪跑学'的认识，我的回答让他在昏迷前夕脸上又展现笑容，我也才放心。

哀乐的声音响起来，我不觉已经随同步入追悼灵堂，三鞠躬后，我缓步趋近躺卧着的老爷子。他显然消瘦了许多，闭眼似乎又在想作什么韵语吧？我突然想俯到他耳朵旁，悄悄对他说：'老爷子，我看这启功文化现象是……'而他安卧的花榻拦住了我，我也就说不下去了。其实我也不用说了，因为我很清楚，如果老爷子听见，他一定会立马坐起来，睁大眼睛问道：'你又创出一个什么新名词？什么叫"启功文化现象？"'我当然回答道：'老爷子，您再升高点就会看见啦，您在"副部级"是看不全的。在全中国，凡是启功老爷子所引发的文化活动有多少？凡是启功老爷子所造福的百姓而报答有多少？凡是启功老爷子教育的弟子在传播的"启体"有多少？凡是用启功老爷子名义在做善举或捞钱的有多少？我是数不清啦。在您出生的20世纪初期，曾经有多少中国文化精英为民族文化鼓与呼；现在您在21世纪初期，也更成为中华文化精英新的现象与象征的代表，难道还有什么别的名词能够表达吗？'老爷子肯定会挤眼对我一笑，再一次重复说道：'你又胡说八道。'我只有再唱年初一就自编的非韵语：'咱们小红楼，住着一位胡人，他讲猪跑学，说八股，说八股有八道，于是就成为胡人胡说八道。'他手中的兔头拐杖仿佛又举起来了，我稀里糊涂就跑出来了。

这些天，我一直等着老爷子的电话。'老爷子，您看呢？我看这启功文化现象是……'

2005年7月9日写于小红楼"[①]

3."我追随启功先生学习猪跑学——献在先生墓前"

"因缘关系，我做了启功老爷子的编外学生二十多年，我称呼他为老爷子，他则在不同场合，称我名字或者各种别称。

20世纪80年代初，我在他的满座宾客的浮光掠影楼中，经常听到他回答外人的询问，他总是回答：'我这是猪跑学。'然后解释道：'北京俗话，你

---

① 《老爷子，我看这启功文化现象是……》，钟少华，原载《澳门日报》，2005年7月25—26日。引自《想念启功》，王得后、钟少华编，新世界出版社，2006，第65—68页。

没有吃过猪肉，还没有见过猪跑？'不搞学问的客人往往因之满意大笑，我每一次都跟着笑，却又注意到老爷子自己的脸上却并非真笑，分明是在向我做鬼脸。次数多了，我不由得思索起来：猪跑，我们在20世纪是见过的，善良老实的猪，一旦被激起，激情就会使得它一往无前，一只狂奔就会让旁边的也狂奔，早就见怪不怪，偏偏老爷子加了一个'学'字，这就怪了，这个中文'学'字，自从孔老先生鼓吹使用后，在中文里一直处于崇高的地位，19世纪以来，凡是加上'学'字的，就会是一个知识系统，令人倍加注目。现在老爷子将自己的学问浓缩成猪跑学，到底是什么意思？'跑猪学？'恐怕没有必要；'跟猪跑？'恐怕也难。恐怕是需要先搞清楚猪跑何以成学，然后才可能学之。

久而久之，总算想出了一条入门的办法，那就是先看老爷子自己是做什么学问的，初步推论：是书法吗？那显然是老爷子学问的一种表现，关键是我学不来；是他的脍炙人口的诗词吗？当然诗词的学问深了，有一回我拿着自己费九牛二虎之力才诌出来的一首'古风'，让老爷子看一眼，结果得到三个字：'没有韵'；至于文物鉴定，我听到了他做文物鉴定的一些考据思路，对我激发颇多，只是我没有兴趣摆弄那些文物，我也学不成。老爷子看我实在是蠢得可以，他就经常电召我过去，有客人在也不准我走，一定要坐在旁边当跑腿的，听学问。如没有客人在，我们就天马行空，乱讲一气。有时候他高兴了，手持一罐啤酒（后来改雪碧，最后是换成清水），拿出他作诗的底本，一句一句、一字一字地念给我听，对于难懂的字词典故，他还会说明为什么那么写，目的何在，就如同侯宝林那样抖抖包袱，他自己就会高兴得手舞足蹈，可惜我跟不上他的意境。有时候他也会讲到当时文物界最热门的某件事，他批评起来可真叫一针见血，其中基本的学术理由正反面都充分，人物、时间、作品风格，全都说得头头是道，令我从心里佩服，只是我实在不是吃文物饭的材料，进不了脑子。好在老爷子更关心当时学术界中的新人和新学术动态，他一直引导我讲看到的、听到的人物时事，他们闹出来的事件，等等，而且不管哪一学科，新自然科学的，新人文科学的，他全要我描述出来，还要我加上自己的看法。于是，我只好留上心，回家就像是做作业似的，关注和收集报上、刊物上的相关资料，以准备几天后的面试。久而久之，成了习惯，也就有了后来一些文章的出现，如《门修斯事件》《国学研究》《李叔同油画》《投票兔儿爷》等，让我整理后发表出来，算是我的成绩（稿费也归我）。不过这也只能算是皮毛的零敲碎打吧。

有时候赶上他正在写字，我就赶紧想学着帮忙，试过几道工序，我最后只能定位在扶纸、撒痱子粉这两道工序上。因为我试过的研墨、倒水，全被我搞得一塌糊涂。老爷子一丝儿也没有责怪我的意思，我自己则实在是不好意思，反倒是发起牢骚说：'早知道我就跟你学写字，现在大概也够混饭吃啦。'老爷子笑都没笑，拿起一张写好的诗联，递给我说：'你拿去买书吧。'

说起买书，只要我向老爷子说起市场上出现某部有意思的近代书籍，他总是回答一个字：'买！'有一次我讲起当时热吹的'国学'，我说我想研究一下'国学'是什么内容，老爷子就递过来一幅字，我拿到拍卖公司换成人民币，就到市面上搜罗1949年以前出版的'国学'名义的著作40余部，我将其中内容分类清理一番，写出来的文章，后来被《新华文摘》全文转载，我拿去给老爷子汇报，他也只是高兴地笑着说一

个字：'好。'去年我见到某位博导，他说我是反国学的。我则回答他道：'这是当年启功先生的意思，我整理发表。'（我至今也不明白，为什么'反国学'也成为一顶帽子？）

闹SARS（非典）的时候，老爷子的浮光掠影楼依然对我开放，每次见面，他总是忧心如焚地打听疫情，后来，他写下了鼓舞全国民心的诗句。我则在他的鼓励下，将近代中国卫生状况整理成文。

时光流去，我终于有点感觉到：老爷子只要讲到他教学一生的典籍文献，就会是口若悬河，而他想说点弦外之音，则多是在他细数典籍后自然地蹦出来。在他引经据典讲述的时候，丝丝入扣，前后左右全照顾到，到最后下结论时，已经毫无疑义了，但此时老爷子往往会把话锋一转，给出个让听众一笑后深思的论断。我认为这不是博闻强记，而是求知的最好方法。可怜我只有'文化大革命'前图书馆里的那一点点文献学常识，如何能强记那些三坟五典八索九丘的种种内因？如果再联想到从训诂学角度来学习，老爷子是直接从陈垣老校长处获得真传功夫，其认真的劲头和严密的考证，那是已经远离现代中国学术氛围的。我虽然很感兴趣，却实在是没有本领去补课重读。我没辙啦，只好老实讲出来，我对老爷子说：'前些年，我被贺麟老逼着学习哲学，现在我对你的猪跑学的方法很好奇，想学一学。'我能够这样说出来，更是由于我的经历他都早已经清楚，从'反右'到'文化大革命'，我一直都是被折腾，饱受蹂躏的，而我的母亲生前曾对我叮嘱：'父母都希望你走自己的路，不要做接班人。'

老爷子看我经过这么长的时间，由他言传身教，反复教导窍门，却依然开不了窍，实在是愚鲁得没药可医，只是总算能说出问题所在。于是，他回答道：'你拿录音机来吧。'结果是，他费了两个暑假的时间，专门给我一人上大'猪跑学'课。每次上课，当我在桌上安放录音设备时，他总是挺腰安坐在圈椅上，不跟我说笑，眼睛只盯着桌面，桌上没有一片纸，也没有笔，

第八章　合

只有一杯饮料。当我说：'可以开始啦。'他开口就说，完全不用思考似的，每引用到什么时代、什么人物、什么典故，全都跟讲故事一般顺流而下，起伏跌宕，引人入胜。只有到录音带一小时后自动停止，他才喝口水，歇一歇。我也正坐在桌子的对面，听着听着，慢慢脑子似乎开了小差，我感觉他老人家恐怕是在讲他于40—50年代，在中文系里上课的讲稿吧？一个人能够记忆那么多东西，其中当然有其逻辑积累，老爷子把握住方法，就水到渠成，仿佛那些文献全部刻印在他的脑海里，想怎么说就怎么说，完全不是演员在台上念台词般死记硬背；他的讲述也说明，中华文化六千多年的积淀，是多么丰富复杂，好的美的与丑的臭的，全然混搅在一起。老爷子全用文献本身就将之清晰坦露，这才真正是做学问的根本！等录音机'咔'的一声响，我也才被惊醒，赶紧给他倒水，看着他依然没有笑容，只有一脸疲倦神态。等到第一轮讲完了，我也录下十盒带子，我对他说：'你这儿讲的是大"猪跑学"，我要学学做小"猪跑学"。'他这才露出微笑。

后来我看到另一种给北师大题写的校训：'学为人师，行为世范。'我的第一反应就是，这也恰是老爷子自己身体力行的为人准则与毕生愿望。'学'这个中华民族崇高的字眼，是书生们几千年来不断的追求。'学'字本身与敩、效、教、校同源近义，也就是说，'学'既可以当'效'解，也可以当'教'解，也可以当'校'解，那么，从古至今，只有通过学习，掌握学习的本领，才能够成为别人的师；而'行'字也是中国文化里的一个关键字，是从王阳明到孙中山多有辩争的'知、行之辩'的那个'行'的意思，也就是说，一个书生一辈子仅是满足于'学'还不够，还需要去'行'。简单说就是不仅'坐而论'，还得'起而行'。那么，'行'的效果要到什么样程度呢？应该是让当今世界上训释的一个样板，而非仅是中国的一个样板。我认为，我学习的就是这一点一个思想和方法。

岁月蹉跎，老爷子离开我们已经 6 年了，我拿退休金也 10 余年了，概括老爷子的猪跑学，我认为需要懂得从三个方面去理解：

懂得中文研究的基础

其实老爷子的文章中早已经写明白。这里略引一些：

中华民族文化的最中心部分——汉语（包括语音）和汉文字，自殷商至今有过许多的变化，但其中一条是未变或曾变也不大的，就是：一个文字表示一个记录事物的词，只用一个音节，无论其中可有几个音素。当它代表一个词时，那些音素必是融合成为一个音节的。……汉语既是一字即一音，一音即一词，这就使得汉语的语句和它所表达的思想，可能长短、伸缩、繁简、正反……自由变换，随时随处加入，撤出某个词，即使句义全变，句子仍然成立。这是字、词、句的句型、句义的灵活性，也是它的优越性。[①]

提到凝聚力，它在汉语中颇为顽强，不仅表现在节拍、辙调等方面，其他体裁中，也有许多模子或范型。例如八股文，内容上虽已臭不可闻，但它的形式上和手法上，又具有陷阱式的模槽，许多创作走着走着就不知不觉地坠入槽中，因而出现'这八股''那八股'的批评和讽刺。但值得反省的是怎么就会形成这类槽子？而在八股之前、之外还有什么样的槽子？律诗八句为什么那么摆？对联这种某些问题中的细胞，又为什么许多世纪以来一直挂在

_____

① 《启功人生漫笔》，同心出版社，2002，第 187—188 页。

人们的门口？这些都是值得我们想一想的。[1]

'葛郎玛'是英语'语法'一词的音译，它本不是专指英语语法的，而是称一切语法的普通名词，也曾有人借来喻指其他事物的'法则'。我这里用它，却是作为专词，是个简称，或说代称。……'借英鉴汉'，又有何不可！只是'借英鉴汉'与'以英套汉'应该有所不同。……（1）英语没有对偶，没有平仄，没有骈文……（2）汉语句法构造比较特殊，常见句中'主、谓、宾'元素不全的现象……（3）英语词的词性，因性分类。但汉语的词，用法太活，性质太滑，以英语套汉语，每有顾此失彼的情况。……这绝非'葛郎玛'不好，而是套的方法可议。假如从汉语的现象出发，首先承认汉语自有规律，然后以英语为鉴，鉴其某些适用于汉的精神、方法乃至局部零件，岂不很好！[2]

懂得认识中文文献

《启功全集》第八册是他的讲学录，其中已经记录他对于中国古代文献研究的真知灼见，这里仅补充引述一条他对于近代语言文献的思考。他写道：'"西学东渐"，是当时的一句常说的话，如从语言词汇方面讲，则是"东学西渐"的，即如法律、名词、关系、舆论、参加、认可、赞成、反对……都是日本书面传入中国，在当时也曾被旧文人所反对，但是用久了，也没有人觉得它们是外来的了。至于今天出现的许多新引用、新创造的词汇，寿命如何，恐怕还要经过一段时间，待看大家沿用的多少，很难事先预料的。可以理解，今天出现的新词汇，以拼合的居多。两个词，各表一项内容，要把这两项内容组合在一起，使它用字少而内容多，就不免出现硬拼的现象。……总之，生活事物是不断发展的，记录它们所用的语言（从词到句）也必然要

---

[1] 《启功全集（第一卷）》，北京师范大学出版社，2009，第110—111页。
[2] 同上书，第103页。

随之发展，但容易理解的易于传播的，过于硬捏的就未卜如何了。'①

懂得研究中文的方法

老爷子毕生从事中文教学，从中学生做到副教授，师从陈垣老校长，他的教学方法确实精彩丰富，如脍炙人口的诗歌竹节法、绘画黄金分割法、汉语装入书架法，等等。其认知方法如：'一个字的词不但有若干含义，而且异常活动。……都可有骰子式的六个面，而每面都可插电线通电流。但无论它们多么活动，只要成了二字词，像个盒子，底盖相扣，便稳定多了。即使底盖翻覆，底作盖，盖作底，它固然能活着，而我们也仍能辨识和利用。'②

我这里仅是强调，老爷子用他的方法和知识，能够对于新知识领域进行深入的探索，那才是做学问的根本思路。他能够从他熟知的古代语言文字学出发，认识并判断'用典'就是'凝聚力'的表现；他从单字字形、字义，就进而用"书架"来排列解决中文数位化问题，要找出'意根'来；他更是从人的喘息规律中，总结出：'人的喘息不可能一高一低，而是两高两低，才能喘得过气来。这一下子使我找到平仄长竿的规律；汉字的音节在长竿中平平仄仄重叠，人才喘得过气来。……'③ 这些都已经超出一般解释古文献本意的研究方式，而是与现代知识联系而有所突破。

我最欣赏老爷子的一段话是：'我不懂"训诂学"，但经常凭借着工具书来查看文言文中许多语词的解释。看到前代人解释古代语词的办法有两类：一类是根据词典性质的书籍如《尔雅》《广雅》《释名》等书和古代经籍注疏中对某字某词的解释，作为今天的解释的依据。当然古代人理解古代语意的词义，必然比我们今天人的理解要接近得多，但他们的表达方法，却并不是见得都比我们今天说得透彻，他们常用一个字去解释另一个字，我们知道，

① 《启功全集（第一卷）》，北京师范大学出版社，2009，第185页。
② 同上书，第172页。
③ 《启功人生漫笔》，同心出版社，2002，第189页。

凡有待解释的字，便不是"声入心通""不言而喻"的，用一个字去解释也不见得一定都能那么恰当、透彻。……'①如此理直气壮地批评流行的一些'训诂学'，在我的以往认知中，简直是石破天惊一般。我仿佛看到：猪在跑成学，只要激发出它的动能和动量，朝着混沌的领域，不问前途，只求乐在其中，那才是书生所当为。

6月，我陪得后兄前去给老爷子扫墓，我面对墓碑，对着老爷子说道：'老爷子，近十年了，我依照您的猪跑学，自己开拓中文概念史研究、中文语义学研究，已经显出可用之处。我有了更多的体验与问题，比如"猪跑学"的反义词是什么？我还是想不出来，还指望您的"用典"。'我仿佛又看见老爷子在朝我微笑。"②

————————

① 《启功全集（第一卷）》，北京师范大学出版社，2009，第145页。

② 《我追随启功先生学习猪跑学——献在先生墓前》，钟少华，原载《澳门笔会》第43期，2011年，第89—90页。

启功老爷子如是说

钟少华

2005 年 6 月 30 日早晨，噩讯传来，我无法再如常般写论文，长流的眼泪环绕，阻隔了我的思路。一代思想家走了？我真的无法接受这早已暗示我的事实。我茫然地呆坐在书桌前，几次想起身再走到楼下去轻轻推开启功老爷子的屋门，再听他爽朗地数落我的话语，再看他灵动的手指点到我的鼻子上，再把他满肚子的学问讲个不停。但是，我也知道这样的事再也不会有了。今年春节大年初一他电召我在早上 9 点钟过去时，他躺在床上很疲倦的样子，还是开口就问我的家事以及澳门学术事。我报告后，又问道："我放在你桌上的《悠游录》看见了吗？"他点头笑道："油葫芦。"并伸手拿书看。我就接着说："书里面讲了个胡人，他讲猪跑学，他投兔儿爷一票。……"他笑着轻轻地说："胡说八道。"我又凑到他面前说："从前中国人有八股文，考据是变成八道。经胡人一说，就变成胡说八道了。"他的笑容更是堆满脸，费力地用手指点我的头。我替他摘下手表，他就又睡着了。那时我已经感觉到老爷子仿佛在嘱托后事了。现在我还能够为他做点什么呢？茫然中我的目光落到桌旁的小本子上，那里面是我专门用来记录近几年老爷子对我讲的话。于是，我翻开本子，后面还有许多空页，但那是永远不会再有新记录了。前面的呢？我顺手翻看，一段一段对话逐渐浮现。该把这些如实说的话公开出来，即是明确老爷子晚年对我的教诲，也许有年轻人愿意看看呢。下面选择部分如实写出：

之一：2000 年 11 月 3 日

启功先生听我讲读他的《启功丛稿》后感，他就讲他曾经遇到三次教诲。

一是在他 20 岁时，临草书还不像样子，亲友们评价很低。有一天陈××先生看见了，他说："这是懂得草书的人写的。"特别讲到其中"天""云""三""之"四个字的区别。

二是一位写魏体字的先生，他讲我临的楷书好，并买字帖。我十分意外。

三是……（当时没记住）

之二：2002 年 7 月 26 日

老爷子 90 岁大寿。前几天就告诉我说师大有此安排，他说实在不想讲什么，太痛苦。命我到时同去。早上 9 点钟，我过去同几位一起坐他的车去英东楼。一开车门，他就被人群簇拥走上 3 层楼。我拿出相机拍照。

在主席台上，他一直严肃端坐。轮到他致辞，他就说："我自 1 岁丧父，母子相依为命。幸亏母亲在 1956 年去世，而自己是在 1957 年当'右派'，所以自己有一丝安慰，因为母亲不会理解，她的儿子为什么会是'右派'？所以我每逢做寿就倍感酸甜苦辣。"如此云云。搞得主持人只好回避内容。后来到 11 点 5 分，他站起来去上厕所，我随景怀进入厕所。然后他就下楼直接回家了。我则随王得后兄等会散了，再到餐厅吃祝寿午餐，领导来切蛋糕。启功先生家中无一人在场吃饭。

（后来老爷子的发言全文发表在《群言》杂志上。）

之三：2002 年 7 月 30 日

早上去电请教："文献"二字何解？回答曰："'献'为贤人言论，是与书写文相对。"

景怀告诉我说：26日他从学校礼堂溜回家中，不料有三位客人坐等着。而老爷子连拉三次屎，成为故事。

之四：2002年8月6日

早上老爷子打电话让我过去。我将他要的《新华字典》奉上。

他高兴地给我说："我现在是越来越大胆了。你看《诗经》第一首：关关雎鸠，在河之洲；窈窕淑女，君子好逑。说的是女性追求性。孔子规定'诗无邪'，其实'邪'的标准是他和后人加上去的，并非诗本身的规定。现在我要写篇文章，需要查些资料。"

我讲这样做很好，我自己也不停地在写，这是练脑，能够与时俱进。

老爷子又讲三百篇上的许多问题，可惜我没有记录下来。

之五：2002年8月16日

下午2点钟，来电叫我过去。

我先奉上杭州《文化交流》杂志编辑刘晓华寄来李叔同存在西泠印社藏的三枚原印章盖的印，老爷子看得很仔细，也很高兴。（之前，是他提出需要看到原印，才可能鉴定李叔同的油画。）听我说完自"雨夜楼"出现李叔同油画以来的种种考证与疑问后，很郑重地说："你转告他们三句话：我完全相信了；我全赞成；我衷心感谢你们的工作！"

然后老爷子回忆在20世纪80年代，他有一次同几个人去虎跑，沙孟海先生也在场。在一个大厅里挂满李叔同书画的真迹，厅前门外是一个石柱，下面埋着李叔同的舍利子。当时在侧厅开一个座谈会，他在会上发言讲："李叔同这样的人才无愧为社会主义的人呢！既不贪污，又不枉法。他是全部奉献。他是真的信奉佛法。夏丏尊后来很后悔，因为当年是他直接劝李叔同入佛门的。"

接着又说到自己："我是佛教徒，我信。我师父是北京雍和宫喇嘛，他被不同派的和尚诬告。他配的藏药，我吃过。我的曾祖母去世前，我到雍和宫求药，是晚上去的，一路上我就想着《西厢记》里的词：'月亮高，黄琉璃，碧烟笼罩。'我曾祖母的死让我看到世态人情，恶劣极了。我师父被别一派告到官府里，后来被化验出他的药是中草药，这才没有事。他在狱中收好些门徒，所以我有信仰。其他和尚就难说了。我唯一信服的只有李叔同。"

之六：2002年9月11日

早9点送《文艺报》过去。

他脸色显得很累。我打听，他说前些天在历史博物馆办书画展览时，"累得站不住，往旁边倒下去，幸亏左右后面3个人给扶住了，才没有躺倒在地上"。（凤凰台还是报道了。）

再讲"国学大师帽子"。

又拿出复印件一份，是老爷子在1986年作的诗：《题江陵古迹》。上面写有"人歌下里今传节，史记他门昔驻游"两句。他解释道："'他门'古为'门'，在清太祖武皇帝实录中写作'他门'。所以此典故非他人能明白。"

中午我做猴头蘑萝卜肉汤送过去，他喝了说好喝。又同我说起李叔同印章的事。当我要出门时，他玩笑说："祝你不要被钱塘江水卷走。"

之七：2002年11月26日

下午我去老爷子的二窟，恰遇黄苗子、郁风伉俪送画册来，他们谈得很高兴。讲到他当年曾做票友，我插嘴问老爷子演过什么，他回答说曾和表兄弟二人同去拍一张相片，是穿着"审头刺汤"的戏服。老爷子自己扮汤勤，鼻子上贴白。可惜相片已经失掉了。黄先生说："应该找张中行、王世襄三人补拍。"

我来拍相片。

之八：2002年12月10日

上午，我找到一份鼓吹"读经"的文章，送过去念给老爷子听。他听了一部分就说："我是反对读经的。不用再念了。"

之九：2003年1月16日

早上去二窟，是由于中商盛佳拍卖公司委托我送一张董其昌的山水卷请老爷子过目。老爷子仔细拿在手中，先看封口，再打开看印章、图画、题字。然后卷回，做一个手势捧着，在上面一口气吹过去。我乐了，说"吹了！"然后他口述："杨先生是大鉴定家，他有那么多的题跋，当然有他的根据。我启功眼睛患黄斑病变，看人看物全是模模糊糊的。所以，只有以杨先生的话为凭据了。"我记录后，他又说道："只对你说，画也假，字也假。"随后，我又重复念一遍，他点头，我才收起。

老爷子又讲起李叔同的文章，他说："李叔同的精神在于'认真'。他没有见过佛本人，弘一信，就有，就认真。明知'空''有'，佛说以律为师，形成律宗，就以律之。说过午不食，过1秒也不食。后来弘一大师患胃癌。"

我说起近期有人胡捧池田大作的文章，我想写篇小文回敬。老爷子仔细听我说完，然后说："你是人！没有两撇，你去批池田，你值不值！"

他一边说，一边拿起桌上的笔、尺、小刀和橡皮，搭成一个"人"字，再用手全按住，转90度，变成一个"仁"字。

之十：2003年1月21日

下午来电话让我过去。我见他脸色不好，问之。他答曰："很累，这两天在忙全国政协新老领导请吃饭。"

翰海拍卖公司经理等人送来盆景。他对她们说："几天前，看董其昌山水卷，五颜六色，像国旗。"他又说起，"徐邦达夫人写文章，说徐先生鉴定说是真的，谁敢说不真？这是什么话？文物鉴定哪有如此的。所以有一次，我去参加一个文物的鉴定，我先声明我最后发言。大家一致说假，我也就在纸角上签名。"接着又说，"几年前在杭州，我和徐先生住在宾馆的对门房间。我过去问他：'我那篇鉴定三议，你有何意见？我说头一篇就是针对你的，没有点名而已。'他回答说：'大家说你滑头。'"

我请翰海拍卖公司经理到家中，将"雨夜楼"画册赠给她们。

之十一：2003年2月21日

之前在2月13—14日，我连续到二窟给老爷子录音两次。由他口述《谈谈李叔同先生的为人与绘画》。当讲到李叔同生平事迹，老爷子如数家珍，丝毫没有查阅什么参考资料。我边听边录，十分佩服他的思想与他对李叔同的崇拜。我是用MD和磁带两种录音。2月17日，我整理完成第一稿。18日我送到二窟，老爷子用放大镜一字一句地看，并用笔修改之，后来又加上两句话。到19日我整理成定稿，再送到二窟去，他仔细将修改部分又看一遍，才签字盖章。共6000字。（后来我交给《中国文物报》，在2003年3月19日头版发表，附有雨夜楼收藏的李叔同油画彩色相片多幅。）

今天我去二窟，主要是给他读剪报：关于杨义所长当博士一事，以及红豆诗赛一事。柴剑虹来了，讲中华书局一事。

之十二：2003年7月4日

之前曾向老爷子报告，我的女儿从德国来电话，说是我的外孙女孙悦然小姐出世，重8斤。老爷子大乐。今早来电，叫我过去。给我一张他写好的粉红色笺纸，上面写着：

悦然

钟少华先生新得外孙女，健壮可爱，取名悦然，嘱功为书其乳名，以为长命百岁之祝。

公元二〇〇三年夏日，启功书于北京，时年九十。

我代表悦然感谢老爷子的祝福。他则同我讲起在"文化大革命"后期，他被通知去参加文字改革的会。在会上有人说：华主席写"尸"字，所以应该拿来通用。轮到他说话，他就说：当年毛主席写"囯"字，也没有能够通用。

之十三：2003 年 7 月 8 日

前些天，我准备去故宫御花园观赏，特去请示他："去了看什么？"他故作鬼脸说："御花园里头有诸葛拜北斗，你知道吗？你去给我看看还有没有？"我去前看了点史料，然后才去御花园观赏，很容易就找到历史上的种种留痕。对那块石头上的天然影迹所似的诸葛拜北斗状也拍了相片，拿回来给他一观。但是我的观感很不舒服，因为既然故宫被定为世界人类文化遗产，就应该保护其种种文化因素以及过去的文化活动情形。但是我看见的是各个关键楼台全被改成茶馆、小卖部或书店等，让游客实在难受。于是，我就拿着相片来向老爷子报告，特别提到溥仪曾赐给他的英国老师庄士敦住的御花园养性斋，曾经是在中国近代史上发生过许多精彩文化活动的地方，但现在变成"御茶馆"，挂牌营业，里面大变样。特别是侧室里摆上铺着黄色褥垫的圈椅，就似乎可以蒙游客坐着来过一回皇帝瘾，真让人有荒唐之感。我越说越气，老爷子则慢慢地说："有'御'专用，也就有

学术
启功

262

'御茶壶''御夜壶'。"

之十四：2003 年 8 月 5 日

早上到二窟。我带着前天在潘家园，在一中年农家妇女装束的地摊上用 200 元买到的《圣经百科全书》的第 2、3 两册，俄珥原编，协和书局编，是 1925 年翻译版，缺第 1、4 册。我打开给老爷子看，扉页有"北京图书馆藏书"章以及"陈垣同志遗书"章，北图工具书号：A 415310；A 415311。我分析是有内部的人从北图偷出去的，因为偷第 2、3 册不容易被发现。联想前不久报纸上报道：巴金赠北图的书籍也在潘家园出现。所以我说很想写篇文章，把这本书的来龙去脉写出来。更何况该书的内容质量相当高，是很典型的西方的百科全书，颇有历史文化价值。老爷子仔细翻看后，告诉我说："是真的。是陈老校长的书。是老校长故后，他的家属捐献的。他晚年入了共产党，所以图章上称'同志'。这书怎么会流出来呢？你先问一下他的孙子陈志超。（接着又找电话号码给我。）你不要写文章，你别去惹麻烦。"接着又说："你去一趟西单煤渣胡同口，那儿有一个中华圣经会流通处，看看有没有这本书卖？"接着又问："这书的另外两本在哪儿？"我答可能还在国家图书馆。

他突然又讲起利马窦。他说："利马窦曾经说过：'朋友非他，我之半也。'讲得多么好。"连讲两遍，很是得意。

他又拿出自己写的千字文给我看，说发现其中的'辩'字不同，应该是王羲之没有写，是后人加进去的，有日本人加的。

（后来由于任继愈老先生给我来信，我在回信中就报告了《圣经百科全书》一事。几天后，我接到国家图书馆副馆长陈立先生打来的两次电话，说任老将我的信转给他了，他去馆中将第 1、4 册提出来了。现在希望我不要追究书籍丢失事，而是把 2、3 册给他。我回答是：我是研究中国近代工具书的，把书给他也没有什么不可以。只是我认为这本书的学术价值很高，是近代编辑得很成功的工具书。贵馆有出版社，我希望它能够再印出版，我就提供出来。至于出版宗教书的控制问题，我认为更不难，只需要任老以宗教所长身份批一下，谁敢不出？经费问题，则应该由丢失者承担。这些内容，我陆续都报告给老爷子以及陈志超先生。）

之十五：2003 年 8 月 14 日

昨天我去西单，为老爷子买昆曲 VCD，原因是前天他对我说，特别想听昆曲。他一边说好听，一边眯着眼睛按拍，喜形于色。我当时打电话给老同学王惕，说明情况，她很高兴地说她要在电话里唱给老爷子听。于是，我把电话交给老爷子，由她开唱数句。今天我把买来的昆曲 VCD 拿过去，并问他昨天王惕唱得如何，答曰："味不够。"诚然。

我还给他送去《黄药眠口述自传》。再一次动员他做口述，他还是认真地说："太痛苦了，我受不了回忆那些事情。"

然后他就说起他的曾祖父曾任刑部侍郎。当时发生一件案子，有一个女子，因为用猫害死妓女而入狱；恰好当时的男监牢有人借此发生暴乱逃跑。慈禧把他叫去问情况，慈禧问他："男狱离女狱有多远？"回答是："没有去过。"慈禧说："我去过。这男狱的事跟女狱的事无关。"然后立即判斩立决。而那儿还以为可以减刑呢。

又讲到攻打西交民巷的事，用董福祥的事。没讲完，来客人，我告辞。

之十六：2003 年 9 月 1 日

上午过去，老爷子脸色不好，坐在沙发上，头上也没有包扎。我还没问，他就对我说："自己在房子里，不知不觉就跌倒了，头碰到地板上，流了一摊血。幸亏被他们发现，把我架到北医三院，缝了几针就回来了。"我说了几句话，他就让景怀给他开吸氧机，准备开始吸氧气，又说："幸亏是出了血，所以就没事了。"又告诉我，他想看《兔儿爷丛书》。

屋子里摆着新买的四脚拐棍。

之十七：2003 年 9 月 17 日

前天在电话中正在同老爷子侃大山，（我打电话常是从"老爷子，你吃饱了吗？耳朵长长了吗？"开头的；而他打来电话则常是先问："你耳朵长了吗？你在干什么？"他突然告诉我说："我快要死了！"我只好用玩笑顶回去。我因事没有过去。

今天过去同他聊天，讲起在困难时期，老爷子在郊区牛栏山劳动改造，大家吃的饺子是把油饼剁碎，和上菜做馅吃的。而农民当时的晚饭是一大锅清水，上面漂着几片瓜片。

之十八：2003 年 10 月 14 日

我的散文游记可以出版啦，我过去请他给题个书名。他先问我想到什么，我说想到"悠游集"或"悠悠录"。他随口就念陈子昂的诗句："念天地之悠悠，独怆然而涕下。"然后做个鬼脸说："太惨点。"我回说："正是我的心情。"于是，他提笔给我写下"悠游录"三个字。

随后老爷子就说："老舍死后，我在 1966 年夏天，有一天去王府井百货大楼买东西，走到路南口，看见胡絜青正蹲在路边地上，她在卖'文革'小报。看见我了，就拉我一下，我也就蹲下来，她只给我说了一句话：'惨呀！'"

然后，他又同景怀等人念叨："悠游，油葫芦。那一年我跟景怀随你在广州去吃饭，你让我们进了爱群大厦。你点的'迷你'佛跳墙。你有没有写进去？"景怀插话说："是清水煮粉丝。"他们大乐。我知道老爷子又拿我开心，无从申辩，只好听之。老爷子又说起当年陈垣老校长请客，是100大洋一位。……

之十九：2003 年 10 月 15 日

早上 8 点 15 分，老爷子来电话，叫我过去。他交给我一封写好的信，让我转交给"炳文老先生"。我即电早已经退休的中国书店的王炳文先生。

之二十：2003 年 11 月 8—16 日

8 日早上我到机场接到小杨从杭州运来的李叔同油画原作 43 幅，将他们安排到师大兰蕙宾馆后，就去给老爷子报告。

9 日下午我去给老爷子报告，他说可以让他们明天拿来看看。

10 日上午他们（浙江 3 人）将油画原件拉到老爷子住处，刘东瑞和我随之。老爷子坐在圈椅上，仔细观看后，谈自己的看法，肯定其中一批画作。他还说道："油画中的鉴定是很难说的。王雪涛去法国学习画油画，回来后给划上'右派'。他是用一笔来抹黄绿叶、花红粉白，这在中国画法中很普通，在法国人即惊奇。他就是因为说反对拆北京的双塔寺，当了'右派'。现在我 91 岁啦，我说的绝对客观，为的是防他们挑毛病。"他又再看李叔同的盖章，说："李叔同在日本不是息翁，是少爷。……要问倒对方才能够站得住脚。……我们盖纪念馆，被别人说，我说千真万确，但是还要理由。你看《后出师表》的真伪就吵到现在。"

老爷子接着又说："我看就说不出假。我信仰李叔同，我就相信，不管是什么人盖上图章。我楼上有马公愚赠我的李叔同小幅画像，宝贵极了。这些画现在造不出来，打开一看，其中的气氛就不可能仿造。"……老爷子又指着一幅画说："哈哈，当年我们在新新饭店住过两个月，在楼外楼吃饭。这画好极了。这些景致现在人怎么画得出来？他要是说不对，我好好打他一耳光。"

"李叔同的法号演音是老师父给起的，这是佛门习惯。"

"不必再看了。我觉得，平湖是李叔同他老太爷户籍，办个纪念馆很应该。陈列也得符合条件。我也没有资格评这些油画的画法，我没有学过画油画，这在那个时代很自然。……我提个问题：封印藏的时间有没有矛盾？……人没有矛盾才奇怪，《矛盾论》里写得清楚。印章大小，必须说明；宣统二年必须说明；他与相关人的关系，必须说明；自己的根据要写出来，画边解释的任何一句话都要留神。……平湖是于敏中、张住中的老家，现如一梦。"

接着我给他们四人分别与老爷子合影，我自己也拍一张。老爷子很高兴。我们再回到宾馆说具体鉴定手续。

11日上午我过去，先报告已经按照老爷子的意见而初步选定可以鉴定的画作。再讲我代他拟订一份给纪念馆的祝贺信，他仔细审阅后，签字盖章。又答应给纪念馆题馆名用集字的办法。又告诉我说："（贺信）先不用给他们，等他们的馆办好后，请你同刘东瑞去时再表示祝贺。"

晚上我再去请史树青老先生签字。第二天再由刘东瑞完成其他程序（我准备去澳门开会）。这样一共27幅李叔同的画作作为正式文物的鉴定书形成了。由国家博物馆所属的"北京国宝文物鉴定咨询服务中心"出具证书，由启功、史树青、刘东瑞三人以鉴定人身份签名。

之二十一：2003年12月3日

昨晚我才从澳门转广州后回来。

今早给老爷子打电话。因为我在走的前一天，接到老爷子的电话，他问：

"你去哪儿？"答曰："去澳门开会。"他说："澳门有个老朋友李鹏翥，是《澳门日报》主编。你去代我向他问好。"我问："有什么事要告诉他？"老爷子痛快地说："就向他问好，啥事也没有。你就这么说。"我答曰："那我就去假传圣旨了。"

老爷子就叫我过去，我带上李鹏翥赠给他的巧克力去，并报告说起我给李老打电话中就已经长长说了一通，李老也十分高兴。后来李老就到宾馆来看我。我跟李老讲起老爷子近况后，又讲起我在1948年随父母与梅龚彬一家一同到澳门柯麟医生家小住，还依稀有点印象。我说我到澳门以后，已经询问过柯小刚先生他们家的原住地，也去镜湖医院参观过，印象很好，但就是找不到原住地。李老说他知道。接着我们就乘他的车前往，很容易就找到了，那儿离郑观应家不远。李老还介绍，隔壁是原东印度公司办事处，斜对面是一个大教堂。我们在门前合影留念。我把相片给老爷子看，还拿出澳门的郑观应邮票，上有郑观应写的澳门诗句。

老爷子说，他正在查找"莫须有"三个字的本义。他认为余嘉锡、吕叔湘他们的解释皆不准确，要我查一查。

我写游记《澳门游趣》。

之二十二：2004年1月6日

一早电话叫我过去。说是要给我讲谜语，是为1957年春节所作。我马上回来拿MD，给他录音，然后整理成文。他修改后说："不准发表。"

之二十三：2004年1月7日

前两天在老爷子处见翰海拍卖公司拍卖目录上，有启功批示的关于家父钟敬文手书的冯梦龙研究2页。我们都看不明白，所以老爷子约定今天晚上7点，叫我随他同往拍卖现场看看。景怀开车，老爷子坐轮椅，我们同去××大厦。现场很大，房间很多，放满各种各样字画文物，更挤满参观者。老爷子在轮椅上一边看，一边同各种人打招呼，我拍了些相片。后来到一间放满玻璃柜的房间，经理小心地打开一个玻璃柜，从中拿出那2页纸，我们一看，原来是家父当年（1987？）给一个硕士生的冯梦龙研究的文章写的意见，请老爷子审评，老爷子就写这2页的审评意见。这是他们二老交情的实证。我拍了照。

后来的拍卖情况我没有打听。但听说恰在我们去之时，另外一间屋子里有一个参观者因太凑近看一个陶器，不小心将玻璃同陶器全打碎了。

之二十四：2004年1月14日

上午来电话，说荣宝斋的荣宝拍卖公司印了一本目录，其实就等于是一个和尚做广告，先是拿他和赵老的合影来介绍吹嘘，以及所谓赵老的书法字画等几十幅；接着是老爷子的，也是伪造的老爷子的几十幅字画；后面还有范先生等几个人的，全是一样炮制。问题是安在老爷子名下的所谓字画全是假得厉害，显然是一场合谋的大规模骗局。晚上9点半钟，老爷子打来电话，叫我现在就过去。我去后，见他正襟危坐在圈椅上，先让我看那本目录，景怀在旁边说假得厉害。他就说："他们太混账！你看怎么办？"我见老爷子太动气，就从去年他得到一本浙江摄影出版社印的《启功书画集萃》，就已经发现有明显造假一事说起。我当时提议由我代拟声明，准备打官司的方式，老爷子最后觉得太硬而没有采办。现在我说："这两件事都是一个类型，你要是不吭声，他们能够把你给吃了。你又觉得我的文笔太硬，那么，让王得后来写文章吧？他是鲁迅笔法。"老爷子点头，我当场给王兄打电话，说了情况，老爷子接过电话，也给他重复说："他们太混账！那个和尚太不守清规！"王兄立即答应写文章，并劝老爷子莫生气。放下电话，老爷子才放松一些，又讲了一通佛门戒律。还说只跟那个和尚见过一面，并没有给他写过任何字画。我们劝他先睡觉，他才进去躺下。

之二十五：2004年1月15—19日

15日，王兄来看荣宝斋的相关资料，并拿来一篇文章草稿。

16 日记者孙红来访，我谈了些看法。

17 日早 8 点钟，电召我过去，问情况，以及因措辞而被报社领导卡住等。他又重复自己的意见，我安慰他说，王兄能够办好的。现在不仅是你个人名誉问题，而是大规模造假给整个社会所造成的恶劣影响问题。

18 日晚，王兄来电话，说已经谈妥了，可以发表了。

19 日早上，我上街去买了份《晨报》，上载记者文章：《启功怒斥不法之徒》。文中介绍了荣宝拍卖公司所做所为，没有点和尚的名字，只是说 22 幅赝品卖了 50 万元。我拿去，念给老爷子听。他的脸色才缓和下来，露出一些笑容。又讲到中国人要守法，佛门弟子要守戒律。我给王兄打电话，谢谢他。他说这才是第一篇，后面还有，让老爷子消消气。

孙红也来电话，说荣宝某人来电话，责问《晨报》，气势汹汹。孙红回答说欢迎他们也写文章。其实，荣宝某人也有打电话给老爷子，则是低声下气赔不是。

之二十六：2004 年 1 月 20 日

早上我过去，给老爷子读报，又读到自称"棒槌"的哲学家杜丽燕写的文章："君子之风刚直温婉。"文章起因是杜看见启功先生赠我的书法诗句大受启发，并借以发挥，深得老爷子精神内涵。老爷子听后，大为高兴，打听她的情况，我报告之并强调她的新专著《人道主义史》头两卷 100 万字将完工。老爷子说："她是个真正的哲学家。"然后他亮出新得到的圈椅后靠垫，原来上面是一个可爱的兔子淘气的样子，让我去拿照相机来拍照。我连拍几张，老爷子连做各种表情和抱兔子的动作，笑个不停。

陈垣老校长的孙子陈志超进来，一同聊。老爷子又说到利马窦说过的话："朋友非他，我之半也。"后有人改为："半我。"

晚上，香港凤凰台读报，说港报报道：启功假字卖到 50 万元。其中点到那位佛门弟子。

之二十七：2004 年 1 月 30 日

头两天王兄来电话，说是第二篇文章发表了。第二天一早我就先去买报纸。然后我去潘家园旧货市场，主要是应老爷子的要求，去看看在那几家所谓"启功专卖店"里，标他姓名的"作品"新价格如何。我在拥挤的人群中观赏了裱糊得十分精细的各种字画"作品"，又打听了价格，老板没有对我狮子大开口，说："大对联 80 块钱；大横额诗 180 块钱。"我回来到老爷子处报告，正好王兄来给老爷子送文章，老爷子表示十分感谢。今天老爷子给我来电话，说王得后文章写得好，心平气和地批评那个月照，让他们抓不到毛病。

之二十八：2004 年 2 月 2 日

我的女儿带外孙女悦然（不足 1 岁）来看望老爷子，让老爷子十分高兴，逗她笑，让她在地上爬（擦地板），给她以祝福。

之二十九：2004 年 2 月 5 日

下午过去，老爷子先问悦然回去后身体有没有不舒服。答曰没有事。他才放心。又来几个人聊天，讲到"文革"时候。老爷子说：那时候大家写字，都只说毛先生写得最好，现在可就乱说了。

秦教授在教育台上讲书法课，他说是讲"当代王羲之"启功先生的字。

之三十：2004 年 2 月 9 日

下午叫我过去。他吟自己的两首诗词，让我录音。

之三十一：2004 年 2 月 21 日

晚饭后，打电话先问他耳朵支得多高，他说看见我的耳朵支起来。我说："不对，您自己看。"于是我过去，送上他抱着兔子耳朵的相片，互相对笑。他很高兴，讲："小时候，特别喜欢穿连裆裤小孩。曾经同母亲讲起来。母亲笑着回答：'你自己就穿烂 7 条连裆裤。当时 7 条都不够你用的，大家尽忙着弄你的湿裤子，烤呀，晒呀，倒不过来。'"

他又讲到避讳问题。说：因为康熙叫玄烨，大家写到"玄"字，就得少一点。但是，"畜"字就不能少一点，因为不能给畜生避讳。

之三十二：2004 年 2 月 22 日

早上老爷子来电，叫我过去，让我把他自己收藏的八大山人的法帖送到黄苗子叔叔处，因为他正在编八大山人的书。

我顺便讲起杜丽燕写的文章《灵魂的对话》。他又说杜丽燕是哲学家，接着说："写文章，就如讲'天地玄黄'，知道下面就是'宇宙洪荒'，就没有味道了。要不知道，如果变成'天地玄白'，下雪啦，不是黄土，就有意思啦。"

之三十三：2004 年 2 月 23 日

下午来电话，问我昨天去黄老家的谈话情况。我就报告他们二老接见与谈话的内容，尤其关于八大山人的法帖出版安排。老爷子听后回答道："谨遵台命。"让我转告，我照办了。

之三十四：2004 年 3 月 2 日

上午接景怀电话。

下午接王得后兄电话，他让我转告老爷子，说关于《启功怒斥不法之徒》所引起的案件，上午他被请去文化部开会，商讨具体办法，要给老爷子一个说法。（内容从略）我开玩笑说起现在有新歇后语：启功打官司 —— 难胜。

晚饭后，我过去报告老爷子。他听后说："不要把王得后坑了。"我说不会。然后，他又讲到文怀沙，又讲现在的《楚辞》，全是按照郭沫若的说法。

讲到杜丽燕，老爷子让我转告她三句话：佩服，希望，愿意。随后又说："我怕她来后，一问两问就把我问住了。"

之三十五：2004 年 3 月 8 日

早上画家陈于化来电话，说来给老爷子献宝。上午我过去，报告给老爷子，并顺便报告我在潘家园市场所见。

下午，广州作家方小宁来了，我和他一同去拜访老爷子，方小宁请老爷子签字，并请写"知黑守白"四字作为她的新书名，老爷子全答应了。方小宁讲："当年辜鸿铭说：中国知识分子太多，读书人太少。"老爷子随即说："宋朝赵匡胤当了皇帝，有一天经过一所房子，上面写'……之……'。赵问：'之'字何解？下人说是虚词。赵匡胤就说：之乎者也，顶得何用！"大家都笑了。

正说着，中国书店的王炳文来电话，说是老爷子想买的拍卖行的书，已经买到，书价200元，让景怀去取。

之三十六：2004年3月11日

下午，于化、司徒来了，同去老爷子处，他们献宝，原来是沙漠中天然形成的花形块。我知道那一般是闪电击中沙堆里，融化石英而成的。于化拿出好几块让老爷子欣赏，并说将准备展览。最后要送老爷子一块，老爷子表示感谢，但要他拿去展览。

之三十七：2004年3月12日

黄叔叔来电，要老爷子写的关于八大山人诗作的复印件。我过去说明，并立即拿去复印。下午送给黄叔叔。

之三十八：2004年3月13日

早，澳门李鹏翥先生来电说要来看望老爷子，我过去通报。下午，李老同他的驻北京记者同来，受到老爷子热情接待。老爷子特别夸奖何特首的领导有方，又说出许多澳门的老友，问长问短。后来《澳门日报》发表了这次访问的文章。

之三十九：2004年3月15日

昨日下午，黄叔叔来电要我过去，取他写的八大山人序。我去取，留我吃饭，因为恰好有加菜。郁风姑姑立即命我将刘诗昆赠的饭店拿来的两份菜拿回来给老爷子加餐。我打车回来，老爷子已经吃完饭，见菜很高兴。他留下一份，另一份（海螺）给我。

今天，我又将复印的老爷子诗句再送到黄苗子处。正碰见上海电视台给他们二老录像，他们正谈得高兴。

之四十：2004 年 3 月 17 日

早上电话问候完，我说送份"参考"给他看，他叫我过去。我去就念"参考"上一篇文章，是介绍北京奥运会吉祥物选择的情况，上面还附有 4 张图，是 4 位候选者——孙悟空、熊猫、虎、兔的尊容。老爷子自己用放大镜又看，大乐，比画着对我说："如果要我投票，我就投兔儿爷一票！我小时候，就爱兔儿爷。我的老长亲舅姥姥送给我一个好大的兔儿爷，比床高，有 1 米高。我好高兴。记得那时候的东安市场里面路两旁，八月中秋节，路边摆满大大小小的兔儿爷，样子好讲究，我特别喜欢。"

我回来，就开机打一篇文章《我投兔儿爷一票》。

之四十一：2004 年 3 月 18 日

上午，我过去，将文章念给他听，得到他认可。后来发表了。

之四十二：2004 年 3 月 31 日

晚上来电，叫我过去。问我前些日子去广州的情况，我报告说，是因为父亲老家海丰汕尾邻居连继才、连继良家族经商发财，想要在家乡为我父亲建立"钟敬文广场"，并准备雕塑一座我父亲的大型塑像，请我去商议，并请雕塑家工作。我同连先生过去并不相识，但他确有文化思想，他们是真心诚意要投资百余万元来做的。雕刻家廖慧兰教授也确实是能干的艺术家，很能够把握住我父亲的特点。我介绍后，老爷子很是高兴，表示放心。

之四十三：2004 年 4 月 1 日

上午，杜丽燕送来她的文章。晚上，我过去念给老爷子听，他很高兴，又说杜是哲学家。但想了一会儿，对我说道："千感谢，万感谢，但文章先不要发表。"随后叹口气。我没有追问，因为我理解他的心情。

之四十四：2004 年 4 月 3 日

早上 8 点半，老爷子来电话用戏台京白说："我来问你。"我说那我就过来。他端坐在圈椅上，书桌上摆着他的早点——一碗牛奶、一块点心和一杯茶，还有一堆药。我让他先吃，他说不想吃。就先问我送黄苗子的帖中有一个"X"字的情况，然后我接通电话，他又与黄叔叔说了许久。

我则讲近日我整理出父亲从 20 世纪 50 年代到 80 年代所写的几十个教学笔记本，全是用蝇头小楷写的，讲一门课就有一个本子。老爷子就说："我看顾颉刚先生、周作人先生和钟先生，是可以作为中国学术上一派。特别是顾先生的方法，周先生的风格，再由钟先生发展。你说是不是。"我表示同意。他又说："什么时候能够批鲁，中国学术就有希望了。"（这是他经常谈的一个话题，我没有同他争论。）

他又说："我是相信灵魂的。小时候，有一天睡午觉，梦见爷爷在叫妈妈收拾东西，妈妈问他要干吗？他说要走了。我在旁边问他，什么时候回来？爷爷说不回来了，去四川。我就哭，就哭醒了。挣眼看见母亲在煮绿豆粥，说是给爷爷的解药。到晚上，爷爷去世。"我静静地听他讲，没有插话。他接着又说："爷爷去世后，我们家生活无着，很艰难。后来是爷爷的两位学生帮忙，弄到一点爱国债券，每月有 30 块大洋，才渡过难关。"老爷子陷入一阵子沉思，又轻轻念起天主教祈祷文全文。

之四十五：2004 年 4 月 7 日

按照老爷子吩咐，早上我拿录音机过去。他端坐圈椅上，被我督促喝了一口牛奶，然后就口述《启功给杜丽燕的信》。（后来我交给她了。）然后他才吃点东西。

之四十六：2004 年 4 月 9 日

过去，带王兄发表的第三篇文章《拍卖诚信》，念给老爷子听。老爷子身体有些不适，又来客人，我即归。

之四十七：2004 年 4 月 17 日

早上来电，说给我看一个宝贝。我过去，他高兴地坐着，叫景怀拿过来。原来是河北教育出版社送来八大山人样书。

之四十八：2004 年 4 月 20 日

昨夜翻出老爷子在 20 世纪 80 年代赏给我的四个字——"万象更新"，是写在一张破纸上面，我当时用一个小框框进去。拿出来看看，还是有他在80 年代潇洒豪放的笔势。于是，今天早上拿过去，麻烦他认可盖章。他接过来，二话不说就拿图章往上盖。我就说："十多年前，是万象更新啊。"老爷子停了一下，说："现在是更新万象啊！"又加重语气重复说："现在是更新万象啊！"我大声叫好，为他思维敏捷和贴切而叫好。

他接着叫我进他的书库，找一本读音字典。我每一个格都翻看过去，没有发现，倒是让我看见 1905 年出版的《北京官话》等书，他让我拿去复印留给我用。

之四十九：2004 年 4 月 23 日

早上来电话，问我的新书《中国近代新词语谈薮》写得怎么样，我回答已经差不多了，共 35 万字。他就叫我过去。见我进屋坐下，他端详一阵子，就叫景怀上楼拿那幅画下来。一会儿景怀拿来裱好的一个本子，打开，原来是 1982 年华君武先生赠给他的一幅漫画。标题是"考考启功"，左边是华先生自画像，手中举着一张纸，纸上鬼画符似的涂鸦；右边是启功漫画像，眼镜后眯缝着眼睛，衬托着圆圆脸上的无奈，把支毛笔背手藏在干部服后面，两人全是哭笑不得的样子。我一看就乐了，说："这正好做我这本书的首页。"老爷子也笑着说："你拿去复印吧。"后来我复印许多份，分送友人。

之五十：2004 年 4 月 24 日

晚上 8 点多来电话，问我正在干什么，我答曰："正在写书。我上午写不出来，就翻出《汉语现象论丛》来读，结果从中获得两大启发：一是您讲自己 50 年来是做文言变白话文的工作；二是您所强调的整理文献的方法。"我还拿过书来念给他听。老爷子在电话中大笑，然后叫我继续写。

之五十一：2004 年 4 月 26 日

早上 8 点来电话，说他早上要出门，叫我不要过去。我则转告王宁教授来电话说关于 7 月将召开启功国际语言学会议并希望他在会上发言的事。

之五十二：2004 年 4 月 27 日

下午过去，他告诉我说，昨天是李大爷熬鱼请客。我则拿出《社会科学报》，念上面刊登的关于"规范"一词的争吵报道。老爷子听后说："吃饱了撑的。"

他又说："张之洞讲写八股要——清正清雅。"

我进他的书库找关于佛学的工具书。

（晚上我写了关于"规范"一词的小文章。）

之五十三：2004 年 4 月 28 日

早上我又过去，再报告王宁教授要求他在开会发言一事，老爷子干脆地回答："不讲！"

他又说："满族姑娘原来都叫'哥'音，后来改叫'格'。乾隆题字之缘故。我小时候小名是"壬"，外祖父在世时，每年给我的红包，上面写着'壬格'。"

之五十四：2004 年 4 月 30 日

早上来电话，说他看见报纸上刊登在八宝山告别张岱年先生的消息。我说是的，我去参加了，并告之追悼会的情况。晚上，老爷子又来电话，问同样的问题，我再重复叙说一遍。

之五十五：2004 年 5 月 1 日

早上 7 点 20 分来电话，说今天早上要去顺义扫墓。让小丸子（我的外孙女）暂不要来。

之五十六：2004 年 5 月 2 日

早上 8 点来电话，问小丸子什么时候来，我立即通知女儿女婿。他们在 10 点半抱小丸子来拜望老爷子，老爷子端坐在圈椅上逗小丸子，小丸子睁大眼睛望着老爷子，一会儿就在地上爬起来，给老爷子擦了地板，然后还唱歌跳舞。老爷子高兴得合不拢嘴，让我拍照。随后还赠小丸子一个玩具猴子。我明白，他这是代我父亲行照料曾外孙女之故。

之五十七：2004 年 5 月 3 日

一早老爷子又来电话，问小丸子回去后好不好，没有什么不舒服吧？我答很好，他才放心。

之五十八：2004 年 5 月 11 日

早上我出去复印自己刚写完的论文：《试论中国近代新词语的产生与嬗变》，有 27000 字。回来已经 9 点 15 分，我打电话过去请安，他先就用韵白说："我来问你。刚才你蹦到哪里去了？"我回答说，刚才有个兔子支棱着耳朵伸到我屋子里，我赶紧跑出去给他复印文章了。老爷子大乐。我就过去，奉上论文。他还没有全吃完牛奶，我劝，他说不想吃。拿起文章放桌子上，右手又拿起他的修钟表的放大镜，一个字一个字地看起来。其间笑了两次，一次看我写到"……革！革！革他妈的命！"后来又翻到第4页中有一句"一批格致新书"，他就对我说："格致不是书名，要区别。"我明白了，后来改成"格致类新书"。我又报告何九盈教授对我的厚爱与督促以及我写此文的思路和资料。他很高兴地认可了拙文。

之五十九：2004 年 5 月 13 日

来电话详细询问我家中人的近况，从我的身体到小孙子的学习和小外孙女的身高体重。

之六十：2004 年 5 月 15 日

下午来电话，让我把黄叔叔的诗拿过去，他高兴地仔细看，并竖起大拇指说写得好！然后，我帮他拨通电话，他同黄苗子在电话中聊起新闻来。

我顺便问他们的九三学社是如何参加，他就问："是谁想参加？"我答："是不认识的。是杜丽燕特来请示您的，恐怕是杜和她的朋友想做向阳花吧。两位全是高级知识分子职称。"老爷子立即说："我当介绍人。具体手续你问一下景怀吧。然后再找赵仁圭先生也当介绍人。"随后叫在楼上的景怀下来，问具体填表事宜。

随后又讲到杜丽燕，回忆起他们的谈话，突然微微一笑，向我做个怪脸，举手吟唱道："赏心乐事谁家院，良辰美景奈何天。"我就也乐了。他这是吟唱《牡丹亭》中杜丽娘的唱段，在昆曲中十分动听。他这是暗指杜丽燕，同她开个小玩笑。

还问小丸子近来状况，我讲后，他很高兴。

之六十一：2004 年 5 月 16 日

下午杜丽燕来，我就转告昨天老爷子的话，先讲关于她们准备参加九三学社的程序，并且老爷子同意做她们的介绍人。杜十分高兴，很是感激老爷子的关照。然后我讲到老爷子唱念"良辰美景奈何天"诗句。杜也乐，说："请你转告老爷子：杜丽娘跟我的区别，只在换一个字的位置。杜丽娘是'良辰美景奈何天'，杜丽燕是'良辰美景天奈何'。请你转告。"

之六十二：2004 年 5 月 17 日

晚上 7 点来电话。我就转告杜昨天讲的话，是杜丽燕和杜丽娘的区别。老爷子听后大笑，说道："转告杜丽燕，高！高！厉害！"

我随即电话转告杜丽燕。杜也乐，说："老爷子总让人高兴。他喜欢独立思考的人。"

之六十三：2004 年 5 月 19 日

早上我过去，老爷子先问杜丽燕申报入社的情况，然后又吟唱杜丽娘的"良辰美景奈何天"，说他还记得唱腔的全文。

又问我关于台海局势的新闻。

之六十四：2004 年 5 月 26 日

早上我过去，他原来是叫我陪他去琉璃厂的。我见他精神萎靡地坐在圈椅上，桌上的牛奶点心等也没有吃多少。他先问我前两天去北大参加"传教士与翻译"国际会议的情况，我报告在会上发表关于马礼逊《字典》的研究内容。

他又拿起"中贸盛佳"拍卖公司寄来的目录，说"'真经新'，关键在于'新'"。

后来他说觉得恶心，不去琉璃厂买书了。我忙回去拿来保济丸和"渔夫之宝"。他让我拿一粒放他嘴里，含着与我聊天，好一会儿，才说："好多了。"

之六十五：2004 年 5 月 27 日

今天是我的"贱日子"，早上难受，翻开老爷子的"墓志铭"，念道："六十六，非不寿。八宝山，渐相凑。"不觉悲从中来，老爷子 66 岁时写下历

史篇章，而我没有这样的本事。又想起他前几年曾写一首《高阳台》，词悲令人难以卒读，他自己给我手稿时也是眼泪在眼眶边。我说："太悲哀了，不要发表吧。"他点点头。

下午杜丽燕来，我同她过去，赵先生也在。杜拿出申请入社的两份表格，请老爷子同意签字。老爷子先问杜入社的理由，然后拿起笔在表上签名。赵先生也签名。老爷子随后问我："你入不入？我也给你签一个？"我说："谢谢，我没有这需要了。"老爷子看我一眼，没有再说什么。

之六十六：2004 年 5 月 28 日

早上杨利慧、安德明博士伉俪同去拜望老爷子。他很高兴，讲起小杨当年照相之事，并评价他们二人的学术成绩，很是感人。

晚上打还电话，又讲起安博士的事情。

之六十七：2004 年 6 月 1 日

早上 8 点 20 分，老爷子来电话，我先祝他"老儿童节"快乐，他先一

停，然后大笑，说："你才是老儿童。"然后叫我过去。他已经穿戴整齐，对我说："待会儿陪我去红楼文物出版社，我要去看一本书。"于是，景怀开车，我们将老爷子用轮椅送上车，我陪着进城。到红楼，车进正门，停在门市部侧门。我想去叫人，老爷子不让。我们就扶着他走进侧门，挑出书来翻看。然后由景怀开一个借条，我们就把书拿回来了。他显得若有所思，没有多同我说笑话，也许是累了。

之六十八：2004 年 6 月 28 日

早上 9 点来电话，说精神不好，让我待会儿再过去。10 点钟，我过去，他躺在床上，也没有吃什么东西。说没什么，大夫已经来过了。问我杭州之行如何，我就先将带回来的罐装虎跑水和薄荷糖奉上，他开瓶就喝了几口。然后我报告我在虎跑公园拜谒李叔同的情况。说到我下山时候，迎面是一位女导游员，举着面小旗，正在向她带引的几位年轻女游客介绍虎跑风景，突然看见我穿一件真丝宽松的印着保龄球柱的短袖衫，背着一个背包走下来，于是她用手一指我，突转口气对她们说："你们看，千金难买老来俏。"她们全笑起来了。我只好装着没有听见，摇摇摆摆继续走。老爷子也笑起来。我又说，还有更有趣的，是我在城里一家台湾人办的快餐厅吃饭后，上厕所，进厕所总门后，见两边是装饰得颇雅致的两个门，一个门额上写着"观雨阁"，另外一个门额上写的是"听雪轩"。老爷子更是笑个不停。

后来他同王世襄老爷子通电话。

之六十九：2004 年 6 月 30 日

上午我过去，给老爷子念王老回我的信。老爷子说起："八大山人还没有印出来。"

下午我去北大看望竹内实先生。见到山田晃三博士，他讲起知道老爷子喜欢昆曲，愿意把他收集的昆曲光盘给老爷子看和听。我们同回师大，他拿来光盘。

之七十：2004 年 7 月 1 日

早上给老爷子拿光盘过去，他很高兴，叫景怀放给他看，但景怀不在，只好等以后再放。

我看 7 月的月份牌还没有掀开，就过去掀到 7 月。还是那张外国兔子的月份牌。老爷子看了一眼，即说道："7 月是法国皇帝给自己命名的。"我看照片上面，中间是一个白兔子，兔子上面盖着一张毡子，一半红色，一半蓝色，数起来恰好是红白蓝三色，俨然是法国国旗模样。

我报告老爷子，我老家连老板为一座庙修建山门，希望老爷子为山门题联集字。老爷子答应了，就拿出一本旧书，他让我翻开念一念其中的对联。后来选定一对联："广居正位大道　天时地利人和。"他让我交给侯先生去用电脑集字。后来他再签字认可。（钱交给基金会。）

之七十一：2004 年 7 月 2 日

下午过去聊天，有客人在。老爷子又说起前几年常讲的一件逸事。说他好

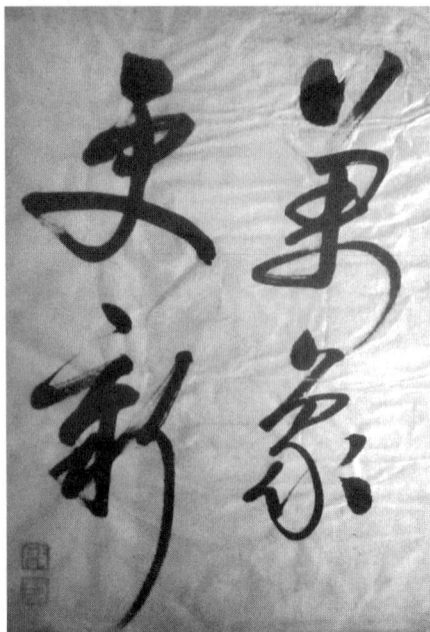

几年前，到山东济南灵岩山看那里的文物。寺里的泥塑像前，有当年刘海粟题诗，四言四句。老爷子就在每一句下面加上一个字，成为新意思。他又念道：

灵岩名塑——馆
天下第一——展
有血有肉——身
活灵活现——眼

听众大笑。

之七十二：2004 年 7 月 7 日

早上，巴莫博士姐妹按照约定来拜访老爷子，谈民族问题。并为她们用电脑集字。

之七十三：2004 年 7 月 8 日

早上在电话中问钟宜病情，我介绍后，又叫我过去。他自己精神并不好，也没有吃什么。但让我拨通钟宜电话，在电话中询问病情，并且问是否需要走后门找医生，眼泪一直在眼眶中打转。

又问巴莫她们回去后有什么感受。

之七十四：2004 年 7 月 22 日

早上就来电话，先问："你怎么没有打电话？"我回答："报告，我去广东参加文传电脑公司的中国芯活动。他们已经把中国古文献从甲骨文到宋代的古文献全部输入电脑中，还将继续把明代、清代的文献继续输入。"老爷子听得很有兴趣，又问："那上广东干什么？"我说："他们在肇庆搞一个现场活动。我当然愿意回去看看啦。我在七星岩的山洞里面，看见游船旁岩石上，刻着包拯写的字，很有点'到此一游'的味道。"老爷子马上说："包公那字是他们从文献上转刻上去的，并不是包公本人来此写的。我去看过。"我说："原来如此。"

然后老爷子叫我过去，说让我看一本书。我去了，他让景怀拿出来一大本，让猜要多少钱，我猜1000元。他笑也不笑地让我打开看，居然标价是1万元。真让人受不了。原来就是他藏的八大山人法帖，由黄苗子加上序言介绍，出版社再加上两块木板一夹而已。

老爷子又讲起师大要给他庆寿的事，一脸的无奈。我说："你想说什么话就说什么吧。"

之七十五：2004 年 7 月 24 日

早上我又过去，他依然是闷闷不乐的样子，应酬走客人后，对我说："人的生与死，没有生又盼生、生又盼死、死又盼生。可是活着又要折腾，给折腾得受不了。"我无言以对。因为如果说人生如梦，其实也是自己骗自己。

之七十六：2004 年 7 月 25 日

早上去请示关于李可染的画与给王老的信。突然电话铃响，他拿起电话筒。开始还同对方聊近来身体情况，可是越说就越大声，脸也憋得红起来。我猜测是他的一位老友打来的，而他明确地拒绝对话人要来家中。最后很生气地撂下电话机，就转头问我："你看我回答得如何？"我直说："一说得对；二太长了一点，用不着重复几次。"老爷子大为发火，先用手中扇子敲桌子，再用巴掌敲桌子，瞪着我说："你说，你说！以后电话我不接了，归你接。"我一看景怀他们在厨房不过来，我只好说："老爷子，是我不对，是我错了。"老爷子还是说，于是我想起做小学生的办法，伸出手去，求他打。他比画了几下，终于轻轻打了一下。恰好，电话铃又响起来，他果然不接，我只好去接，幸好是另外的人了。

之七十七：2004 年 7 月 26 日

早上，我准时到师大会议厅参加老爷子的 92 岁寿辰。老爷子穿一身西装，端坐在主席台正中，手支着拐棍正对下巴，听着那些领导、门生、各界代表倾诉他们与老爷子之间如何如何，一脸"庄严之气"。我等记者忙后才上前给老爷子照张相。后来还有学生献花，又有两队身穿白衫的女学生，每人手捧一大红色蜡烛，唱着西方"祝你生日快乐"的歌，缓步走到主席台前，向老爷子鞠躬。老爷子被人扶站起来，向她们作揖（记者一拥而上）。等熬到最后，请老爷子讲话，他脸上表情极激动，好一会儿才开口说："太惭愧……"又说自己的经历，是"有泪往肚子里咽"，反复说了七八遍，说不下去。最后说自己要："再活两年。""再活两天。"我与旁边的师大老友们都十分难受。

之七十八：2004 年 7 月 27 日

早上我过去，看他很累的样子，坐在圈椅上，摆在桌子上的食品没有动。见我坐下就问："昨天会上，她们手托蜡烛唱歌是什么意思？"我赶紧说："那是她们学习西方人做生日的办法，唱的是祝寿歌。"老爷子摇摇头。

之七十九：2004 年 7 月 29 日

早上过去，看拍卖公司拿来的四幅字。

要杂诗五首的底片。

之八十：2004 年 7 月 31 日

早上，老爷子来电话，说："你瞧见没有？我这儿墙上的兔子换了，变成一个黑兔子，一个白兔子，耳朵没有你的长。"我说："我不信，红六楼的兔子耳朵更长。"

我过去一看，果然月份牌新翻一页。我就对微笑的老爷子说："红六楼的兔子在年轻时候，就会从黑渐渐变白；到了 92 岁，就会开始渐渐由白变黑。"他故作不信，我就又故意正经说道："你要知道中国传统哲学就是如此说法。

而且现代基因学说也可以证明这一点。"老爷子大乐。

我拿出巴莫博士从"启体光盘"中取出来的字——"中国近代新词语谈薮",（我是想用在自己的新书上）老爷子看看，说："不像。"

老爷子又说起那天做寿的事，他用手比画着说："那天她们一人拿一根蜡烛，那么长，那么细，火苗一点点。那是在唱：'祝你火苗一点点。'"我无言以对。

之八十一：2004 年 8 月 3 日

下午来电话，问钟宜治病的情况。

之八十二：2004 年 8 月 10 日

早上来电话，我说正有问题请教。他让我过去。我说昨夜看韩国电视剧中，皇后在对话中有一句："周易上说：'三人行，则损一人。'"而我只学习过孔老夫子说的"三人行，必有我师"。请问此两句似有矛盾，何以解之？老爷子停了一下，回答说："我不记得了。"接着又说："需要哲学家杜丽燕来讲讲：杜丽燕与杜丽娘的区别。"然后让我去查查。

老爷子问起巴金老先生的近况。又指着月份牌说："白兔黑兔变！变！变！"我们相视而笑。

然后老爷子说想买自己的几本书。我说那打个电话给柴剑虹吧。他说柴去了乌鲁木齐。我说："那就我去吧，你要买什么书？"他就拿一张稿纸，用笔写下书名：《启功丛稿》2 种；《汉语现象论丛》《诗文声律论稿》《古代字体论稿》，各需若干。我立即前往琉璃厂，问了几家，在中华书局门市部买到。打的运回来。

下午 5 点钟，我打电话过去，他自己接电话，叫我把书拿过去。他见书很高兴，叫把书放上他的书架（显然是送人用），然后立即叫景怀将买书款还我，又把师大新出版的他的一套书送给我。接着又说要请我去吃饭。我说："大热天，你能出门吗？"他一定要去。于是，景怀同我拿轮椅来让他坐好，拉到门口上车，再开车到师大的"金潮轩"餐厅。餐厅经理亲自来照料，在大厅普通餐桌坐下，点了一些精致的菜，老爷子很高兴，样样都吃点。我们谈这谈那，多是关于白兔子和黑兔子。

之八十三：2004 年 8 月 13 日

早上我去北大拜访陈启伟教授，请教关于"三人行"的解法。搬出《周易》的书查，上面果然有：

艮下兑上，三人行则损一人，一人行则得其友；

下卦本乾，而损上爻以益坤，三人行而损一人也；

两相与则专，三则杂而乱。

之八十四：2004 年 8 月 14 日

早上 8 点 15 分，老爷子来电话，先问："你昨天干什么去了？"我答："去北大请教哲学家陈启伟教授，他是杜丽燕的老师，他帮我查找到'三人行'了。"接着我过去，把查找到的给老爷子报告，并说我想写篇文章，是说"三人行"在社会中的表现与思考。老爷子很注意听我讲，说："可以比较。"

然后说："我累了。"我说："那你就睡吧。"他说："要等早饭。"我说："那你就先去厕所。"他又说："怕蹲得太久。"结果他叫景怀来开制氧机，他吸氧有 30 分钟。此时，文史馆来人，他又要上厕所，他站起来，扶着四腿支架，我从旁边扶着他，一步一步挪到厕所。总算挪进厕所，他把我赶开。

之八十五：2004 年 8 月 15 日

早上我打电话过去问安。他说话有气无力。说："'三人行'不要写了。"我回答："同意。但是还想写成一篇练习，不发表。"

他小声地说："少华，我快死了。"我赶紧说没有那么回事。

之八十六：2004 年 8 月 17 日

早上 8 点 15 分，来电话，叫我过去看新开的百合花。我过去，花正摆在他的茶几上面。他还是没有吃什么东西。我报告近日报纸上讲的北航大学教授在广西招生，对每一个学生家长要 10 万元的丑闻。老爷子直叹息。到 9 点半，他说想睡觉了。我就扶他进四腿支架，一步一挪地进卧室，我在旁边给他说笑话。等他躺下，盖上薄被，我们互说："安息吧，安息吧。"我才离开。

之八十七：2004 年 8 月 19 日

下午 5 点半，老爷子来电话，说："我刚醒，明天的满学大会不参加了。"

之八十八：2004 年 8 月 24 日

早上我过去，先讲我昨日到颐和园游览见闻，核对他所写的颐和园景致。他问我何以有空闲，我说写文章累了，现在我不是离休，而是退休，所以要逛逛。他立即说："你是没羞。"同时用手划着脸皮。然后吃早点，一杯牛奶，一小块点心。再叫我拨通郁风家的电话，他在电话中询问黄苗子在医院做手术的情况，叫我明天带他新出版的书去给他们。

之八十九：2004 年 8 月 25 日

一早老爷子来电话，问我已经给郁风打电话没有，我说太早，待会儿再打。后来我打了电话，郁姑姑叫我下午 3 点钟过去。我带着老爷子的 5 本书，准时到达黄家。郁姑姑精神很好，拄着拐杖让我随着到对门的朝阳医院，看望黄叔叔。他躺着正无聊，脸色颇好，说他是膝积水发炎，治治就好。然后细问老爷子近况。随后拿出一张小纸片，说他写了半首诗，念给我们听。我走前，他又另外拿张小纸片，抄给我，嘱咐我带给老爷子一笑。

晚上 8 点钟，老爷子来电话，问情况。我全部叙述之，后说还有首诗，就在电话中念给他听：（现在征得黄老同意，抄录如下。）

病中妄改前人诗呈启老

我今不乐思启老

身欲奋飞脚不好

美人娟娟隔雅典

金牌银牌捞不着

瞎脚法师未定稿

老爷子在电话中大笑。说："安息吧，安息吧。"

之九十：2004 年 8 月 26 日

早上 9 点 20 分来电话，叫我过去。我进房间，恰好郭博士也刚刚进来。老爷子就让郭继续讲开满学会的情况。然后老爷子说道："满学，当初是你们不要的，现在你们又要，除非我死了。爱新觉罗，爱新觉罗，爱新是金的意思。我的祖父曾告诉我：'你要是姓金，我就不认你这个孙子。'那个时候，排满排得厉害。现在还有满学吗？满学有西方满学、日本满学……"郭插话说："在会上见到一个老人叫常寅生（音），他说他是顺成王府的，叫我向您问好。"老爷子立即说："我不见他们，我以他们这些人为耻。他们现在又翘尾巴啦。"

又来一位亲戚，说要 × 万元钱做善事，老爷子叫景怀给她。

等客人走后，我才重讲昨天的过程，拿出黄叔叔的诗稿呈上，并念给他听。老爷子边听边乐，随口说："他这是改李白的诗句。"

之九十一：2004 年 8 月 31 日

早上来电话，一本正经地问："你有没有长三只耳朵？挂在墙上？你自己看见了吗？"我一愣，没有反应过来，就说是看见了，就正在红六楼下面打电话。老爷子就笑，叫我过去。我过去后，他同景怀就叫我去豁口看。

然后我就报告前几天去香山开"文信传文史研究院"的研讨会。那是台湾的一位朱邦富老板，他在 30 多年前就决心开发中国芯的电脑技术，形成一套自己独立的中文输入方法，可以输入任何形状的中国文字。他们在北京设了一个研究院，专门做中国各种古文献的输入电脑的工作，已经把从甲骨文到宋代的文献，基本全部输入了。下一步的目标，自然就是明代、清代了。现在开个会，展现他们的成绩。我去参加，很是有感触，很佩服人类的智慧，已经能够把几千年来形成的中国文字，那么复杂的文献，全都数字化。也很佩服朱老板独辟蹊径，在西方 IT 业强大压力下，不但能够把握信念，更能把握市场营运。不管将来命运如何，他们对中国文化的贡献是可以记入史册了。老爷子一直很专注地听我介绍。

之九十二：2004 年 9 月 1 日

早上我过去，递上昨天我为香山会议写的散文《萤火虫遐思》。来客人了，我就回来。

之九十三：2004 年 9 月 3 日

早上 8 点钟，老爷子来电话，开口就问："看见三只耳朵的兔子了吗？"我也就用小调唱道："小粉兔，真可爱，三只耳朵竖起来。"他就大笑。因为他知道，那是广告牌上所写的"韵语"。老爷子已经连催我三天，叫我去豁口看广告牌，我是昨天下午才专门骑车去看的。

之九十四：2004 年 9 月 5 日

早上 9 点钟来电话，叫我过去，说："没事，来聊聊。"我立即过去。他加了件毛衣坐在圈椅上，先问我三只耳朵的兔子是怎么看见的，然后又问我在写什么，我说准备去澳门讲学的文章和以前讲百科的文章。我又介绍天津百花文艺出版社违约的事。那是去年闹SARS时候，天津百花文艺出版社副总编来找我同杜丽燕，请求我们主编一本关于民族卫生的文集并同我们签了约，我们就分头约请哲学、社会学、自然科学、文学等方面专家十余人写文章，自己也分别写了文章。结果到昨天，他们因时过境迁，违约不出版，来电说补偿我们总共2000元，我回答说你们这是打发要饭的。老爷子听我讲完，很是叹息。

景怀下楼来，继续聊。我说现在年轻人流行短讯，网上无奇不有，我买到一本收集短讯的书，那上面韵语可多了。他说拿来看看。（第二天我将书送过去。）

之九十五：2004年9月8日

早上7点15分来电话，说："哈哈，你的头会转过来吗？你过来瞧瞧自个儿。"我过去，他坐在沙发上面，面前是一个活动的小茶几，放着他平常用的东西，一碗盛牛奶，一杯清水，一瓶雪碧，一个准备吐痰的纸杯（杯中还像做化学实验似的放上手纸），一支硬笔，手提电话，一沓手纸，一小杯准备吃的药。见我走进来，让我坐在他对面的沙发上，说："你来瞧瞧我这儿新添的兔子。"我说："在哪儿？你回头就看见啦。"他不回头，用手点着叫我看。原来是他背后墙上挂着一大幅古画，上面画着一只灰兔子回头看树上的两只斑鸠。我们乐了一会儿。

后来他讲起："你知道乾隆作诗是什么样子的？是每天早朝，跪头砖的大臣们讲事的时候，就会听见他口中念念有词。大臣下来后，另一位大臣就问：'他讲了什么？'如果回答说没有听清楚，这位就说：'我听清楚啦，是一首诗。我写给你看。'乾隆的诗就这样出来了。"

后来他趴在桌上要睡，我劝他进屋睡，他不肯，说已经约好，要等10点钟去医院换"御赐紫金鱼袋"的管子。于是，我说我想看金尼阁的《西儒耳目资》，记得你的书屋里有。他就让我进屋去找，直到医生来。

之九十六：2004 年 9 月 11 日

晚上 9 点钟来电话，问我找到《西儒耳目资》没有，答还没有。老爷子就说："那你还是到图书馆去复印吧。"我乘机介绍图书馆生财有道，在馆中复印很贵。

之九十七：2004 年 9 月 12 日

早上又来电话问《西儒耳目资》，我说正准备去潘家园市场找。

之九十八：2004 年 9 月 13 日

早上我过去，老爷子又问《西儒耳目资》。后来来了客人，我走了。

之九十九：2004 年 9 月 16 日

下午 5 点钟来电话，问钟宜的病情。我过去，报告钟卉来电话，想请老爷子讲讲养生术。他说："我快死了，只会养死之道。"停了一会儿，一脸的迷茫，又说："我昨夜做了一个梦，醒过来，我分不清真实与梦中的境界，梦里分不清，醒来也分不清。"我赶紧说："那是白兔子梦见黑兔子。"他略微笑

了笑。

后来他又夸廖辅叔的诗做得好。

之一〇〇：2004 年 9 月 18 日

早上我打电话过去，他已经去了医院。

之一〇一：2004 年 9 月 28 日

我从黄山开会回来，9 点钟打电话过去，说有客人在，叫我 10 点钟再去。10 点钟我过去，他很疲劳地坐在沙发上，我呈上在李鸿章府上买的信笺。他问杭州孙老信的事情，我答不知道。说了 5 分钟话，他嘴边流口水，他撕下手纸自己擦后，又不停地吐痰。我即劝他睡觉，他让我们扶着去睡觉。

景怀讲他们陪他到医院检查后，他不肯住院，就又回来住。

郭子昇老先生及一位白先生来，是给老爷子送传统兔儿爷来的。

之一〇二：2004 年 10 月 4 日

晚上 9 点 40 分来电话，问我干什么去了，我答搬书去回龙观。

之一〇三：2004 年 10 月 5 日

早上 10 点 50 分回来，打电话问我情况，我过去了。

先讲兔子，后又问到杭州孙晓泉的情况，我说孙老赠给我一本书，刚寄来。老爷子说："现在就想看。"于是，我回去拿书后再来给他，老爷子翻看一会儿，喝了一口参汤，又喝了一口淡茶，笑了几次。

之一〇四：2004 年 10 月 9 日

早上 9 点钟我过去，报告说澳门李鹏翥先生托我买他的口述史书。老爷子说："不用买，我送给他。"就叫景怀拿一套来给我转交。然后说起 1999 年他去澳门，李鹏翥他们接待，还切了一个大蛋糕。

进来的是他的一位亲戚，他就对着亲戚一字一句地说："我快死了。这是吉祥！"

我见他没有精神，就劝他吃口点心，他皱着眉头说："不要提吃字，一提我就恶心。"

接着我们又扶他进厕所。

之一〇五：2004 年 10 月 14 日

我在接近中午才从广州回来。打电话过去，景怀接的电话，老爷子已经住院，是左腿出现血栓现象。

下午 1 点钟，景怀接我同去北大医院住院部。老爷子换了一间病房，正躺在病床上。见我进来，睁开眼，笑问客从何处来？我报告：我去广州看他们给家父的石刻像。接着他又问兔子三只耳朵的事。我一一回答。我坐在他的床头一侧，看他脸色颇好，但很疲劳的样子。后来他就闭上眼睛不说话，但他的两手换着侧抓住床边的护栏钢管，或换手去抓立在旁边的椅子背，不停地换手，仿佛要把牢并检查什么东西。一会儿又要护士把床头摇起来，先是 90 度，一会儿又要降一些，直到降至 30 度左右。我笑说这是熊猫生病，他闭着眼对我说："这是神仙生病。"他又不停地叫我把他的左腿用枕头垫在腿窝中间，而他一动就又支不住，就叫再支高一点。两个部门的医生分别来给他检查身体，按他的肚子等处，他说疼。等一会儿，医生走后，他就说："把医生按下来，我来按他，看他疼不疼！"我就在旁边笑。他仅喝了点雪碧和一口参汤。护士来给他的点滴液中加钾盐。直到下午 5 时许，待他睡着了，我才离开。

之一〇六：2004 年 10 月 18 日

早上我打电话过去，景怀说是刚进屋。

下午来电话说："我回来啦。"我说我不过去了，让他休息。

之一〇七：2004 年 10 月 19 日

早上 8 点半，老爷子来电话，还是说："我回来啦。"又问我在干什么，还发烧吗？

下午又来电话，还是说："我回来啦。"再问上午同样的问题。

之一〇八：2004 年 10 月 20 日

早上 8 点 20 分，老爷子来电话，叫我过去。他正坐在沙发上，前面还是放着全套用品的小几，自在得意。我于是唱道："排排坐，吃果果，你一个，我一个……"他乐后，就问我的散文集《悠游录》校样进行得如何，又念道："悠游录，油葫芦？"这本散文集是老爷子自己用硬笔书写题签的，我就介绍出版社编辑的情况。之后，他就念他自己的挤公共汽车的诗句，念不全了，我就从书架上拿出他的《启功韵语》集，翻开到 104 页，让他自己高兴地继续念下去。念完后，很清楚地对我说："我的白话词，可以不朽了！"我很高兴，立即回答道："不止。您的诗词，将来的年轻人还会看的念的。要是我来印的话，就要印一首诗配一幅画，好体会其中的意思。"他认真地点点头。

后来老爷子又谈到木山英雄的文章，我拿出去复印。

之一〇九：2004 年 10 月 22 日

早上 9 点钟我过去。老爷子状况依旧。先问我病好了吗？又问我："钟老的藏书怎么办了？你看我的这些藏书价值若干？"我回答："家父的书两年多以前，我们就写文件赠给北师大，他们答应给些补贴。但是到现在，依然没有实质性进展。至于您的藏书，特别是线装书，要按照时价一本一本计算。很复杂。"

老爷子又讲到《澳门纪闻》一书的版本，说："嘉庆五年的版，算不了什么。"

然后，老爷子眯着眼对我说："我平生最难忘的汤，是'迷你佛跳墙'。"然后对着我乐。我自然记得，是 20 世纪 80 年代，有一次景怀陪他到广州，我碰上他们。当时老爷子问我道："你是广州人，你说广州什么地方的特色菜最好？"我回答："我童年时候，珠江边的爱群大厦是最高级的地方，我还从来没有进去过。"于是，老爷子兴致勃勃地让我们拉到爱群大厦，进得楼顶餐厅，冷冷清清。我一看菜单上有"迷你佛跳墙"，就点了这份汤。等端上三小碗，我们一看，其内容是清水煮粉丝。从此，我就落下话把了。

到10点钟，老爷子说困了，我们又扶着他去卧室睡觉。

之一一〇：2004年10月27日

早上8点20分，景怀来电话，说老爷子叫我过去。

老爷子安坐在沙发上，小几依旧。他问我干什么去，我报告：正准备去澳门理工学院讲学，是李老安排的。老爷子让我把书桌上的兔儿爷拿到小几上，那是一个漂亮的木雕兔子头，聪灵可爱模样，脖子是一根弹簧，连着身体。他指着兔儿爷说："你把它带去吧，上面有我们两人的灵魂，让它在讲台上看着你演讲。"我用手拨动兔儿爷的头，让它绕着弹簧脖子摇头晃脑，颇似老爷子吟诗时的模样。我说道："您瞧，它会作韵语，让它陪着您吧。"老爷子乐了。

我又说后天将去参加哲学年会，是杜丽燕主持的。老爷子问："你讲不讲？"我答："只听不讲。他们哲学家太厉害，说话要小心。"老爷子就又问杜丽燕近况，又问到丁聪夫妻近况。到10点钟，老爷子坐着睡着了，脸上很安详，十分钟后，嘴巴渐渐张开打呼。景怀进来我才离开。

之一一一：2004年10月28日

早上8点40分，我打电话过去，景怀接电话，说老爷子从昨天睡到现在还没有醒。

10点钟，老爷子来电话，叫我过去。一切依旧，我先讲对"入定"的理解，他就乐，说："是老僧入定。"

我提出给他照张相片，拿到澳门给李老看，他答应了。我回去取照相机来，他要我把会作韵语的兔儿爷拿到小几上，让他与之合影。我拍了几张后，老爷子说："相片要是给李老发表，要收一万元。"

接着他问中俄边境、中越边境、中蒙边境近况，又问妈祖庙的世界分布。

又说记得深圳在香港和澳门中间。我皆一一做些介绍。

又问："杜丽燕当所长了吗？如果要入九三学社，就得入党？她打算怎么办？"我答应转告。

之一一二：2004 年 10 月 31 日

前两天，我去参加哲学年会。今早 8 点 45 分，我过去向老爷子报告会议中情况。我先介绍杜丽燕在会上发表的"我是谁"的命题报告。老爷子一听就说："你告诉她，师范大学小红楼 6 栋 1 层住着一个活神仙，他说：杜丽燕能讲的，杜丽鸟、杜丽麻雀、杜丽乌鸦都讲不了。你告诉她。"我当即拨通杜的电话，向她全文传达。而老爷子一直笑眯眯地坐在旁边听我说。

我又说到有一位北大教授在会上说，他有一副对联，是"打通中西马，吹破古今牛"，在会上征求横批。老爷子马上就说："胡说八道。"我也就说："这不如您的'其母之也'。"老爷子笑了，说："对！"然后问我："你敢讲吗？"我笑着说："敢。我会说这是我学习'猪跑学'老祖宗讲的。"

又问我，到澳门准备讲几讲，我答："讲三讲。"老爷子问："给你多少钱？"答 4000 元左右，是澳币。老爷子说："太少，不够回龙观房钱。"我说："中国知识分子就值这么多。"他转头问那个兔儿爷，说："他说得对不对？现在，一加太字就是恶。"

我见他的小几上摆一杯牛奶，一块点心，就劝他吃点。他说已经几天没有吃了。正说着，进来一位书法家，拿出两副对联，原来是代老爷子拟的贺喜对联，让老爷子认可。老爷子拍掌说道："加一个字，'太'好啦！"我憋不住，在旁边也拍掌乐。书法家问我，我只好说："恐怕将来有真伪问题。"

之一一三：2004 年 11 月 1 日

早上 8 点 35 分过去，我见他若有所思地坐着，就问他想谁，他说想李鹏翥。我说："那我就照张相片带回来给您看。"他说："不，要活的。"我笑说："那只有明年再开政协会的时候了。"他又讲"六也堂理发店"的故事。

又嘱咐我到澳门后，将新妈祖庙里面他撰写的对联拍张相片带回来。

医生进来，给他换管子。他躺在沙发上，说："痛。"我只好玩笑说："您听，新出现一句歇后语：兔儿爷躺在沙发上——挨刀。"他苦笑。

之一一四：2004 年 11 月 19 日

我上午才从澳门回来。晚上 10 点钟，老爷子才起床叫我过去。我先拿出在澳门买的澳门特产奶油雪碧，老爷子拉开罐即饮。我又呈上李老的问候，以及李老派记者拍摄新妈祖庙中老爷子写的对联相片，并报告我在澳门讲学的情况、查找图书史料的情况、澳门各教会礼拜堂的文物情况，以及新赌场的情况。他听得很有味道。

我还呈上贺学君写的关于家父与他在杭州巧遇，寻觅郁达夫"风雨茅庐"的文章。

之一一五：2004 年 11 月 30 日

下午 3 点 50 分，老爷子来电话，叫我过去。我看他一人正坐在沙发上面，小几上摆着一个小托盘，放着一大碗汤面，一双银筷子，一个小碗。他把面捞到小碗中，再拿筷子慢慢扒拉进嘴，慢慢地吃。我说好香，他很高兴，停下筷子说："这 8 天拉不出屎来。"我建议他用大碗直接喝汤。他则拿起大碗，把汤倒进小碗中，和着小碗底的食物慢慢吃，还用眼睛看着我。

我问警察来讲什么，他一下子来神，高兴地对我说起那位和尚的丑事，说那位居然跳入三界，冒充起中央首长写匾额。现在进去啃窝头了。

然后他赠我中华书局新出版的《诗文声律论稿》以及年历，并叫我寄一份给李老。

又问我搬家及买房钱的事。

之一一六：2004 年 12 月 6 日

下午我打电话去问，到 5 点钟景怀来电话，说起来了，叫我过去。我即过去。老爷子坐在几前，笑眯眯地说："今天我们上金潮轩去吃饭。"赵先生也来了，我们即扶他坐上轮椅，穿戴整齐，推到门口上汽车，同往师大东南角的金潮轩。在车上还问我："李老给你多少钱？拿来埋单。"我们坐电梯上到二楼餐厅，他就以轮椅代座位，暖气很热，他就解开衣扣。等菜上来，他先吃一个虾仁，很有兴致，又吃一口芦笋，再吃土豆泥，几次拿起雪碧同我们碰杯，说话很有精神。饭后，我们又陪他回家。

之一一七：2004 年 12 月 13 日

今天早上 9 点钟我过去，老爷子正在吃早点。一碗牛奶，一块黑蛋糕。他一手用勺子掐奶往嘴里送，一手抓住小几前边沿，头垂得很低，仿佛怕扶不住的样子。见我进来，老爷子乐了，放开勺子，说道："你住的那个回龙观，有个精神病院，你去过吗？"我答："听说过，离我住处不远，就像红 2 楼到红 6 楼那样远。"他又乐了，告诉我说，当年他就曾在那里下乡劳动改造，在那个精神病院墙外边。后来他的亲戚来电话，他大声高兴地在电话中聊起来。

景怀进来，我们聊起近日北京马路上发生的各种汽车交通事故，他坐着很专注地听我们讲。

之一一八：2004 年 12 月 17 日

早上 9 点钟我过去。老爷子依然正坐，先问我澳门有讯息吗？我答："没有。"因为近期是澳门回归五周年，胡主席将前往，董特首也将去，所以何特首忙。他听后鼓掌，笑着连声说："好！"

我讲写文章需要查些他书库中几本书，老爷子叫我自己进书库去查。我翻到 7 本书拿出来，他略翻一下，就叫我拿回去看。

老爷子又向我们讲起新闻，是某拍卖公司在拍卖的朱熹册页，昨天在现场被盗。他讲得清清楚楚，我很奇怪他是怎么得知的。

之一一九：2004 年 12 月 19 日

早上 8 点钟我过去，老爷子已经吃完早点。我还 7 本书，又进书库再拿出

2 本书。

我问老爷子："古词和新词之间是如何变过来的？"老爷子说："我记得小时候有两个词的事情。有一天，我用'××'这个词，那是《济公传》里面骂人话。爷爷听见啦，就训我说：'谁敢匪言忏逆语呢？'另外一个词我忘记了。"

又说："我认为说古文中有白话文，是胡说八道！"然后又讲张之洞、樊樊山他们讨厌白话文新词的故事。最后，他歪着身体笑着问我道："21 世纪'猪跑学'非你莫属？"我连忙回答："我没有那样的野心，但是'猪跑学'只要去学，就可以有收获。我现在就正跑着呢。"他点点头。

之一二〇：2004 年 12 月 21 日

早上过去，老爷子才吃早点。等我坐下，就说："我一直想一个问题，中国男人一吃饱了，就想那个（做手势）是怎么回事？"我答："这不只是中国男人，全世界男人，古今中外男人都一样。孔老夫子教导说：'食色性也。'"

后来他慢慢将牛奶、点心全吃完，我表扬他，再劝他看看电视。他摇摇头，说："电视要看全黑的。"然后，我就扶他去卧室躺下睡觉。

王兄给我来电话，介绍他新写的关于老爷子的 5 篇文章。

之一二一：2004 年 12 月 23 日

上午 10 点半钟，杜丽燕给我来电话，询问老爷子近来状况。我介绍后，她说："麻烦你给老爷子打个电话，说：杜丽燕问候他，昨天北京下大雪，兔子没有吃的了，只能吃什么？"我立即照办，打电话过去说之。老爷子听完就说："我刚吃完。"然后立即改口说："不是我，不是我。"我大笑。老爷子多年来难得上这么一次当。

之一二二：2004 年 12 月 27 日

早上 9 点半钟我过去，老爷子已经吃完早点，赠给我一个小挂历。

我问关于段玉裁的字义、音、形问题。老爷子说他的书《诗文声律论稿》

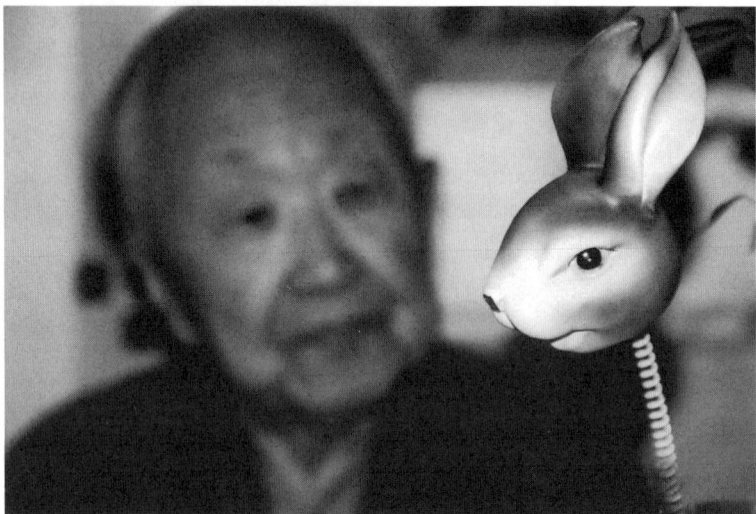

中讲的是多数，但有音、义同时的。

　　进来一位金先生，问关于西泠印社《西泠译丛》出版的事，老爷子听了许久，然后说："糊涂了。只有将来龙去脉原原本本记在书上，来一个启事。"然后又讲："我不跟西泠印社玩了，这社长不当了。当时他们三人……"

　　他又问艺术院出现一个文物鉴定中心的事，我皆不清楚。

之一二三：2004 年 12 月 28 日

　　早上 9 点钟我过去，拿着王兄寄来的新文章《生死》。我念一段给老爷子听，又解释他的诗，还借老子的话评论。老爷子一边乐，一边做手势，一边说："我不是什么思想家，我们仁全是胡说八道。诗就是不能说得太明白。"然后又问杜丽燕是什么地方人，我简单介绍。他就说："杜丽燕才是真正的思想家。"

之一二四：2005 年 1 月 6 日

　　前几天，天天通电话，但他家来人太多。今天早上联系才得以过去。老爷子正在吃早点，还是一茶、一饮、一放大镜、一指甲刀、一纸。他端坐在沙发上，衣装整齐洁净，看上去宛若鉴真和尚打坐。我给他拜年，他先问棍子呢？做要打的姿势。又问要看书吗？我奉上老邻居萧兴华写的心经，他竖起大拇指。刚要报告陈于化近况，侯刚同杭州吴先生进来，我就回来了。

之一二五：2005 年 1 月 7 日

上午我过去，拿李老的来信给他看。他看后问："你什么时候去？"我一下子不明白，问道："去哪儿？去澳门？"他点点头。我说："没有那么快，我订的研究计划，要等他们讨论批准。"他说："要谢谢他（李老）。"

之一二六：2005 年 1 月 8 日

下午 4 点钟，李老同张先生来到老爷子家门口，叫我过去后再一同进去。老爷子在卧室睡觉刚醒，躺在床上，盖着棉被。见我们进去很激动，伸手紧握着李老的手一直不放，李老向他致意，他说："我快不行啦。"然后又转头看见在床另一边的我，就又对李老说："昨天钟少华来读你的信。钟（敬文）老先生是我长辈，他的公子是我师弟，他（又转头对我）很感谢你去年在澳门的接待。以后要拜托你了。"又说，"你（李老）是我的诗友。感谢你们来看我。"

李老讲完来北京开会的事情后，准备告别，老爷子哭了，含泪紧握李老的手久久不放。我拿出纸巾给老爷子擦擦泪，老爷子才松开手，脸上表情凄惨至极。

出来，我送走李老后，在院子里徘徊，想着老爷子说我的话。我哪里够得着做他的师弟？但是他如此说，是给我打气。好歹 20 多年来，我一直关注他所倡导的"猪跑学"，并且愿意学习，能不能做他的徒子徒孙都很难说。不过，学问并不神秘，只要自己愿意学习，顺着老爷子的思想去分析认识，那我就心满意足了。

之一二七：2005 年 1 月 10 日

早上 9 点钟前过去，他换坐在一张单人沙发上面，已经吃过早点，显得更是端正清爽。

老爷子先问："王得后业余时间干什么？"我答："不知道。反正他在忙着写关于您的思想的文章。"老爷子竖起大拇指说："王得后立一功，他拿下了××和尚。"我们就乐。

老爷子又说："李鹏翥了不起。他昨天来看我，我很激动，都掉眼泪了。他还给我擦眼泪呢。"我说："昨天你拉着他的两只手呢，是我给您擦的眼泪。"老爷子说："我满意，你指引李鹏翥他们到楼下，没有白来。"

我报告准备与澳门合作研究近代澳门出版的工具书一事，老爷子说："你蹦起来了？中国字，中国自己说第一可以，拿到世界上就不行。（笑）我尽摸到麻筋上。"我又讲自己认识到利马窦、马礼逊、威妥玛他们对中国文化语言的系统研究。老爷子说："这是客观规律。"又说，"你想去澳门做研究，作为前途，倒是好事，也不容易做。第一是钱。（伸大拇指）你是在老太爷余荫下，竹内实才那样帮助你。你把竹内实的《毛泽东集》借给我看看。"

我报告某语言学家新寄来的文章。老爷子说："骂可以，剪子扎不到痛处，断不了。"又说，"我推荐金克木先生的书，那些小本子全找来翻一遍。小问题里有大问题。"又说，"师大×××的理论是：别人是胡说八道，所以别人就是胡说八道。他不想踏实一下。"又说，"现在学术界里头，×××、×××，自己认为比天还高，事实是屁股比地球还圆。"说完大乐。

今天没有客人来，老爷子兴致高，我们两人谈很久。

之一二八：2005 年 1 月 13 日

早上 8 点半钟我过去，见老爷子坐在单人沙发上，正在慢慢吃早点。脚上没有穿袜子，脚腕显然有点肿，见我进来，慢慢举起手向我招呼。我问脚，他说："我会发酵啦。"

又问道："李鹏翥来电话没有？"我答："没有那么快，他是忙人。"老爷子说："李鹏翥的事是第一重要的！这台戏唱好了，唱开了，阎王爷绕不绕都不管啦。"

后来又说:"一个人,他脑子里想的东西,留给后人,还有很多在脑子里。我现在对钟老夫子的看法、想法,遗留的方法,都在琢磨。他自己也不一定想得到。"(我回述自己学习"猪跑学"的体会)老爷子接着说:"我自己怎么也想不到,我想的不一定是我碰到的,现在碰上了,回到梦见灯火阑珊处。王国维这个人没有了,他这个人也不需要再有,但是王国维可是个了不起的人物,蓦然回首灯火阑珊处,众里寻他千百度。现在我想……"老爷子停顿了。呆了一会儿,又说:"我的梦中老是那么几个人,袁翰青家中什么的。我回想这些梦,为什么总是在梦的里头? 梦中情人,放浪有余……"我故意解释说梦是正常的事情,老爷子听着。后来我说起王得后说想来拜见。他说:"我是启得薄。"

之一二九:2005 年 1 月 17 日

早上 8 点钟,景怀来电话,叫我过去。老爷子还坐在单人沙发上,早点摆着,基本没有吃。我劝他,他说:"不想吃。"

他问我在做什么,我答:"昨天在查'真理'一词,看在马礼逊的《华英字典》里怎么讲,那是在澳门出版的。"老爷子说:"这对李鹏鬻有利。我记得小时候祖父带我去吉祥电影院看美国电影,内容好像是一个洋人被救活。片中有两个人名:压不倒、美太莱,还记得。现在锺、钟不分,无所谓,都是译音用字问题。"

后来又说:"我最得意的八篇诗是'挤车',(背诵)入站之前挤到门……我说的是改革开放。"

说起要治病,老爷子说:"我最怕点滴。"

之一三〇:2005 年 1 月 20 日

早上 8 点钟,我打电话过去,景怀接电话说:"老爷子还没有醒,有点昏迷的样子,没有发烧。我们正联系医院。你不用过来。"

晚上 10 点钟景怀来电话说:"老爷子 6 点钟醒了,吃了两个馄饨,又

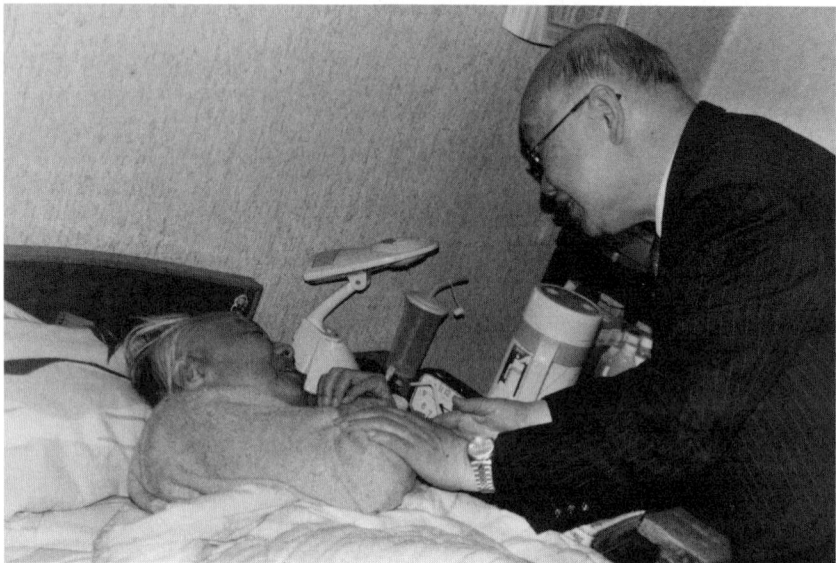

睡了。"

之一三一：2005 年 1 月 21 日

早上 9 点钟我打电话过去，郑喆接电话说已经联系好医院，准备早上 10 点钟走，要我 10 点前过去。

差 10 分钟我过去进到客厅，老爷子还在卧室的床上睡觉，景怀同我说："他昨天说，看见侯刚出事了，问我是不是，我说你肯定是在梦中见到的，哪有这回事！"我们正说着，老爷子在卧室听到有人说话，就问："谁在喊？"我赶忙进去，他睁眼看见我，就伸手同我握着。我说："老爷子，现在三窟修好了，你该去享享福。"老爷子咧咧嘴，说："那是死窟。"闹得我没有办法接话。

然后家里人帮助他穿戴整齐，拿轮椅来让他坐进去。他要来串珠仔细放进口袋中，又摸了摸脖子上挂的玉石，摘下来叫郑喆收好。又同我说："王得后的文章，我还没有来得及看。"我说没有关系，我会转告。师大司机马林进来，他又问他关于师大几任校领导的情况。我指着他平常戴的瓜皮帽正放在大熊猫玩具头上，说："您瞧，您的帽子已经扣在熊猫头上了。"他说："都一样。"然后我们送他上汽车去医院。

之一三二：2005 年 1 月 25 日

昨夜约好，今早 10 点钟我同景怀开车去北大医院，另一辆车是师大钟校长、陈书记等人。进病房后，两位领导先上前问候。老爷子躺在病床上，被子上露着他的右臂，上面固定着连着吊瓶的点滴针管，旁边是闪动的仪器。老爷子听他们讲完后，大声说："我是罪该万死。"他们只好转移话题，说起昨天去看陶大镛先生，已经一年多在医院，靠喉管同他们谈话一个多小时。老爷子又大声说："6 月 6 日，6 教授，我也是右派分子。"他们只好说别的。

等领导走后，我上前拉他的手，他开始看不清楚，我就说："兔子耳朵长了没有？"老爷子乐了，说："你才长了。兔子会蹦，一蹦十八垄，你跳了几垄？"我也笑着说："你跳了十八垄，也该休息一下了。"他说："你也已经跳了十七垄半，还差半垄。李鹏翥来电话没有？"我说没有那么快。

我们的手一直握在一起。老爷子说："遗腹子不梦其父。我梦见我母亲好多回。我知道，他们在叫我呢！"说着眼泪流出一点，我拿纸巾去擦掉，对他说："你别急，他们等你已经很多年了。让他们再等一会儿，你这儿还有许多事情没有办完呢。"

老爷子又说："书协刘炳森得癌症去西安，老田知道，你去问问他：缺钱不？国家不够，我可以补上点。"（似无其事。）

他又说："'猪跑学'，猪跑累了，也得歇一会儿，还得打个滚。"我说："对了。"

老爷子又对我说："医生说，这里空气不好，你走吧。"于是我同景怀下一楼吃便餐。然后再上来，他已经睡觉了。

之一三三：2005 年 1 月 28 日

早上我去医院看望他。老爷子正睡觉，手上、脚上有几种治疗用具，医

生时不时来给他用各种药。后来他睁眼看见我，同我招招手，又睡了。后来医生给他翻身用药，闹得他烦了，直用手捶床。

之一三四：2005 年 1 月 31 日

景怀昨夜通知我，约我今天早上 9 点钟同去医院。我们到病房时，他正在安睡。说是昨天闹累了，昨天他要景怀带他出去吃饭，自己走到病房门口，实在走不动了，才说听专家的话，不去了。

等到 11 点钟，老爷子醒过来，冲我一笑，问道："耳朵长了吗？"我比画着说要量一量。然后我拿出文章中我给他拍的照片给他看，他笑起来。

护工过来张罗给他吃药，一边说他是最棒的，向他挑大拇指，他也挑大拇指。然后安静地吃药，一共才两小粒药，先含一粒，用三口水才吞下去。再含一粒，再用三口水吞下去。

来客人了，他又已经睡着了。

之一三五：2005 年 2 月 5 日

早上 9 点钟我到医院值班。老爷子正睡着，脸色红润。我问护工昨天的情况，护工说昨天老爷子闹了一夜，要回家。医生来给他用药点滴。

10点多钟，老爷子醒了，看见我，就同我拉手。我问他耳朵长了吗？他乐了，说："说点乐的。"又问李鹏翥来电话了吗？我说没有。

11点多钟，老爷子叫我给景蓉打电话，我打了。过一会儿，又要我再打电话。我就重述景蓉的话，说景怀一会儿就到。他还是不肯，要自己起来打电话，正乱着，景蓉同王连起一同走进来。老爷子马上说："我要回家。"王先生跟他握手，报告在香港讲学的情况，他听了一会儿，还是说要回家，逐一点我们名字，然后叫景怀立即去办，景怀找借口。他就说："推、拖、骗，是旧中国的'三招'，现在你就是。"我们下楼去吃便餐，商量只好同意他回家。

我们再上来，老田来了，王海蓉来了，师大一位副校长也来了。谁也说不动他，又要做各种准备，等到4点多钟，才办成用急救车送他回家的安排。他被裹在一堆衣服中，坐进推车，往楼下推。我赶上去拉住他的手说："老爷子，你真棒。"他笑得好开心。

之一三六：2005 年 2 月 9 日（大年初一）

早上 9 点半钟，景怀来电话，说老爷子叫我过去。

我过去，看他正躺在床上点滴，脸色还好。见我进去，就问我的家事，我回答后，就问他看见我的《悠游录》了吗？他笑着说："油葫芦。"我拿起书给他看，他点头。我就说："书上说，有一个胡人，他讲'猪跑学'，他投兔儿爷一票。"他笑说："胡说八道。"我立即说："从前中国有八股，考据是变成八道，再经胡人一说，就变成胡说八道啦。"他更是高兴地笑，并用手指头点我的额头。一会儿他就显得很累，我劝他再睡，替他摘下手表，他又睡着了。

下午 3 点钟，王兄来了，邀我一同过去。老爷子刚醒，王兄先过去拉着手，老爷子说感激王兄，把那个和尚拿下了。然后问："少华来了吗？"我趋前，他对我说："《悠游录》看过啦。"回头对王兄笑着说："油葫芦。"

没有几分钟，老爷子又睡着了。我们退到客厅，同景怀说话。景怀说："老爷子中午醒来，高兴啦，吃了 6 个小饺子。"我就问还有吗？景怀拿出一碟饺子，我吃了 3 个，王兄也吃了。

之一三七：2005 年 2 月 10 日

景怀来电话，说昨天下午我们走后，到了晚上 8 点钟，护工发现叫他没有反应，于是立即送医院去抢救了。

之一三八：2005 年 3 月 12 日

下午 4 点钟，李老来师大接我同往北大医院。进病房，看见老爷子侧卧在床上，如雷般打呼，脸色红润，显然全靠医药维持。看他左手有点肿，按上去没有反应。景怀说昨天来了位客人，大声喊他，他居然睁开眼睛，还下意识地同来人握手。李老于是站在床边俯下头，喊他两次。但是老爷子没有反应。

之一三九：2005 年 6 月 30 日清晨 2 点 25 分

老爷子在医院仙逝。

少华先生《学术启动》书后序

王得后

遥远的少不更事的岁月，听到一个成语，叫"问道于盲"。心里很是诧异，也不敢问个究竟。等到老大，胡思乱想就多了，是一眼就看出是个盲人，还向他问道呢，还是外表看不出来而向他问道？比如老朽，双目黄斑变性，每月一针，连续打了两年，据说是目前最好的美国药雷珠单抗，又打几针次好的药，毫无效用，以至于一臂之外，不辨五官，不能读书，不能读报，也不再能读电脑上放大到初级的文字了。还常遇到"问道"的外地人。还有，到一个陌生地方，有人问我，或我问人家，原来彼此彼此，都走到一个路过的地点了，也是一种"盲"。人间事，生存多复杂，多艰困，多无助。

少华先生又有新著，这回是关于启功元白师的学术思想的研究。硬要我写个序。这，我哪里敢！又哪里能！！真所谓"福兮祸之所伏，祸兮福之所倚"了。谁叫我1957年考入北京师范大学中国语言文学系，听钟敬文老师讲民间文学，听陈秋帆老师讲现代文学选哩！而少华先生是他二老的公子呵。自然，我还听元白师讲授中国文学的《红楼梦》！真是切实，生动，妙语连珠，如数家珍！元白师不但是满洲族人，属正蓝旗爱新觉罗一族，更是雍正的第十代孙（有说第九代孙的，这是不算雍正为第一代的。难道"红二代""官二代""富二代""拆二代"不算他老子一代的？）问题的关键就在：难道听元白师讲授一部《红楼梦》就能了解，更不用说懂得元白师的学术思想了？尽管我也在元白师的坚净居看到他榜书尺方丈字"上善若水"，听到他在电话里随机应询讲解《逍遥游》，难道就算了解元白师的先秦诸子的学术思想了？更不能说懂得了。即使我酷爱元白师的"三语"即《韵语》《絮语》和《赘语》，传认到评溢其中的古典文学、古典文化、古典思想及精湛独到的见解，我为此写了一篇《当代满族伟大的思想家》，有朋友不以为然，我迄今不改，因为我有两个限制，一是"当代"，一是"满族"。尤为根本的是，我所用的"伟大"，是用鲁迅的定义，鲁迅的思想。我信服鲁迅。鲁迅晚年，有朋友赞誉他，回信说："平生所作事，决不能如来示之誉，但自问数十年来，于自己保存之外，也时时想到中国，想到将愿为大家出一点微力，却可以自白的。"何等朴素，何等平实，何等谨慎！1933 年萧伯纳访问上海，鲁迅颇重视，写了几篇杂文，与朋友合作编了一本《萧伯纳在上海》。鲁迅在《颂萧》中称赞他"伟大"，遭到一左翼青年的批评，鲁迅回答说，萧在香港的一次讲话中说到中国青年想到二十年后的命运，这就"伟大"。元白师出身满族，赞成辛亥革命，诗词中洋溢着中国各民族平等相处，和谐共存，在互相交融中发展的理想与情怀，还不伟大么！

我一生治学的三大缺陷之一，是没有读过《说文解字》，不熟悉祖国的古典文献。有时拜读元白师的著作，因感到他的渊博而生望洋兴叹的复杂心情。元白师逝世之后，唁电、挽联、悼文无数，而我最信服的是敬文师在 2000年赠元白师的绝句：

> 诗思清深诗语隽，文衡史鉴尽菁华。
>
> 先生自富千秋业，世论徒将墨法夸。（注）

两位我敬爱的先师，在北京师范大学中文系共事半个多世纪，同命运，共患难，最后比邻而居。有一年我有幸随元白师去向敬文师拜年，进门之后，见敬文师端坐靠书柜的破椅子上，亲切而喜悦地注目，只见元白师站在他面前，毕恭毕敬地鞠躬，一时我惊呆得说不出话来。少华世兄呀，我哪里敢为您写这样的序，又哪里能写这样的序。

多谢您在电话中告诉我，您是从哲学的角度研究元白师的学术思想的，并且告诉我：起、合两章之外，是叙述、判断、疑问、方法、描写、情感各章。这让我知道了您的著作总是别出心裁，用大量的资料，不同于一般的视角，探究元白师的学问。这就好，就不是人云亦云，至少求得一家之言。抱歉的是，请原谅我双目近盲，不能再拜读您的新著，写几句就内容切磋的意见，只能因您的重爱写出想到的往事和眼前的实情。

这不是"序"，也不像是"序"，请您慷慨地编在大著之后，给我附骥的荣幸吧。

王得后敬写

2017.06.16 于安贞里

（注）见《钟敬文文集·诗词卷》，安徽教育出版社，2002 年 12 月一版，第 438 页。